古典文獻研究輯刊

十二編

潘美月・杜潔祥 主編

第 6 冊

五家《補晉書藝文志》比較研究（上）

許慧淳 著

國家圖書館出版品預行編目資料

五家《補晉書藝文志》比較研究（上）／許慧淳 著 — 初版
— 新北市：花木蘭文化出版社，2011〔民100〕
目 8+180 面；19×26 公分
（古典文獻研究輯刊 十二編；第 6 冊）
ISBN：978-986-254-399-3（精裝）
1. 藝文志　2. 晉代　3. 研究考訂
011.08　　　　　　　　　　　　　　　　　100000210

ISBN-978-986-254-399-3

9 789862 543993

古典文獻研究輯刊
十二編 第 六 冊　　　　　　　ISBN：978-986-254-399-3

五家《補晉書藝文志》比較研究（上）

作　　者　許慧淳
主　　編　潘美月　杜潔祥
總 編 輯　杜潔祥
企劃出版　北京大學文化資源研究中心
出　　版　花木蘭文化出版社
發 行 所　花木蘭文化出版社
發 行 人　高小娟
聯絡地址　新北市永和區中正路五九五號七樓之三
　　　　　電話：02-2923-1455／傳眞：02-2923-1452
網　　址　http://www.huamulan.tw 信箱 sut81518@ms59.hinet.net
印　　刷　普羅文化出版廣告事業
初　　版　2011 年 3 月
定　　價　十二編 20 冊（精裝）新台幣 31,000 元

五家《補晉書藝文志》比較研究（上）

許慧淳　著

作者簡介

許慧淳，臺灣雲林縣人，1981 年生。國立中興大學中國文學系學士，國立臺北大學古典文獻學研究所碩士，獲頒國立臺北大學 96 學年度應屆優秀畢業生飛鳶獎、中華民國斐陶斐榮譽學會分會國立臺北大學 97 年度新榮譽會員。曾於錦和高中任教，現為新北市立清水高中國文教師。撰有〈《全清詞·順康卷》在文獻研究的意義與貢獻〉，收入《中國文哲研究通訊》第 16 卷第 3 期（2006 年 9 月）；〈張宏生教授的中國古典文學研究〉，收入《國文天地》第 257 期（2006 年 10 月）；〈史料攷證的里程碑 ——《歷史文獻》評介〉，收入《國文天地》第 272 期（2008 年 1 月）；〈佐藤將之教授的中國先秦哲學研究〉，收入《國文天地》第 273 期（2008 年 2 月）；〈古典文學研究的入門書 ——《中國歷代文學總集述評》簡介〉，收入《國文天地》第 277 期（2008 年 6 月）等單篇期刊。另發表〈《全清詞·順康卷》〉、〈《全元曲》〉、〈《全上古三代秦漢三國六朝文》〉、〈《全遼金文》〉等專書評論，收入林慶彰教授主編《中國歷代文學總集述評》（萬卷樓：2007 年 10 月）一書中。

提　　要

　　史志目錄可反映各朝的圖書文獻與學術文化，但二十五史中僅有七部正史有之，其餘大抵陸續由清朝之後學者所增補，然筆者未見針對補史目錄進行研究之相關專書與學位論文。本論文有鑑於此，將歷代補史目錄進行蒐集，共得一百〇五部，除將其表格化著錄出處之外，並概略式加以介紹，以期對補史目錄有清晰的認知。茲以為，魏晉南北朝各國國祚甚短，往往一人跨歷諸多時代，因此難以明辨古籍文獻的歸屬時間，故擇取五家補《晉書·藝文志》進行探討，以求確切得知該朝文獻，未來更可明確劃分其餘南北朝的書籍。

　　清朝對《晉書》進行補史目錄編纂者共有五部，依照刊刻時間順序排列為：丁國鈞《補晉書藝文志》、吳士鑑《補晉書經籍志》、文廷式《補晉書藝文志》、黃逢元《補晉書藝文志》、秦榮光《補晉書藝文志》。首先，本論文介紹五位學者生平事蹟與《晉書》之相關著作。之後，依照《隋書·經籍志》的分類方式 將五家收錄書目以「經部」「史部」「子部」「集部」「道經部」、「佛經部」等六大類加以表格化 並歸入附錄進行研究。至於析評《補晉志》分為四大方向：其一「分類之比較」，對於六大類的類目與書目入類的差異進行評論與舉證，以知諸位學者對於晉朝文獻的分類觀點與歸類之正確與否；其二，「著錄書目之比較」，分析五家《補晉志》著錄書目的體例與名稱之異同，並對其總數量與存佚情形進行確切的統計，以知晉朝文獻之多寡；其三，「著錄撰者之比較」，分析五家《補晉志》著錄晉朝人名之異同，並對其總數量進行確切的統計，以知當代著書人數之多寡；其四，「援引資料之比較」，先探討五家《補晉志》著錄資料出處的體例，再以「經部」為觀察焦點，深入研究五位學者援引文獻之異同並統計其總數量，更對其運用資料的方式進行論述與舉證，以知各《補晉志》之取材來源。

　　由此可見，藉由本論文之研究，可知歷代補史目錄之種類與多寡、開創補史目錄研究之新方向、明晰五位學者之生平事蹟、考究各補晉志間部類之分合與特色、統計五家補晉志收錄書目與撰者之多寡，更能瞭解五家補晉志的資料使用方式。這些相關成果對於未來進行晉朝書目之考證、補史目錄之研究與《中國歷代藝文總志》之編纂，相信能有部分裨益與貢獻。

目次

下　冊

第一章　緒　論

第一節　研究動機

　　前人對於藝文志的研究大抵侷限於正史史志目錄，然而對於補史史志卻略而不提。如此一來，在二十五史裡頭，便有十餘家正史藝文志付之闕如。雖然有清朝學者大量編纂補史史志目錄，然而研究者僅限於單篇期刊，甚至完全未見者更多。

　　本論文有鑑於此，即對補史史志進行一連串蒐集資料的工作，得出歷來補史志有一百〇五部之多。發現在影響中國目錄學史甚鉅的《隋書‧經籍志》以前的《晉書》未有藝文志，然《隋書》與《晉書》編纂時間相近，且晉朝大多著述收入在《隋志》之中。

　　除此之外，魏晉南北朝的書目甚多，加以各國國祚甚短，使部分人物往往並非亡於晉朝。〔註1〕然丁國鈞、吳士鑑、文廷式、黃逢元、秦榮光等五家《補晉書藝文志》（僅吳士鑑作《補晉書經籍志》）卻能蒐羅相關文獻資料，〔註2〕加以還原晉朝所有著述，實為難得。此即為本論文比較研究五家《補晉志》，而得知其中差異與特色之重要原因。

第二節　研究目的

　　五家《補晉志》對於晉朝圖書的取捨不同，而使內容亦有部分差異。如：

〔註1〕　本論文認定卒於晉朝者之著作方可收入《補晉志》中。
〔註2〕　本論文認定卒於清朝者始為清人有二，其一為文廷式，其二為秦榮光，相關生平資料請參照本論文「第三章五家《補晉志》作者之生平與著作概述」。

分類的異同、著錄書目的異同、著錄撰者的異同、資料來源的異同，此四種皆為本論文所欲探討的重要部分。除此之外，前人未有補史志之著作，直至清朝方有大量史志目錄問世，本論文欲探究其因，亦蒐羅諸多資料進行歷來補史志的概況分析。至於丁國鈞等五位學者之生平與著作，除文廷式已有大量資料可供參考之外，研究餘四位晚清學者之資料甚少，故本論文亦搜尋相關文獻，以求對此五位學者之生平能有較為清晰的認識，更可知其學術活動對於編纂《補晉志》的重要影響。

第三節　前人研究成果

歷來研究補史史志的文章甚少，對於《補晉志》之研究資料更是寥寥可數，僅有十一部。大部分學者僅在專書中提及數句有關《補晉志》的評論，而非專論。專為其作研究之單篇文章，僅有民國初年王重民先生發表過的二篇著作，臺灣楊家駱先生針對吳士鑑加以研究之期刊論文，另有許司東與侯文學等二位大陸學者發表於期刊的著作，因此共有五篇，可知《補晉志》之比較研究資料甚少。茲將蒐羅而得之相關資料概略簡介如下：

一、專　書

（一）專門研究

1. 廖吉郎撰：〈六十年來晉書之研究〉

該篇文章收入程發軔先生主編《六十年來國學》，由正中書局 1974 年 5月所出版。廖吉郎先生僅對丁國鈞、吳士鑑、黃逢元等三家《補晉志》進行介紹與評論，然對於文廷式、秦榮光二為學者之著作則未見析評。廖教授除依據序言與凡例進行簡述之外，更對三家《補晉志》收錄書目之數量能加以計算或整理，為其優點。

比如其統整黃氏《補晉志》〈乙部史錄〉的細目：

> 正史一十八部，凡七百二十七卷，無卷數者十家；編年十四部，凡
> 二百六十二卷，無卷數者四家；雜史四十二部，凡五百九卷，無卷
> 數者五家；偽史十七部，凡一百八十八卷，無卷數者九家；起居注
> 五十部，凡七百六十二卷，無卷數者八家；舊事二十三部，凡一百
> 七十二卷，無卷數者九家；職官十四部，凡一百五卷，無卷數者二

十家；儀注二十二部，凡二百五十八卷，無卷數者八家；刑法十一部，凡二百三十六卷，無卷數者二家；雜傳五十八部，凡三百十九卷，無卷數者三十三家；地理四十二部，凡二百九十五卷，無卷數者二十九家；譜系二部，凡七百二十二卷，無卷數者七家；簿錄八部，凡三十四卷，無卷數者五家。〔註3〕

然則該篇文章可使吾人知曉《補晉志》收錄書目之概況，且又能介紹其部類之細目，則其為認識《補晉志》較佳之導讀專論。

（二）零星資料

1. 梁啟超撰：《圖書大辭典簿錄之部》

該資料取自《飲冰室專集（六）》，由臺灣中華書局 1972 年所出版。梁啟超先生僅在該書提及丁、文、吳等三家《補晉志》，然甚為簡略。

見其著錄於丁氏《補晉志》下為「著者清丁國鈞，字秉衡，常熟人，卷首有自著〈例略〉，又附有〈刊誤〉，題丁辰述錄，《廣雅叢書》本」，〔註4〕除介紹之外，尚有簡略評論：

> 《晉書》舊著十八家，及唐太宗御撰本書而舊本但廢，十八家中有無志藝文者不可考矣。唐初修《晉書》時，荀勖《中經簿》尚存，不據以作志致司馬一代存簿無稽，甚可惜也。丁氏此書，斷代謹嚴，蒐羅豐富，所錄資隋唐《志》者十之六，凡一千七十餘種，據羣籍者十之四，凡六百八十餘種，皆注明出處，加以考證，頗極精審。釋道二家附四部之末，但錄撰本，不錄譯本，據見別裁。其〈附錄〉一卷，分「存疑」、「黜偽」二類，撰人及成書年代有疑問者入「存疑」，確知為偽書者入「黜偽」，此其特創之例，深可取法。〔註5〕

僅見其概略性指出丁氏《補晉志》之特色。對於文氏《補晉志》僅云「著者文廷式，字道希，萍鄉人。宣統己酉湖南排印本」，對於吳氏《補晉志》僅云「著者吳士鑑，字絅齋，錢塘人，光緒三十年自刻本」。〔註6〕然則論述甚少，

〔註3〕廖吉郎撰：〈六十年來《晉書》之研究〉，收入程發軔主編：《六十年來之國學》（臺北：正中書局，1974 年 5 月），頁 139。

〔註4〕梁啟超撰：《圖書大辭典簿錄之部》，收錄《飲冰室專集（六）》（臺北：中華書局，1972 年），頁 11。

〔註5〕梁啟超撰：《圖書大辭典簿錄之部》，收錄《飲冰室專集（六）》（臺北：中華書局，1972 年），頁 11。

〔註6〕梁啟超撰：《圖書大辭典簿錄之部》，收錄《飲冰室專集（六）》（臺北：中華

且未提及黃逢元、秦榮光等兩部著作，故嫌不足。

2. **姚名達撰：《中國目錄學史》**

此編由臺灣商務印書館股份有限公司 1988 年 2 月出版，有關五家《補晉志》之相關資料收錄在〈史志篇・三國晉南北朝藝文志之補撰〉中。姚名達先生略有評論，然較爲簡要：

> 補《晉志》者五家，時代相距不遠，異方並起，互有詳略異同。吳士鑑之作，獨名《經籍志》，又撰有《晉書斠注》，故其文簡書多，有近史裁。丁國鈞則以創立黜偽、存疑二類，秦榮光則以輯錄典籍掌故源流，黃逢元則以各類皆撰小序，文廷式則以考證最精詳，各有所長，互不相掩。著錄之書，文《志》有二千二百九十六部，黃《志》有一千二百八十八部，秦《志》有一千七百四十七部，丁《志》有一千七百五十四部（尚有疑偽及補遺共二百一十九部），吳《志》則有二千一百二十六家，部數在此數之上。諸家一致之例，爲注明出處，分類綱目亦皆依照《隋志》或《四庫》。試一一比勘其內容條目，則此無彼有，此詳彼略，殊難取其一而遽舍其餘也。〔註7〕

然則姚名達之評論較爲精詳，可提供吾人對五家《補晉志》有較爲清晰的概念。然《補晉志》篇幅甚多，僅以此段文字作爲評價，仍嫌疏略。

3. **梁子涵撰：《中國歷代書目總錄》**

該書由臺北中華文化出版事業委員會 1953 年 3 月所出版。有關五家《補晉志》的資料則收錄在〈二史乘目錄（一）歷史藝文志〉中，然限於該書爲目錄之書，故僅著錄丁國鈞等著作歷來刊行之版本種類，而未見評論：

> 《補晉書藝文志》四卷，《附錄》一卷，《補遺》一卷，《刊誤》一卷
>   清丁國鈞編　其子丁辰撰刊誤
> 清光緒二十年常熟丁氏用錫山文苑閣木活字排印常熟丁氏叢書本
>   （案：有其子丁辰注）。
> 清光緒間廣雅書局刊本。
> 民國九年番禺徐紹棨重編印《廣雅叢書》本。
> 民國二十四年上海商務印書館鉛印《叢書集成初編》覆《史學叢書》

書局，1972 年），頁 12。

〔註 7〕 姚名達撰：《中國目錄學史》（臺北：臺灣商務印書館股份有限公司，1988 年 2 月），頁 212～213。

本。

民國二十五年至二十六年上海開明書店鉛印《二十五史補編》覆丁
氏叢書本。

北平圖書館藏梁啓超批識清光緒間廣雅書局刻本二冊。

國立北京大學圖書館藏德化李氏木犀軒舊藏佚名校補批識清光緒間
廣雅書局刊本（案係繆荃孫舊藏）。

《補晉書藝文志》六卷

　　清文廷式編

清宣統元年長沙鉛印本。

民國間鉛印《歷代經籍志》本。

民國二十五年至二十六年上海開明書店鉛印《二十五史補編》覆宣
統元年湖南鉛印本。

《補晉書經籍志》四卷

　　吳士鑑編

清光緒二十九年錢塘吳士鑑刻含嘉室舊著本。

民國二十五年至二十六年上海開明書店鉛印《二十五史補編》覆含
嘉室舊著本。

《補晉書藝文志》四卷

　　清黃逢元編

民國十五年東安席闓運悟廬鉛印本。

民國二十五年至二十六年上海開明書店鉛印《二十五史補編》覆長
沙鉛印本。

《補晉書藝文志》四卷

　　清秦榮光編　子銘田校〔註8〕

民國四年鉛印本。

民國十九年上海秦之衡鉛印本。

民國二十五年至二十六年上海開明書店鉛印《二十五史補編》覆民
國十九年鉛印本。〔註9〕

〔註 8〕案：秦榮光有一子爲「錫田」，梁子涵著錄爲「銘田」，恐有謬誤。

〔註 9〕梁子涵撰：《中國歷代書目總錄》（臺北：中華文化出版事業委員會，1953 年

由此可知，如欲查詢五家《補晉志》之版本與流傳之情形，可據此爲參考。
然梁子涵先生未能進一步研究，故有不足之處。

　　4. 韓格平編：《魏晉全書·前言》

　　該資料由長春的吉林文史出版社於 2006 年 1 月所刊行。韓格平先生製作
表格比較五家《補晉志》收錄各部之數目，以爲秦氏《補晉志》收錄之晉代
書目較多，故據此作爲《魏晉全書》編纂之參考用書，然對於五家《補晉志》
則未見任何評論。

二、單篇論文

（一）專門研究

1. 王重民撰：〈《補晉書藝文志》書後〉

　　該資料原載《北平北海圖書館月刊》第一卷第五號（1928 年 10 月），後
收入《冷廬文藪》中。其指出黃氏《補晉志》爲五家《補晉志》中較爲完備
者：

> 據陳蘭甫《二侯傳》，知侯康有補後漢、三國、晉、宋等八史藝文志
> 之作。惟於典午以後者，未見流傳。而丁國鈞、文廷式、吳士鑑三
> 家書，已次第出版，參稽兩晉圖籍者便之。唯三家之書，排比無次，
> 考覈不精，且多濫收。較之顧懷三、姚振宗、曾樸之書，實有遜色。
> 木父（案：黃逢元之號）是書，駕軼三家，誠可謂後來居上者矣。
> 〔註 10〕

則見王重民先生對丁、文、吳三家《補晉志》有所批評，以爲不若黃逢元之
精詳。

　　該篇資料除讚許黃氏《補晉志》之外，更指出其有三個缺失：其一，《隋
志》正文所著錄者皆爲「隋世所殘存」之書目，至於注文所錄則爲「原帙」
之篇卷，然黃氏「皆依《隋志》正文著錄」，故未能使讀者知曉原書之篇幅，
而有謬誤。其二，歷代史志與目錄書大抵互相傳鈔，故未能見原書之面貌，
自然著錄時有卷數相異之情形，然黃逢元「不加考覈，既據《隋志》著錄項

─────────────────────

〔註 10〕　3 月），頁 37～39。
黃逢元撰：〈《補晉書藝文志》書後〉，收入《冷廬文藪》（上海：上海古籍出
　　　版社，1992 年 12 月），頁 371。

岱《漢書敘傳》，又依《選注》著錄項岱《漢書音義》」，故有重出之嫌。其三，《隋志》如有著錄「梁有」者，未明其朝代，雖黃氏《補晉志》較爲精詳，然對於此種書目部分未能考證清楚而加以收錄，故有缺失。〔註11〕

由此可知，王重民先生對於黃逢元之評價甚高，該資料實爲《補晉志》較爲詳實之單篇文章。

2. 王重民撰：〈《補晉書藝文志》〉

該資料原載《學文》一卷五期（1932 年 5 月），後收入《冷廬文藪》中。王重民先生在評論黃氏《補晉志》之後，進一步對秦氏《補晉志》加以評析，然僅三百多字，不似析評黃氏《補晉志》之多。其全文指出：

> 全書四卷，附年譜一卷，上海秦榮光撰。榮光字炳如，生於道光二十一年，卒於光緒三十年。據譜先生於光緒十三年，始撰此書，二年脫稿。按補《晉書藝文志》者，有丁國鈞、文廷式、吳士鑑、黃逢元及秦氏，共五家，以秦書爲最早，而流傳反最後。精嚴不及黃氏，但可與丁、文、吳三家絜長短。至其分類，諸家《後漢書》、《晉書》入別史，《十六國載記》等書入雜史，惜無敘錄，不知其意愔安在？司馬彪有《續漢書》，久佚，志卅卷，則附范書以傳，秦氏於正史類著錄司馬彪《續漢志》三十卷，別史類又有《續漢書》八十三卷，一書分入兩類，自違背矣。何法盛《晉中興書》入編年類，杜恕《杜氏新書》入傳記類雜錄之屬，尚書類有《夏禹治水圖》，而裴秀《禹貢地圖》十八篇則入地理類，《藝文類聚》有裴秀《禹貢九州制地圖論》則兩類中均未道及，似俱未諦。〔註12〕

就該論述可知其以爲黃氏《補晉志》爲編纂最佳者，其次則爲秦、丁、文、吳等四家。然王重民先生該文提供部分秦榮光之相關資訊，且略有評論，亦足供參考。

3. 楊家駱撰：〈兩晉遺書輯存〉（上）（下）

該資料分爲「上」、「下」兩篇，上篇刊載在 1965 年 12 月《學粹》第 8 卷第 1 期，下篇則刊載在 1966 年 2 月《學粹》第 8 卷第 2 期。楊家駱教授以爲：

〔註11〕上述三點整理自王重民先生之觀點，參見王重民撰：〈《補晉書藝文志》書後〉，收入《冷廬文藪》（上海：上海古籍出版社，1992 年 12 月），頁 371～373。

〔註12〕王重民撰：〈《補晉書藝文志》〉，收入《冷廬文藪》（上海：上海古籍出版社，1992 年 12 月），頁 374。

《晉書》十志,獨闕藝文,清季學者,紛紛爲之補撰,其見收於《二十五史補編》中者,有丁國鈞、文廷式、秦榮光、吳士鑑、黃逢元五家,體例皆不如姚振宗《後漢藝文志》、《三國藝文志》之精善。五家之中,吳士鑑於《晉書》用力最勤,此文因以吳《志》爲據。
〔註13〕

故楊教授對於吳氏《補晉志》所未收錄之文獻加以補編,而得三百三十三種晉代文獻。由此可知,吳士鑑編纂之時有所疏漏,且敦煌殘卷爲近代所發現,自然未能在《補晉志》之列。

4. 許司東撰:〈補《晉書》藝文志五家優劣論〉

該篇文章刊載在《山東圖書館季刊》1996 年第 2 期中,其探討範疇較爲深入。其就五點分論如下:

（1）「類目設置精當與否」:許司東以爲五家《補晉志》雖皆以四部分類法爲準則,然丁國鈞「墨守」《隋志》之分類方式,而其它《補晉志》則能加以衍伸,故認爲丁氏《補晉志》之法較不足取。但丁國鈞之「存疑」、「黜僞」之兩大類,則爲其所認同。

（2）「歸類妥當與否」:五家《補晉志》皆有歸類失當之謬誤,然其中以吳士鑑較爲可取。

（3）「收書是否準確」:五家《補晉志》皆有「重收」與「誤收」之情形,然以吳氏收書最爲豐富且較爲精詳。

（4）「與原書體例符合與否」:丁、文、吳等三家《補晉志》所收錄書目大抵與《晉書》相合,秦榮光則以「心繫晉代」作爲標準,主觀性太大,至於黃逢元體例嚴謹,堪稱完備。

（5）「考證精審與否」:丁氏過於簡略,吳氏較爲精詳,文氏則較爲謹慎而少主觀之考證,至於秦氏《補晉志》敘錄雖少,然個別考證十分扼要,而黃氏則著錄小序並於各部佚書皆著錄輯本。〔註14〕

是以五家《補晉志》各有其優劣,則許司東該篇文章較爲系統性,據此可約略知曉《補晉志》之得失。然《晉書》與《隋書》編纂時代相近,《補晉

〔註13〕楊家駱撰:〈兩晉遺書輯存（上）〉,《學粹》第 8 卷第 1 期（1965 年 12 月）,頁 13。

〔註14〕上述「1」至「5」點統整自許司東之論述,參見許司東撰:〈補《晉書》藝文志五家優劣論〉,《山東圖書館季刊》1996 年第 2 期,頁 13～16。

志》理應以《隋志》爲準則，其言丁國鈞「墨守《隋志》」，略有不恰當之處。

　　5. 侯文學撰：〈五家《補晉書・藝文（經籍）志》比較研究〉

　　該篇文章刊載在《古籍整理研究學刊》1999 年第 1 期中，爲第二篇大陸研究五家《補晉志》者。侯文學之研究較許司東簡要，以摘取各家之序言與凡例作爲評論之基礎，並概略介紹五位學者之生平事蹟、《補晉志》成書之時間與版本。其就四點分論「五家《補晉志》之異同及影響」：

　　（1）「收書情況」：分述五家《補晉志》收書之體例與大抵概況。

　　（2）「分類方法」：指出五家《補晉志》之分類方式：

　　　文《志》、吳《志》與丁《志》大致相同，只是史部多出編年類（丁《志》入雜史類）。且將佛道二家收入子部。……秦《志》「部類先後，悉依《四庫全書總目提要》，形成一種部、類、子目三級框架體系……黃《志》「大略固依《隋志》……」，然因《隋志》四部中未列佛道二目，黃氏亦不加著錄，可算一遺憾。〔註15〕

則大略對分類有所評論，然較簡要。

　　（3）「著述體例」：分述五家《補晉志》著錄書目之體例。

　　（4）「五家補志的優缺點」：評價五家《補晉志》之得失，而以爲「最精嚴賅備者乃爲文《志》」，則其觀點與王重民、楊家駱、許司東等三位先生有所差異。〔註16〕

　　（二）零星資料

　　1. 趙飛鵬撰：〈唐以前正史藝文、經籍志之續補考證著作舉要〉

　　該篇資料 2006 年 11 月刊載於《成功大學學報（人文、社會篇）》第 35 卷中。趙飛鵬教授對五家《補晉志》略有評論，大抵採自各《補晉志》之序言與梁啓超《圖書大辭典簿錄之部》與王重民兩篇評論文章。〔註17〕然觀此單篇論文可得知五家《補晉志》簡要性之認識，故亦具參考價值。

〔註15〕侯文學撰：〈五家《補晉書・藝文（經籍）志》比較研究〉，《古籍整理研究學刊》1999 年第 1 期，頁 43。

〔註16〕上述「1」至「4」點統整自侯文學之論述，參見侯文學撰：〈五家《補晉書・藝文（經籍）志》比較研究〉，《古籍整理研究學刊》1999 年第 1 期，頁 43～44。

〔註17〕趙飛鵬撰：〈唐以前正史藝文、經籍志之續補考證著作舉要〉，《成功大學學報（人文、社會篇）》第 35 卷，2000 年 11 月，頁 11～13。

第四節 研究方法

一、蒐羅補史目錄

本論文爲求明晰清朝大量補史目錄之成書背景，且歷來對於補史目錄有完備的統整者甚少，故首先蒐羅歷來補史目錄，以求得知五家《補晉志》之相關資訊。除此之外，並加以製表，使一百○五部補史目錄能較爲系統化。

二、將《補晉志》收錄書目比較表格化

本論文繪製六大表格，分別爲：

1. 五家《補晉書藝文志》「經部」著錄書目比較表。
2. 五家《補晉書藝文志》「史部」著錄書目比較表。
3. 五家《補晉書藝文志》「子部」著錄書目比較表。
4. 五家《補晉書藝文志》「集部」著錄書目比較表。
5. 五家《補晉書藝文志》「道經部」著錄書目比較表。
6. 五家《補晉書藝文志》「佛經部」著錄書目比較表。

並置入附錄中，以得知五家《補晉志》相同古籍相異之書名、撰者、卷數等等。除此之外，更可明晰其類目之不同，也能清楚地知道各個類目所收錄書目之數量多寡。

三、進行論述與比較

在六大表格的基礎之上，能較爲系統性地蒐羅各個書目之頁碼，故在比較分類、著錄書目、著錄撰者之時，能有較爲效率的論述。

第二章　增補史志目錄的原因與種類

　　中國歷史淵遠流長，至今吾人足以窺知數千年之歷史，不外乎有正史的記載，方能讓後人知曉朝代的興衰更迭。正史的史志名稱，可以分爲兩種，其一爲「藝文志」，其二爲「經籍志」。然後世史書大多以「藝文志」做爲史志之名稱，僅少數如《隋書》、《舊唐書》以「經籍志」爲史志之篇名。〈藝文志〉在史書所扮演的角色，乃在於保存當代典籍，使學者能針對該類文獻進行學術研究，並可反映當代文化風氣。

　　〈藝文志〉自班固（32～92）《漢書》開創，爲歷來學者所重。然二十五史裡頭，僅有《漢書》、《隋書》、《舊唐書》、《新唐書》、《宋史》、《明史》、《清史稿》等七部史書爲當代典籍設置〈藝文志〉或〈經籍志〉，其餘十八部史書均未見此體例。是以吾人於進行各個朝代的文獻保存時，不免有無所適從之挫折感。所幸清朝之後，諸位學者紛紛爲正史補編〈藝文志〉或〈經籍志〉，使後人於研究該朝代的典籍時能夠有所依據。

　　本章立「歷來學者增補正史藝文志的原因」爲一節，以闡明增補史志目錄之緣由。此外，經由筆者搜尋與考證相關資料與文獻：梁啓超（1873～1929）《圖書大辭典簿錄之部》〔註1〕、梁子涵（？～？）《中國歷代書目總錄》〔註2〕、姚名達（1904～1942）《中國目錄學史》〔註3〕、高明（？～？）〈臺灣省立師範大

〔註1〕　梁啓超撰：《圖書大辭典簿錄之部》，收入《飲冰室專集（六）》（臺北：臺灣中華書局，1972年），頁1～61。

〔註2〕　梁子涵撰：《中國歷代書目總錄》（臺北：中華文化出版事業委員會，1953年3月），頁22～58。

〔註3〕　姚名達撰：《中國目錄學史・史志篇》（上海：上海古籍出版社，2002年6月），頁166～183。

學國文研究所創刊號・創刊號引言〉〔註4〕、國立中央圖書館《中國歷代藝文總志・經部》「凡例」〔註5〕、喬衍琯（1929～）〈歷史藝文志漫談〉〔註6〕、劉兆祐（1936～）《中國目錄學》〈第三章 歷代目錄舉要〉〔註7〕、趙飛鵬（1959～）〈唐以前正史藝文、經籍志之續補考證著作舉要〉〔註8〕、李櫻（？～？）〈試論補正史藝文志及其價值〉〔註9〕、曹書傑（1954～？）〈清代補史藝文志述評〉〔註10〕、王余光（？～？）〈清以來史志書目補輯研究〉等相關著作，〔註11〕共得一百零五部增補史志目錄。茲將其分為三大類，並各自獨立為一節：「後人續補正史已存之史志目錄」、「後人增補正史所無之史志目錄」、「後人增補非正史之史志目錄」，藉此以表格統計各種增補史志目錄，並以作者生卒年順序編排，如遇不詳其生卒年者，則置於該朝代之末，以便學者檢索；且進一步探討其存佚情形與分類特色，以知各史志目錄概況。最後另立一節「新編增補史志目錄與諸位學者收錄之比較」，藉此歸納本論文查考諸多史志目錄與學者們所收錄之異同，以探討研究補撰史志目錄相關文獻的不足與缺失。

第一節　歷來學者增補正史藝文志的原因

　　梁子涵《中國歷代書目總錄》將「史乘目錄」區分為三類，其一為「歷史藝文志」，其二為「郡邑藝文志」，其三為「著述考」。〔註12〕本論文所欲

〔註 4〕 高明撰：〈臺灣省立師範大學國文研究所創刊號・創刊號引言〉，《臺灣省立師範大學國文研究所創刊號》，1957 年 6 月，頁 1～2。

〔註 5〕 國立中央圖書館編：《中國歷代藝文總志・經部》「凡例」（臺北：國立中央圖書館，1984 年 11 月），頁 3～4。

〔註 6〕 喬衍琯撰：〈歷史藝文志漫談〉，《國立中央圖書館臺灣分館館刊》第 1 卷第 2 期，1994 年 12 月，頁 4～6。

〔註 7〕 劉兆祐撰：《中國目錄學》（臺北：五南圖書出版股份有限公司，2002 年 3 月），頁 235～237。

〔註 8〕 趙飛鵬撰：〈唐以前正史藝文、經籍志之續補考證著作舉要〉，《成功大學學報（人文、社會篇）》第 35 卷，2000 年 11 月，頁 20～23。

〔註 9〕 李櫻撰：〈試論補正史藝文志及其價值〉，《四川圖書館學報》1982 年第 3 期，頁 62～63。

〔註10〕 曹書傑撰：〈清代補史藝文志述評〉，《史學史研究》1996 年第 2 期，頁 60～68。

〔註11〕 王余光撰：〈清以來史志書目補輯研究〉，《圖書館學研究》2002 年第 3 期，頁 3～4。

〔註12〕 梁子涵撰：《中國歷代書目總錄》（臺北：中華文化出版事業委員會，1953 年 3 月），頁 22。

探討的藝文志，即爲「歷史藝文志」部分。劉兆祐《中國目錄學》〈第三章　歷代目錄學要〉即明確將其謂之爲「史志目錄」，並將其區分爲廣義、狹義二種：

> 廣義者，凡史書中之藝文、經籍志皆屬之，亦即除正史之外，其餘如《通志·藝文略》、《文獻通考·經籍考》等政書之目錄皆在其範圍。狹義者，則但指正史中藝文、經籍志而言。〔註13〕

劉教授以篇幅爲考量，是以於分析史志目錄時採取狹義範疇。筆者學位論文在於研究《晉書·藝文志》之補撰文獻，因此限定範疇亦爲史志目錄之狹義部分。

班固《漢書·藝文志》汲取劉向（6B.C.～77）《別錄》、劉歆（50B.C.～23）《七略》六分法，爲西漢編一部〈藝文志〉，開創史志目錄之先例。此後《隋書·經籍志》、《舊唐書·經籍志》、《新唐書·藝文志》、《宋史·藝文志》、《明史·藝文志》、《清史稿·藝文志》等六種史志目錄，雖在分類上與《漢書·藝文志》有部分差異，然皆受其影響頗深。二十五史裡僅此七部史志目錄，其餘正史皆未編纂〈藝文志〉，此爲史學文獻之遺憾。其間雖有袁山松（？～？）等人補撰史志目錄，然補志成爲諸位學者大力研究的方向，則在清朝之後。

清朝黃虞稷（1629～1691）曾參與編纂《明史·藝文志》，貢獻甚著。杭世駿（1696～1773）於〈千頃堂書目跋〉著錄：

> 右《千頃堂書目》，金陵黃俞邰（案：黃虞稷）所輯。俞邰徵修《明史》，爲此書以備〈藝文志〉採用。橫雲山人（案：王鴻緒 1645～1723）刪去宋、遼、金、元四朝，取其中十之六七爲史志，史館重修，仍而不改，失俞邰初志矣。〔註14〕

雖黃虞稷自存底本撰爲《千頃堂書目》，然其著錄宋、遼、金、元之書籍，皆爲王鴻緒所刪去，是以今存《明史·藝文志》僅明朝人所著錄之書籍。此外，根據余慶蓉、王晉卿合撰的《中國目錄學思想史》指出：

> 主缺派以劉知幾「正史藝文宜以當代人著述爲限」作理論依據，揭

〔註13〕劉兆祐撰：《中國目錄學》（臺北：五南圖書出版股份有限公司，2002 年 3 月），頁 119。

〔註14〕〔清〕杭世駿撰：〈千頃堂書目跋〉，收入〔清〕黃虞稷撰；瞿鳳起、潘景鄭整理：《千頃堂書目（附索引）》〈附錄〉（上海：上海古籍出版社，2001 年 7 月），頁 797。

出「以明人著述爲限」的收錄意見，以尤侗倡之。……許多學者認
爲其中的「藝文志」遠遜於黃虞稷之《明史‧藝文志稿》，要求補修
遼、金、元藝文志。〔註15〕

清朝之所以形成大量補志，即肇始於此背景。因此，倪燦、金門詔等諸位學
者紛紛摘錄黃虞稷附錄之遼、金、元書籍，進而增訂史志目錄獨立單行。自
此之後，數十種各朝補撰史志目錄紛紛問世，使中國古籍能有較爲充裕的文
獻來提供檢索利用。

為求探究歷來學者增補正史藝文志的背景，本論文一一分析其因素如下。

一、保存當代典籍

史書本應具有保存當代典籍的責任，無論是公家藏書，抑或是私家藏書，
都應收錄其中。我們足以藉此得知當代的典籍存佚，更可一睹圖書著錄的情況。
自班固《漢書‧藝文志》之後，正史並未對各朝典籍撰作正史目錄，加以期間
歷經戰亂、政治等因素，使各朝典籍大多散佚。隋朝牛弘（545～610）指出：

及秦皇馭宇，吞滅諸侯，任用威力，事不師古，始下焚書之令，行
偶語之刑。……此則書之一厄也。……及王莽之末，長安兵起，宮
室圖書，並從焚燼。此則書之二厄也。……及孝獻移都，吏民擾亂，
圖書縑帛，皆取爲帷囊。所收而西，裁七十餘乘，屬西京大亂，一
時燔蕩。此則書之三厄也。……屬劉、石憑陵，京華覆滅，朝章國
典，從而失墜。此則書之四厄也。……蕭繹據有江陵，遣將破平侯
景，收文德之書，及公私典籍，重本七萬餘卷，悉送荊州。故江表
圖書，因斯盡萃於繹矣。及周師入郢，繹悉焚之於外城，所收十纔
一二。此則書之五厄也。〔註16〕

由此可知，古代典籍亡佚甚多。

至唐朝魏徵（580～643）等人編纂《隋書‧經籍志》，將梁、陳、北齊、
北周、隋等典籍收錄其中，使我們今日依稀可見當代的書籍，此外，亡書之
數量亦同時記載其中，足以讓後人得知古籍的存佚概況。因此，無論是已經

〔註15〕余慶蓉、王晉卿撰：《中國目錄學思想史》（湖南：湖南教育出版社，1998 年
　　　　4 月），頁 185。
〔註16〕〔唐〕魏徵等撰：《隋書‧牛弘列傳》卷 49（北京：中華書局，2006 年 3 月），
　　　　頁 1298～1299。

亡佚的古籍，或是內容有所殘缺的篇卷，只要有學者編寫當代的史志，皆具有保存古籍文獻之功能，是以補編史志目錄之重要性不得小覷。

二、反映當代文化

　　史志目錄除了保存當代書籍之外，亦能反映該朝文化。自當代書籍的字裡行間，能發現許多天文、音樂、藝術、民俗等等文化的記載。《漢書‧藝文志‧術數略》中可見「天文」、「曆譜」、「五行」、「蓍龜」、「雜占」、「刑法」等六類，共計一百零九家，數量眾多，足以反映漢人喜好占卜星象的風氣。比如：西漢天文類書籍：

　　《泰壹雜子星》二十八卷。

　　《五殘雜變星》二十一卷。

　　《黃帝雜子氣》三十三篇。

　　《常從日月星氣》二十一卷。

　　《皇公雜子星》二十二卷。

　　《淮南雜子星》十九卷。

　　《泰壹雜子雲雨》三十四卷。

　　《國章觀霓雲雨》三十四卷。

　　《泰階六符》一卷。

　　《金度玉衡漢五星客流出入》八篇。

　　《漢五星彗客行事占驗》八卷。

　　《漢日旁氣行事占驗》三卷。

　　《漢流星行事占驗》八卷。

　　《漢日旁氣行占驗》十三卷。

　　《漢日食月暈雜變行事占驗》十三卷。

　　《海中星占驗》十二卷。

　　《海中五星經雜事》二十二卷。

　　《海中五星順逆》二十八卷。

　　《海中二十八宿國分》二十八卷。

　　《海中二十八宿臣分》二十八卷。

　　《海中日月彗虹雜占》十八卷。

　　《圖書祕記》十八篇。

右天文二十一家，四百四十五卷。〔註17〕

自這些書目可知，古人擅於藉由觀察日月星辰來進行占驗，當代文化明顯充斥在陰陽五行裡面，即便漢代皇帝亦不能避免此種迷信的風氣。既然史志目錄同時具備保存當代古籍與反映文化的重要功能，自然成為學者致力編纂工程要項之一。

三、研究當代學術

後世學者研究前朝的學術，目的為傳承思想，以及延續歷來研究者之精神。然而，若無史志目錄之編寫，我們無由得知當代的學術，更無法研究古人的思想。自《隋書‧經籍志》之著錄可得魏晉清談的學術風氣，如「易類」共有六十九部書，其中魏晉時代的著作即有十九部，佔了百分之二十八：

《歸藏》十三卷　晉太尉參軍薛貞注。……

《周易》十卷　魏衛將軍王肅注。

《周易》十卷　魏尚書郎王弼注《六十四卦》六卷，韓康伯注《繫辭》以下三卷，王弼又撰《易略例》一卷，梁有魏大司農卿董遇注《周易》十卷，魏散騎常侍荀煇注《周易》十卷，亡。……

《周易》四卷　晉儒林從軍黃穎注。梁有十卷，今殘缺。……

《周易》十卷　晉散騎常侍干寶注。

《周易》三卷　晉驃騎將軍王廙注，殘缺。梁有十卷。

《周易》八卷　晉著作郎張璠注，殘缺。梁有十卷。……

《周易繫辭》二卷　晉桓玄注。

《周易繫辭》二卷　晉西中郎將謝萬等注。

《周易繫辭》二卷　晉太常韓康伯注。……

《周易音》一卷　東晉太子前率徐邈撰。

《周易音》一卷　東晉尚書郎李軌弘範撰。……

《周易盡神論》一卷　魏司空鍾會撰。梁有《周易無互體論》三卷，鍾會撰，亡。

《周易象論》三卷　晉尚書郎樂肇撰。

《周易卦序論》一卷　晉司徒右長史楊乂撰。

〔註17〕〔漢〕班固撰：《漢書‧藝文志》卷30（北京：中華書局，2006年3月），頁1763～1765。

《周易統略》五卷　晉少府卿鄒湛撰。

《周易論》二卷　晉馮翊太守阮渾撰。

《周易論》一卷　晉荊州刺史宋岱撰。梁有《擬周易說》八卷，……

《周易爻義》一卷　干寶撰。〔註18〕

由這些書籍可知魏晉時人重視《周易》，遍及將軍、尚書郎，擅長志怪小說的干寶對此亦頗有研究。至於子部道家類的書籍，也有相關資料可供參考，比如：郭象（252～312）《莊子音》三卷、晉簡文帝《簡文談疏》六卷等等，皆可藉此研究三玄對於魏晉時人的學術思想。

作為學術研究者，若不知古籍的流傳存佚情形，便難以做出明確的分析。因此，史志目錄所記載的書籍，對於研究當代學術者而言，無疑是一種極大的貢獻。

由上可知，史志目錄具有「保存當代典籍」、「反映當代文化」、「研究當代學術」的功能，此亦為清代至今學者努力補撰史志目錄的原因。畢竟中國歷史長達數千年，僅有七部史志目錄，不足以反映古籍文獻著錄情形，這是身為學術研究人員較為憂心之處。此外，一旦各朝史志目錄完成，便可形成一套較為全面性的中國歷代史志目錄。早期國家圖書館曾編撰《中國歷代藝文總志》，其目標即是為求保存歷代文獻，然今日僅見「經部」、「子部」、「集部」，獨缺「史部」之刊行，猶待進一步編纂與考證。

第二節　後人續補正史已存之史志目錄

二十五史中部分著錄史志目錄，然後世學者認為有不足之處，因此加以續補。余慶蓉、王晉卿則指出此類史志目錄為「補缺派」：

凡對不完備的舊志進行拾遺補缺的工作，謂之補缺派。〔註19〕

此類包括：漢班固《漢書》、唐魏徵《隋書》、五代劉昫（887～946）《舊唐書》、宋歐陽修（1007～1072）《新唐書》、元脫脫（1238～1298）《宋史》、清張廷玉（1672～1755）《明史》、清趙爾巽（1844～1927）《清史稿》等七部史志目錄。

〔註18〕〔唐〕魏徵等撰：《隋書・經籍志》卷32「易類」（北京：中華書局，2006年3月），頁909～911。

〔註19〕余慶蓉、王晉卿撰：《中國目錄學思想史》（湖南：湖南教育出版社，1998年4月），頁186。

今為求各朝典籍補撰史志目錄之統一性，為《舊唐書‧經籍志》與《新唐書‧藝文志》補撰本合併為一小類，共有六小類十九部史志目錄：「補撰《漢書》史志目錄者三部」、「補撰《隋書》史志目錄者二部」、「補撰《舊唐書》、《新唐書》史志目錄者四部」、「補撰《宋史》史志目錄者三部」、「補撰《明史》史志目錄者三部」、「補撰《清史稿》史志目錄者四部」。今悉用表格統整再進行分析，以明辨此類史志目錄之存佚、分類特色或流傳概況。

一、補撰《漢書》史志目錄者三部

時代	作　者	書名（含卷數）	出處（出版項）
清	翟灝 （　? ～ 1788） 〔註20〕	《漢書藝文補志》卷數不詳	未見傳本。
	姚振宗 （1842～1906）	《漢書藝文志拾補》6 卷	收入二十五史刊行委員會編：《二十五史補編》第 2 冊（北京：中華書局，1998 年 2 月），頁 1435～1524。
	楊家駱 （1912～1991）	〈兩漢遺書輯存（上）〉（西漢部分）不分卷	《學粹》第 7 卷第 1 期，1964 年 12 月，頁 14～19。
		〈兩漢遺籍輯存（下）〉（西漢部分）不分卷	《學粹》第 7 卷第 4 期，1965 年 6 月，頁 11～15。

（一）補撰《漢書》史志目錄存佚情形

此三部《漢書》補撰史志目錄，僅翟灝《漢書藝文補志》未見傳本。王余光〈清以來史志書目補輯研究〉的「清以來史志書目補輯目錄」將翟灝補漢志位列於「（2）史漢之屬」中，其他諸家皆未曾提及此補志。此外，查北京中國國家圖書館、臺灣國家圖書館、中央研究院與各大專院校圖書館，皆未見翟灝撰有此志，不知王余光從何而見，是以卷數不詳。然亦將此志置入該表中，以求全責備。另姚振宗與楊家駱之補撰史志目錄，皆見於世，故並無殘缺，可供檢索。至於楊家駱〈兩漢遺籍輯存〉合併兩漢典籍，並非針對西漢典籍編排，參看時需較為留意。

〔註20〕柯愈春以為翟灝「生於康熙五十五年至五十九年（1716～1720）」之間。參見柯愈春撰：《清人詩文集總目提要（上）》（北京：北京古籍出版社，2002 年 2 月），頁 656。

（二）補撰《漢書》史志目錄分類體系

本論文未見翟灝傳本，故僅就餘二部史志目錄闡述之。姚振宗《漢書藝文志拾補》依循班固《漢書·藝文志》之例，將史志依序分爲六類：〈六藝略拾補第一〉、〈諸子略拾補第二〉、〈詩賦略拾補第三〉、〈兵書略拾補第四〉、〈數術略拾補第五〉、〈方技略拾補第六〉，然二級類目仍有異於《漢志》者。姚氏於〈六藝略拾補〉附錄「讖緯」，〈詩賦略拾補〉則改立「總集」、「別集」二類，原〈兵書略〉之「陰陽類」則改爲「兵陰陽」，至於〈方技略拾補〉未拾補「醫經類」、「房中類」，故僅「經方」與「神仙」二種。「大凡六略拾補三十三種二百七十四家三百六部，附錄讖緯一種十一家十一部」，比《漢書·藝文志》原先的「五百九十六家，萬三千二百六十九卷」多輯佚出「二百八十五家，三百一十七部附見六十四家九十部」，足見其著力甚勤。〔註21〕

楊家駱則依循《四庫全書總目》分類方式，將漢代古籍歸納爲四部，輯佚現今可見漢朝書目，功不可沒。然細部小類另有與《四庫全書總目》相異者，僅〈經部〉即有：易類、書類、詩類、周禮類、儀禮類、禮記類、禮總義類、樂類、春秋左傳類、春秋公羊傳類、春秋穀梁傳類、春秋總義類、論語類、孝經類、孟子類、羣經總義類、訓詁類、字書類等十八種，略有過於精細之嫌。另外，《四庫全書總目》將禮類區分爲「禮類《周禮》之屬」、「禮類《儀禮》之屬」、「禮類《禮記》之屬」、「禮類三禮總義之屬」、「禮類通禮之屬」、「禮類雜禮書之屬」等第三級類目，然楊家駱則將此小類地位提升爲第二級類目：「周禮類」、「儀禮類」、「禮記類」、「禮總義類」。此法雖較爲新穎進步，但漢朝尚無四部分類，且古籍甚少，此種分類方式恐非當時所需。

二、補撰《隋書》史志目錄者二部

時代	作　者	書名（含卷數）	出處（出版項）
	張鵬一 （1867～1944）	《隋書經籍志補》2卷	收入二十五史刊行委員會編：《二十五史補編》第4冊（北京：中華書局，1998年2月），頁4929～4942。
	李正奮 （？～？）	《隋代藝文志》4卷	民國間抄本（現存北京中國國家圖書館）。

〔註21〕〔清〕姚振宗撰：《漢書藝文志拾補》，收入二十五史刊行委員會編：《二十五史補編》第2冊（北京：中華書局，1998年2月），頁1436。

（一）補撰《隋書》史志目錄存佚情形

此二部《隋書》補撰史志目錄，僅李正奮《隋代藝文志》未見於臺灣。梁啓超指出：「著者今人李正奮。未刻，北海圖書館藏抄本」，〔註22〕又梁子涵言：「李正奮編。梁氏慕眞軒藏梁子涵批校舊鈔本二冊，北平圖書館藏該館鈔本一冊」，〔註23〕然今未見梁氏批校本，僅可見於北京中國國家圖書館網頁館藏目錄，察其有民國間抄本。蓋京師圖書館與北海圖書館合併爲北平圖書館，後更名爲中國國家圖書館，故此抄本即爲二梁氏所見之本。另清人張鵬一《隋書經籍志補》流傳於世，以《二十五史補編》排印本最普遍且便於檢索。

（二）補撰《隋書》史志目錄分類體系

因筆者未能至大陸見李正奮抄本，故僅就張鵬一《隋書經籍志補》來分析。此志依其序可知完稿於光緒三十年（1904），其依循《隋書・經籍志》之四部分類方式續補，合於當代需求。自其序言可知增補部分書目，爲《隋書》提供較爲完整之當代著述：

> 今據諸人本傳所載，得經說九十二部，史錄六十部，子類五十五部，
> 專集七十二家，雜文三十篇。篇目既錄，姓字益彰。〔註24〕

至於〈經部〉將《隋志》「禮類」分爲「三禮」與「大戴禮」二類，無「緯讖類」，增「五經總義」一類；〈史部〉則無「古史類」、「霸史類」、「起居注類」、「舊事類」、「職官類」，且合併「正史」、「雜史」爲「正雜史」一類，「刑法」、「儀注」亦併爲一類，分類較爲籠統；〈子部〉則未增補「道」、「法」、「名」、「墨」、「縱橫」、「農」、「小說」等七種，其餘類目與《隋志》相同；〈集部〉則未增補「楚辭」一類。筆者以爲《隋志》尚有未著錄書目，僅列附錄「道經部」與「佛經部」之類別與總卷數者：

> 經戒三百一部，九百八卷。餌服四十六部，一百六十七卷。房中十
> 三部，三十八卷。符錄十七部，一百三卷。
> 右三百七十七部，一千二百一十六卷。〔註25〕

〔註22〕梁啓超撰：《圖書大辭典簿錄之部》，收入《飲冰室專集（六）》（臺北：臺灣中華書局，1972年），頁16。

〔註23〕梁子涵撰：《中國歷代書目總錄》（臺北：中華文化出版事業委員會，1953年3月），頁43。

〔註24〕張鵬一撰：《隋書經籍志補》，收入二十五史刊行委員會編：《二十五史補編》第4冊（北京：中華書局，1998年2月），頁4929。

〔註25〕〔唐〕魏徵撰：《隋書・經籍志》卷35（北京：中華書局，2006年3月），頁

由上可知，僅見「道家部」之「經戒類」、「餌服類」、「房中類」、「符錄類」，然未著錄書目。蓋當時釋道之風盛行，未著錄書目已有瑕疵，張鵬一未針對此二部書籍進行補撰，實有缺憾。

三、補撰《舊唐書》、《新唐書》史志目錄者四部

時代	作　者	書名（含卷數）	出處（出版項）
清	陳鱣（1753～1817）	《續唐書·經籍志》1卷	道光4年刻本。《續唐書》卷19，收入徐蜀編：《二十四史訂補：隋唐五代正史訂補文獻彙編》第2冊（北京：北京圖書館出版社，2004年3月），頁984～998。
	楊家駱（1912～1991）	〈唐代遺籍輯存〉（1）不分卷	《學粹》第9卷第2期，1967年2月，頁8～15。
		〈唐代遺籍輯存（續）〉（2）不分卷	《學粹》第9卷第3期，1967年4月，頁11～15。
		〈唐代遺籍輯存（續）〉（3）不分卷	《學粹》第9卷第4期，1967年6月，頁14～16。
		〈唐代遺籍輯存（續）〉（4）不分卷	《學粹》第9卷第5期，1967年8月，頁19～22。
	陳尚君（1952～）	〈《新唐書·藝文志》補——集部別集類〉不分卷	收入榮新江主編：《唐研究·第一卷》（北京：北京大學出版社，1995年12月），頁169～194。
		〈石刻所見唐人著述輯考〉不分卷	收入《陳尚君自選集》（桂林：廣西師範大學出版社，2000年11月），頁114～133。
	張固也（1964～）	《新唐書藝文志補》4卷	長春：吉林大學出版社，1996年1月。

（一）補撰《舊唐書》、《新唐書》史志目錄存佚情形

此四部補撰唐朝典籍之史志目錄皆可見傳本，以陳鱣《續唐書·經籍志》最早問世。陳鱣補唐志收錄於《二十四史訂補》者，爲道光四年（1824）刻本，另有楊家駱《唐書經籍藝文合志》爲其標點版本可供參考。〔註26〕又陳尚君原

1091。

〔註26〕〔清〕陳鱣撰：《續唐書經籍志》，收入楊家駱主編：《唐書經籍藝文合志》（臺

發表於榮新江主編《唐研究・第一卷》的〈《新唐書・藝文志》補──集部別集類〉，另更動篇名爲〈《新唐書・藝文志》未著錄唐人別集輯存〉，〔註27〕並收錄於《陳尚君自選集》中，二者差異爲前者於文末附錄英文摘要。另欲見楊家駱〈唐代遺籍輯存〉，可至中央研究院歷史語言研究所傅斯年圖書館與臺灣國家圖書館查詢。張固也之《新唐書藝文志補》爲最新的唐代史志目錄，考證精詳，可謂此四部補志最爲完備之版本。

（二）補撰《舊唐書》、《新唐書》史志目錄分類體系

《新唐志》較《舊唐志》完備，故此處均以《新唐志》與此四部補志相較。陳鱣補唐志收錄於其《續唐書》中，其依循《新唐志》四部分類：〈甲部經錄〉十一類、〈乙部史錄〉九類、〈丙部子錄〉十一類、〈丁部集錄〉二類。陳氏與《新唐志》相異者爲：其一，〈甲部經錄〉不立「讖緯類」，改「經解類」爲「羣經類」，並另將「爾雅類」自「小學類」抽離爲獨立一類；其二，〈史部經錄〉無「起居注類」、「雜傳記類」、「譜牒類」，將「刑法類」改名爲「法令類」，別立「時令類」，又併目錄、故事、職官、儀注等書籍爲「故事類」，類目混雜，蓋不足取；其三，〈丙部子錄〉無「法家類」、「名家類」、「墨家類」、「縱橫家類」、「天文類」、「曆算類」、「兵書類」，將「明堂經脉類」、「醫術類」併爲「醫家類」，改「雜藝術類」爲「藝術類」，別立「仙釋類」，又仿《四庫全書》增補「術數類」；〈丁部集錄〉則未列「楚辭類」。

楊家駱補唐志依循《新唐志》分類，然其第二級類目與《新唐志》相較，亦有所別。其一，〈經部〉無「讖緯類」，將「經解類」更名爲「五經總義類」，又將「論語類」改爲「四書類」；蓋「四書」之名成於南宋，依此爲唐朝典籍分類，恐不合當代需求。其二，〈史部〉無「起居注類」、「故事類」，將「僞史類」更名爲「載記類」、「雜傳記類」更名爲「傳記類」，合併「刑法類」與「儀注類」爲「政書類」，增加「時令類」、「史評類」、「別史類」、「詔令奏議類」、「目錄類」。其三，〈子部〉無「名家類」、「墨家類」、「小說家類」、「縱橫家類」，將「兵書類」更名爲「兵家類」、「雜藝術類」更名爲「藝術類」、「五行類」則依《四庫全書》更名爲「術數類」，合併「明堂經脉類」與「醫術類」爲「醫家類」、「天文類」與「曆算類」則成爲「天文算法類」，

北：世界書局，1976 年 12 月），頁 1～34。

〔註27〕陳尚君撰：〈《新唐書・藝文志》未著錄唐人別集輯存〉，收入《陳尚君自選集》（桂林：廣西師範大學出版社，2000 年 11 月），頁 88～113。

增加「譜錄類」、「道家類」、「釋家類」。其四，〈集部〉無「楚辭類」，並仿
《四庫全書》增加「詩文評類」、「詞曲類」，然部分詞曲爲前蜀、後晉、南
唐之作，亦收錄其中，恐非適宜；另「總集類」與「詞曲類」後各有一附錄，
乃收錄後人輯佚唐朝之作品，如：陸心源（1834～1894）編《唐文拾遺》即
著錄其中，此爲該補志特點之一。

　　陳尚君補志僅就別集類詳加增補，其指出：

　　　《新唐書・藝文志》別集類載錄七百三十六家，其中唐集凡五百零

　　　五家，共五百三十七部。本文所補，凡四百零六家，四百四十六部，

　　　所補約當原書的六分之五。〔註28〕

故專就別集類而言，陳尚君補唐志較爲詳實。陳氏另撰有〈石刻所見唐人著
述輯考〉，〔註29〕所有石刻悉依四部分類編排，經部石刻十部、史部石刻十五
部、子部石刻五十部、集部六十三部，共計一百三十八部，亦可補足《新唐
志》之缺。

　　張固也補唐志依循《新唐志》四部分類，收錄唐代書籍最爲完備。與《新
唐志》相異者，〈經部〉僅未增補「讖緯類」，此部共計十類二百三十種書；
〈史部〉僅未增補「偽史類」，此部共計十二類四百種書；〈子部〉僅未增補
「墨家類」，此部共計十六類六百五十一種書；〈集部〉僅未增補「楚辭類」，
又依《崇文總目》另立「文史類」，共計三類三百五十三種書。張氏補志總
計四十一類，一千六百三十八種書。自增補數量與類別而言，爲此四補志中
收錄最爲廣博者且全面者，亦最具參考價值，可與新舊《唐志》相互參看。

四、補撰《宋史》史志目錄者三部

時代	作　者	書名（含卷數）	出處（出版項）
清	倪燦（1626～1687）盧文弨（1717～1796）	《宋史藝文志補》1卷	收入二十五史刊行委員會編：《二十五史補編》第6冊（北京：中華書局，1998年2月），頁8015～8028。

〔註28〕陳尚君撰：〈《新唐書・藝文志》補——集部別集類〉，收入榮新江主編：《唐
　　　　研究・第一卷》（北京：北京大學出版社，1995年12月），頁170。
〔註29〕陳尚君撰：〈石刻所見唐人著述輯考〉，收入《陳尚君自選集》（桂林：廣西師
　　　　範大學出版社，2000年11月），頁114～133。

清	吳騫 （1733～1813）	《四朝經籍志補》（宋 部分）不分卷	黃虞稷《千頃堂書目》。
清	朱文藻 （1736～1806）	《宋史藝文志》卷數不 詳（僅著錄爲 14 本）	未見傳本。

（一）補撰《宋史》史志目錄存佚情形

此三部補撰《宋史》史志目錄，以倪燦本最爲通行，吳騫、朱文藻等補志未見傳本。吳之澄（？～？）《拜經樓書目》記載《四朝經籍志補》有二本，並云：

> 先祖手輯，卷首云：間從《千頃堂書目》中單采宋遼金元之書，爲
> （四）朝經籍志補，其間有俞邰所未及者，坿以臆說。〔註30〕

可知吳騫曾著此書，然今未見此本，故本論文僅以收錄於 2001 年上海古籍出版社發行之《千頃堂書目》的《四朝經籍志補》迻錄本進行分析。另梁啓超《圖書大辭典簿錄之部》指出朱文藻《宋史藝文志》爲「十六冊」，然今複查瞿世瑛（？～？）《清吟閣書目》則著錄「十四本」，蓋梁氏撰寫有誤，今更正之。〔註31〕

（二）補撰《宋史》史志目錄分類體系

今未見朱文藻補宋志，故略之不論其分類體系。倪燦補宋志爲四部分類，與《宋史・藝文志》相較：〈經部〉立「禮類」、「禮樂書類」二類，似無必要，未若將其分類爲「禮類」、「樂類」，此外，將「孟子」自「儒家類」中獨立爲一類，尚能符合宋代已將《孟子》歸入十三經內之實；〈史部〉無「別史類」，另將「國史類」置於各類之首，與《千頃堂書目》同，又增「通史類」、「雜史類」、「史學類」、「時令類」、「食貨類」，改「刑法類」爲「政刑類」，「目錄類」爲「簿錄類」，分類精細，多達十八種；〈子部〉未增補「法家類」、「名家類」、「墨家類」、「縱橫家類」、「蓍龜類」，餘者僅將「類事類」更名爲「類書類」，「曆算類」爲「曆數類」，「醫書類」爲「醫方類」；〈集部〉則與《千頃堂書目》全同，未補「楚辭類」，增「制誥類」、「表奏類」、「騷賦類」、「詞曲類」、「制舉類」，屬歷來圖書目錄集部類目最多者，然八種類

〔註30〕〔清〕吳之澄撰：《拜經樓書目》，收入林夕主編：《中國著名藏書家書目匯刊・
明清卷》第 23 冊（北京：商務印書館，2005 年 10 月），頁 430。

〔註31〕〔清〕瞿世瑛撰：《清吟閣書目》卷 4，收入王德毅主編：《叢書集成續編》第
5 冊（臺北：新文豐出版公司，1989 年 7 月），頁 571。

目編排次序則與《千頃堂書目》有別，如：倪燦補志將「制誥類」置於〈集部〉之首，《千頃堂書目》則以「別集類」居冠，蓋倪燦、盧文弨有所校正矣。至於本論文自《千頃堂書目》中汲取吳騫《四朝經籍志補》迻錄本中宋代部分書籍，著錄「吳補」者僅見〈經部〉「詩經類」的「《毛詩纂圖互註重言重意》二十卷」與「三禮類」的「《周禮纂圖互註重言重意》十二卷」二部書籍；其餘則爲迻錄黃虞稷收錄書目，〈經部〉含附錄計十四類，〈史部〉十五類，〈子部〉十一類，〈集部〉七類，類目全依循《千頃堂書目》。二部史志目錄皆見《千頃堂書目》不足而對宋代典籍進行增補，就增補數量或類目而言，倪燦與盧文弨補撰史志目錄多達「四部六百七十八家一萬二千七百四十二卷」，著力甚勤，遠非吳騫大多以抄錄古籍書目所能企及，二部史志之高下明矣。

五、補撰《明史》史志目錄者三部

時代	作　者	書名（含卷數）	出處（出版項）
清	金門詔 （1672～1751）	《明史經籍志》卷數不詳	未見傳本。
清	徐鼒 （1810～1862）	《明史藝文志補遺》1卷	未見傳本。
	蔣孝瑀 （1939～）	《明史藝文志史部補》不分卷	臺北：台聯國風出版社，1969 年 1月。

（一）補撰《明史》史志目錄存佚情形

此三部補撰《明史》史志目錄者，僅可見蔣孝瑀《明史藝文志史部補》。另金門詔補志，僅著錄書目於王余光〈清以來史志書目補輯研究〉中，〔註32〕經筆者查詢不見傳本，未知王余光依據何者而來。另梁子涵指出清「徐鼎」編《明史藝文志補遺》，並收錄於敝帚齋遺書本中，趙飛鵬、王余光亦依此著錄，〔註33〕三者皆誤。經筆者考證，編者應爲「徐鼒」，而非「徐鼎」。蓋有

〔註32〕王余光撰：〈清以來史志書目補輯研究〉，《圖書館學研究》2002 年第 3 期，頁4。

〔註33〕上述三處分見梁子涵撰：《中國歷代書目總錄》（臺北：中華文化出版事業委員會，1953 年 3 月），頁 57；趙飛鵬撰：〈唐以前正史藝文、經籍志之續補考證著作舉要〉，《成功大學學報（人文、社會篇）》第 35 卷，2000 年 11 月，頁23；王余光撰：〈清以來史志書目補輯研究〉，《圖書館學研究》2002 年第 3

清一朝以「敝帚」爲書齋名者，僅「徐鼒」一人，可推斷梁子涵《中國歷代書目總錄》爲筆誤。今見〈敝帚齋主人年譜補〉云：

> ……朝旨未下，而府君已不起矣。生平手不釋卷，著述多燬於兵。
> 見存者：《周易舊注》十二卷、《四書廣義》■卷、《小腆紀年》二十卷、《小腆紀傳》■卷、《明史藝文志補遺》一卷、《讀書雜釋》十四卷、《度支輯略》十卷……。〔註34〕

可知徐鼒曾撰有此補志，然今亦未見傳本，實爲缺憾。

除此三部史志目錄外，尚有傳維鱗《明書·經籍志》成書於《明史·藝文志》前，雖並非針對《明史·藝文志》補撰，然亦可供參考。〔註35〕該志見存於其著作《明書》中，另有楊家駱校注本，詳載其著錄書籍之存佚殘缺，可供學者參考。〔註36〕

（二）補撰《明史》史志目錄分類體系

今未見金門詔與徐鼒之補明志，故僅就蔣孝瑀《明史藝文志史部補》一書進行探討。蔣氏僅針對〈史部〉進行增補，分類大致與《明史·藝文志》相同，僅增立「目錄類」，共計十一類。至於其以所見公私藏書目補入之書籍總數量，則高達四千五六百種，極爲可觀。

期，頁4。

〔註34〕此段文字之兩處墨丁，原文空白，故筆者以■代替；經查《小腆紀傳》爲65卷，《四書廣義》則卷數不詳。參見〔清〕徐承祖（？～？）、徐承禧（？～？）、徐承禮（？～？）等撰：〈敝帚齋主人年譜〉，收入〔清〕徐鼒撰：《清敝帚齋主人徐鼒自訂年譜》（臺北：臺灣商務印書館股份有限公司，1978年12月），頁108。

〔註35〕傅維鱗未依循《明史·藝文志》之四部分類，僅以三十二類來區分各書籍類別，且類目名稱、編排順序與其他史志目錄大相逕庭。分類次序方面：「制書類」置於各類之前，接著爲「易類」、「書類」、「詩經」、「春秋類」，又將原屬集部之「詩詞類」置於中間，倒數五類則爲「兵書」、「算法」、「陰陽書」、「醫書」、「農圃」，觀之無規則可循，亦非四分法或七分法，較無可取。類目名稱方面：原屬史部之書有「史類」、「史」、「史雜」，原屬子部之書有「子類」、「子雜」，另有「姓氏」、「法帖」等標新立異之類目。然其志成書於《明史·藝文志》前，二者亦可互相參照收錄書籍之異同，以使明史典籍較爲完備。參見〔清〕傅維鱗（1608～1667）撰：《明書·經籍志》卷75～77，收入《叢書集成初編》（北京：中華書局，1985年），頁1519～1576。

〔註36〕楊家駱主編：《明史藝文志廣編》第1冊（臺北：世界書局，1976年12月），頁123～354。

六、補撰《清史稿》史志目錄者四部

時代	作　者	書名（含卷數）	出處（出版項）
	彭國棟 （？～）	《重修清史藝文志》不分卷	臺北：臺灣商務印書館股份有限公司，1968 年 6 月。
	武作成 （？～）	《清史稿藝文志補編》不分卷	收入《清史稿藝文志及補編（附索引）》上冊（北京：中華書局，1982 年 4 月），頁 341～708。
	郭靄春 （1912～）	《清史稿藝文志拾遺》不分卷	北京：華夏出版社，1999 年 11 月。
	王紹曾 （1910～）	《清史稿藝文志拾遺》不分卷	北京：中華書局，2000 年 9 月。

（一）補撰《清史稿》史志目錄存佚情形

此四部補志皆爲今人所撰，故皆見存於世。今另於中央研究院歷史語言研究所傅斯年圖書館見一部書爲《清史藝文志》，爲不著撰人之古籍線裝書。筆者以爲上述四部補志書名皆爲補「清史稿藝文志」，或以「重修」來標注書名者，推測此不著撰人之《清史藝文志》爲《清史稿・藝文志》撰成之前所作，並非針對其補撰之史志目錄，然亦可供參考。〔註37〕

（二）補撰《清史稿》史志目錄分類體系

彭國棟《重修清史藝文志》名稱一依《四庫全書・經部》，與《清史稿・藝文志》相較：「藝文志一經部」僅將「經總義類」更名爲「羣經總義類」，「藝文志二史部」、「藝文志三子部」、「藝文志四集部」則類目仍依《四庫全書》，〈史部〉、〈子部〉類目與《清史稿・藝文志》全同，僅〈集部〉之「楚詞類」不用「辭」而用「詞」。王紹曾指出其雖著錄清人著述「一萬八千零五十九部」，然扣除《清史稿・藝文志》原著錄之外，僅增補「八千四百二十六部」。〔註38〕

〔註37〕此志之序指出：「藝文舊例，胥列古籍，清代總目既已博載，茲志著錄取則明史，斷自清代。……乾隆以前漏者補之，嘉慶以後缺者續之……」，內容與《清史稿・藝文志》「序」內容略有相似之處；此外，其分類僅集部「楚詞類」與《清史稿・藝文志》「楚辭類」使用字詞不同，筆者推測此本或爲編纂《清史稿・藝文志》之底本。上述二者分見不著撰人：《清史藝文志・序》，頁 2 下；不著撰人：《清史藝文志・集部》，頁 1 上。

〔註38〕王紹曾編：《清史稿藝文志拾遺・前言》上冊（北京：中華書局，2000 年 9 月），頁 9～10。

　　武作成《清史稿藝文志補編》各類皆依《清史稿・藝文志》補編書目，故分類項目與之相同。據此志指出，〈經部〉所補共一千二百六十七部，七千六百八十七部；〈史部〉所補共三千四百四十二部，五萬四千二百零五卷；〈子部〉所補共一千八百三十五部，一萬一千一百二十七卷；〈集部〉所補共三千八百九十四部，二萬零七百五十三卷。總計增補一萬零四百三十八部，九萬三千七百七十二卷。

　　郭靄春《清史稿藝文志拾遺》體例依循《清史稿・藝文志》進行增補。其〈經部〉與之相較類目全同，共計三百二十九部；其〈史部〉無「紀事本末類」、「史鈔類」、「載記類」、「時令類」、「職官類」，並將「詔令奏議類」更名爲「奏議類」，共計一百八十三部；〈子部〉則無「譜錄類」、「小說類」、「釋家類」，共計二百九十八部；〈集部〉則未補「詞曲類」，共計二百六十八部。總計一千零七十八部，僅約爲武作成補志之十分之一，相去甚遠。

　　王紹曾《清史稿藝文志拾遺》爲四部補志中最爲完備者，其分類爲五部，且多以三級類目區別書目種類，與《清史稿・藝文志》不盡相同。其一〈經部〉，增入「總類」，將「經總義類」更名爲「羣經總義類」。其二〈史部〉，無「職官類」，增入「總類」、「專史類」、「方志類」。其三〈子部〉，無「釋家類」，增入「總類」、「宗教類」、「新學類」。其四〈集部〉，增入「總類」、「彈鼓詞類」、「寶卷類」、「小說類」，將「詩文評類」更名爲「文評類」，「詞曲類」則一分爲二，成爲「詞類」與「戲曲類」。其五〈叢書部〉，此爲王紹曾與《清史稿・藝文志》最大差異之處，此部有「雜纂類」、「郡邑類」、「氏族類」、「獨撰類」、「輯佚類」。王紹曾指出其補志著錄：

> 都五萬四千八百八十部，三十七萬五千七百一十卷，其中不分卷者
> 七百五十五部。較之《志稿》幾增五倍以上。〔註39〕

由此可知，王紹曾補清志無論是與《清史稿・藝文志》，或是與彭國棟、武作成、郭靄春等補清志相較，皆爲反映清代典籍最爲詳實完備之本。

　　後人續補正史已存之史志目錄共有十九部，自以上統計可知，即便前朝即有官員學者爲正史編撰史志，依舊被後世學者加以續補。然各史志目錄中繁簡有別，未必每一部皆能明確反映當代之典籍。自補撰《漢書》史志目錄而言，以姚振宗《漢書藝文志拾補》最爲精詳；自補撰《隋書》史志目錄而

〔註39〕 王紹曾編：《清史稿藝文志拾遺・前言》上冊（北京：中華書局，2000 年 9 月），頁 21。

言，今未見李正奮《隋代藝文志》，故以參考張鵬一《隋書經籍志補》爲主；自補撰新舊《唐書》史志目錄而言，以張固也《新唐書藝文志補》最佳；自補撰《宋史》史志目錄而言，以倪燦撰、盧文弨校正《宋史藝文志補》最完備；自《明史》史志目錄而言，未見金門詔、徐鼐補志，故以參考蔣孝瑀《明史藝文志補》爲主；至於《清史》史志目錄，則以王紹曾《清史稿藝文志拾遺》資料最爲廣博。故如欲研究此類正史史志目錄者，必參以各類中最佳之史志目錄，方能窺知一朝之文獻全貌。然其中蔣孝瑀補明志雖爲補撰《明史》史志目錄最佳者，僅有史部一門，明顯不足，尚可繼續增補，以期全面性反映明代文獻。

第三節　後人增補正史所無之史志目錄

　　清代以後的學者爲彌補眾多正史無史志之缺憾，紛紛爲歷代正史編纂補志，以求還原古籍存佚的面貌。余慶蓉、王晉卿《中國目錄學思想史》則視其爲「補白派」：

　　　清代學者根據考據學的理論，採用考據學的方法，重新編撰前史無志的藝文志或經籍志。由於這一工作起了填補空白的作用，故謂之補白學派。〔註40〕

此類被補編史志的史書如下：漢司馬遷（145～86B.C.）《史記》、劉宋范曄（398～445）《後漢書》、晉陳壽（233～297）《三國志》、唐房玄齡（578～648）《晉書》、梁沈約（441～513）《宋書》、梁蕭子顯（489～537）《南齊書》、唐姚思廉（557～637）《梁書》、唐姚思廉《陳書》、北齊魏收（505～572）《魏書》、唐李百藥（565～648）《北齊書》、唐令狐德棻（583～666）《周書》、唐李延壽（？～？）《南史》與《北史》、北宋薛居正（912～981）《舊五代史》、北宋歐陽修《新五代史》、元脫脫《遼史》與《金史》、明宋濂（1310～1381）《元史》等十八部。今爲求各朝典籍補撰史志目錄之一統性，各爲《南史》與《北史》補史目錄、《舊五代史》與《新五代史》補史目錄分別合併爲一小類，共有十六小類七十九部史志目錄：「補撰《史記》史志目錄者一部」、「補撰《後漢書》史志目錄者十一部」、「補撰《三國志》史志目錄者五部」、「補撰《晉

〔註40〕余慶蓉、王晉卿撰：《中國目錄學思想史》（湖南：湖南教育出版社，1998 年 4 月），頁 184。

書》史志目錄者六部」、「補撰《宋書》史志目錄者三部」、「補撰《南齊書》史志目錄者三部」、「補撰《梁書》史志目錄者五部」、「補撰《陳書》史志目錄者四部」、「補撰《魏書》史志目錄者三部」、「補撰《北齊書》史志目錄者二部」、「補撰《周書》史志目錄者二部」、「補撰《南史》、《北史》史志目錄者五部」、「補撰《舊五代史》、《新五代史》史志目錄者四部」、「補撰《遼史》史志目錄者九部」、「補撰《金史》史志目錄者八部」、「補撰《元史》史志目錄者八部」。今悉用表格統整再進行分析，以明辨此類史志目錄之存佚、分類特色或流傳概況。

一、補撰《史記》史志目錄者一部

時　代	作　者	書名（含卷數）	出處（出版項）
（日）明治 31 年	原富男（1898～？）	《補史記藝文志》不分卷	東京都：春秋社，1980 年 9 月（現存中央研究院中國文哲所圖書館）。

（一）補撰《史記》史志目錄存佚情形

《史記》為正史之首，而無〈藝文志〉。清朝學者為諸多史書補撰史志目錄之餘，未能為司馬遷所見書籍，僅有日人原富男之著作，實有遺憾。金德建《司馬遷所見書考》約三十餘萬言，考證詳實，然未補編史志目錄。〔註41〕另張大可、趙生群等提及「載於《史記》中的司馬遷所見書」，將《史記》中提及書籍汲取而出，以表格總計共有一百零六種，並依據「六經及其訓解書」、「諸子百家及其方技書」、「歷史地理及漢室檔案」、「文學書」之四分方式分類，〔註42〕雖未具增補史志目錄之功，然此表與金德建之考證亦足作

〔註41〕金德建撰：《司馬遷所見書考》（上海：上海人民出版社，1963 年 2 月）。

〔註42〕經筆者考察，張大可、趙生群等人於《史記文獻與編纂學研究》上編第五章〈二、載於《史記》中的司馬遷所見書〉與下編〈載於《史記》中的司馬遷所見書〉部分書目分類名稱與編排取捨有異：其一，前者第二類名之為「諸子百家及方技書」，書目共五十種，後者則名之為「諸子百家及方技書」，書目共五十三種，蓋前者缺《終始》、《大聖》、《李子》、《揣摩》等四部書目，且較後者多出「醫藥卜筮種樹之書」，故此類應有五十四種書目；其二，前者第三類名之為「古今歷史書及漢室檔案」，書目共二十四種，後者則名之為「歷史地理及漢室檔案」，書目共二十三種，蓋前者缺《五帝繫諜》一書，又將原本置入第二類之《酈生書》、《新語》重複歸於第三類。由此可知，其自《史記》輯錄之書目絕非一百零六種，而為一百零七種。以上二處分見張大可、趙生群等撰：《史記文獻與編纂學研究》，收入《史記研究集成》第十一卷（北京：華文出版社，2005 年 1

為研究武帝以前古籍之依據。至於原富男《補史記藝文志》悉以日文撰寫而成，為其贈予楊家駱，現存於中央研究院中國文哲所圖書館內，可供學者研究。筆者以為，《史記》中可考證之典籍，大多可見於中國境內，加以原富男著作距今已二十六年之久，且簡帛文獻陸續出土，應可繼續補撰《史記》史志目錄。一來可補全原富男著作之不足，二來亦表國人重視先秦至武帝間文獻輯存之程度。

（二）補撰《史記》史志目錄分類體系

今觀原富男《補史記藝文志》，其分類方式既非中國傳統七分法亦非四分法。此志將書籍分為：「第一見存」、「第二引用」、「第三（表四）見存‧引用對照表」、「第四解說　附、發現」等四大類，亦即分別以司馬遷「所見書籍」、「引用書籍」、「現今見存書籍」與「解說部分書籍」等四部份所組成，其中收錄並略考證孔子及其弟子的活動時期、六國時代、漢朝史遷以前與史遷父子期間之書籍。此外，秦始皇所焚燬之典籍亦加以考證，並對於漢朝當代出土典籍加以分析，如：「孔氏古文尚書」等。由是可知，該書雖名之為《補史記藝文志》，然類目與我國圖書分類方式相去甚遠。

二、補撰《後漢書》史志目錄者十一部

時代	作　者	書名（含卷數）	出處（出版項）
晉	袁山松（？～？）	《後漢藝文志》卷數不詳	未見傳本。
清	厲鶚（1692～1752）	《補後漢藝文志》卷數不詳	未見傳本。
清	錢大昭（1744～1813）	《補續漢書藝文志》1卷	收入二十五史刊行委員會編：《二十五史補編》第2冊（北京：中華書局，1998年2月），頁2095～2103。
清	洪飴孫（1773～1816）	《續漢書藝文志》1卷	未見傳本。
清	顧懷三（1785～1853）	《補後漢書藝文志》10卷	收入二十五史刊行委員會編：《二十五史補編》第2冊（北京：中華書局，1998年2月），頁2131～2304。

月），頁94～107；頁419～427。

清	侯康 （1798～1837）	《補後漢書藝文志》 4 卷	收入二十五史刊行委員會編：《二十五史補編》第 2 冊（北京：中華書局，1998 年 2 月），頁 2105～2130。
清	姚振宗 （1842～1906）	《後漢藝文志》4 卷	收入二十五史刊行委員會編：《二十五史補編》第 2 冊（北京：中華書局，1998 年 2 月），頁 2305～2445。
清	勞頲 （？～？）	《訂補續漢書藝文志》卷數不詳	未見傳本。
	曾樸 （1872～1935）	《補後漢書藝文志并考》10 卷（東漢部分）	收入二十五史刊行委員會編：《二十五史補編》第 2 冊（北京：中華書局，1998 年 2 月），頁 2447～2560。
	陶憲曾 （？～？）	〈侯康補後漢藝文志補〉不分卷	光緒 31 年陶氏家塾刊本。《靈華館叢稿》卷 4，頁 1 上～7 上（現存中央研究院歷史語言研究所傅斯年圖書館）。
	楊家駱 （1912～1991）	〈兩漢遺籍輯存（上）〉（東漢部分）不分卷	《學粹》第 7 卷第 1 期，1964 年 12 月，頁 14～19。
		〈兩漢遺籍輯存（下）〉（東漢部分）不分卷	《學粹》第 7 卷第 4 期，1965 年 6 月，頁 11～15。

（一）補撰《後漢書》史志目錄存佚情形

補撰《後漢書》史志目錄數量多達十一部，其中七部流傳於世者，即有錢大昭、顧櫰三、侯康、姚振宗、曾樸等人所撰補後漢志收錄在《二十五史補編》中；僅陶憲曾〈侯康補後漢藝文志補〉收錄於其專著《靈華館叢稿》，現存於中央研究院歷史語言研究所傅斯年圖書館。另楊家駱〈兩漢遺籍輯存〉乃針對兩漢典籍，參看時須留意。

另四部補志，皆為未見傳本者。根據阮孝緒（479～536）《七錄・序》指出：

> 固乃因《七略》之辭為《漢書・藝文志》。其後有著述者，袁山松亦錄在其書。〔註43〕
> 其外又條《七略》及二漢《藝文志》、《中經簿》所闕之書并方外之

〔註43〕〔梁〕阮孝緒撰：《七錄・序》，收入袁詠秋、曾季光主編：《中國歷代圖書著錄文選》（北京：北京大學出版社，1997 年 12 月），頁 176。

經……佛經、道經各為一錄，雖繼《七志》之後，而不在其數。〔註
44〕

《後漢藝文志》書若干卷。八十七家亡。〔註45〕

就此三段文字可知《後漢書》雖未著錄〈藝文志〉，但當時確實有學者增補，
然其所收錄後漢典籍八十七家業已亡佚。

鄭樵（1104～1160）《通志‧校讎略》於「編次必記亡書論三篇」中，更
明確指出：

阮孝緒作《七錄》，已，亦條劉氏《七略》及班固《漢志》、袁山松
《後漢志》、魏《中經》、晉四部所亡之書為一錄。〔註46〕

自此可知，《後漢藝文志》為袁山松所撰，然今未見此志傳本。

至於屬鶡《補後漢藝文志》於梁啟超《圖書大辭典簿錄之部》僅見書目，
其指出「文廷式《補晉書藝文志‧序》稱有其書，存佚待考」，〔註47〕然今未
見文氏之序，亦未見屬鶡《補後漢志》。洪飴孫《續漢書藝文志》一卷於〈授
經堂未刊書目〉僅見書目，洪用懃（？～？）指出：

《續漢書藝文志》、《三國職官表》、《毘陵經籍志》……以上為先大
父孟慈先生著述蒐羅未備待刊。〔註48〕

另據《史目表》跋語中指出：

先大父……所著有世本輯補《三國職官表》、《史目表》、《毘陵經籍
志》、《續漢書藝文志》均校刊行世。〔註49〕

可知清代確有洪飴孫《續漢書藝文志》之刊行本，然今未見矣。

此外，勞頡《訂補續漢書藝文志》的文獻紀錄，依據錢泰吉（1791～1863）
指出：

〔註44〕　〔梁〕阮孝緒撰：《七錄‧序》，收入袁詠秋、曾季光主編：《中國歷代圖書著
　　　　　錄文選》（北京：北京大學出版社，1997年12月），頁177。
〔註45〕　〔梁〕阮孝緒撰：《七錄‧序》，收入袁詠秋、曾季光主編：《中國歷代圖書著
　　　　　錄文選》（北京：北京大學出版社，1997年12月），頁178。
〔註46〕　〔宋〕鄭樵撰：《通志》（下）（北京：中華書局，1995年11月），頁1806。
〔註47〕　梁啟超撰：《圖書大辭典簿錄之部》，收入《飲冰室專集（六）》（臺北：臺灣
　　　　　中華書局，1972年），頁7。
〔註48〕　〔清〕洪用懃等編：《洪北江（亮吉）先生遺集（一）》（臺北：華文書局股份
　　　　　有限公司，1969年4月），頁7～8。
〔註49〕　〔清〕洪用懃等編：《洪北江（亮吉）先生遺集（十）》（臺北：華文書局股份
　　　　　有限公司，1969年4月），頁5139。

范氏《後漢書》無年表，宋豐城熊氏既補之矣。司馬紹統八志不及藝文，亦闕事也。余弱冠時，嘗欲補輯，隘於見聞不克就。後聞嘉定錢可廬（案：錢大昭）氏已有成書，遂輟其業。乙巳夏遇仁和勞季言，甫於吳山書肆語余，其從子桄叔取可廬之書正定之，已有寫本。〔註50〕

由此可證，勞頻曾撰有此補志，且其校訂錢大昭《補續漢書藝文志》，然今亦未見傳本，實爲遺憾。

（二）補撰《後漢書》史志目錄分類體系

今未見袁山松、厲鶚、洪飴孫三家補後漢志，故略之不論。然就錢泰吉之序，可知勞頻《訂補續漢書藝文志》之分類方式與曾樸《補後漢書藝文志并考》皆屬七分法。據錢泰吉〈勞桄叔頻訂補續漢書藝文志序〉指出：

四部之名，起於東晉，可廬分四部，當司馬紹統時無此例也，改從前志分七略。〔註51〕

由是可知，勞頻以爲錢大昭《補續漢書藝文志》四分方式不符合漢代典籍類目，故將其更改爲七分法。

另曾樸補志亦爲七分法，乃今存補撰《後漢書》史志目錄唯一以七分法爲東漢典籍進行圖書分類者。姚名達指出，曾氏補志依循《七錄》，「謹飭有法」。〔註52〕今查曾氏補志，〈六藝志〉將「讖緯」更名爲「緯候」，有其創見；〈記傳志〉則有「史記類」，並將「土地類」更名爲「地域類」，亦爲與其他學者相異之處；此外，依循《七志》，增立〈文翰志〉，紀「詩賦類」與「雜文類」；〈術數志〉與〈方伎志〉則依循《七略》，另將道經、佛經合併爲〈道佛志〉，此創舉異於《七志》之將〈道經〉、〈佛經〉分爲二類，亦不類於《七錄》之設立〈佛法錄〉、〈仙道錄〉。由此可見，曾氏補志之七分法並不似姚名達所言完全依循《七錄》，而是有後出轉精之嚴謹分類。

〔註50〕〔清〕錢泰吉：《甘泉鄉人稿・勞桄叔頻訂補續漢書藝文志序》卷16，收入《續修四庫全書》編委會編：《續修四庫全書》第 1519 冊（上海：上海古籍出版社，2002 年 3 月），頁 431。

〔註51〕〔清〕錢泰吉：《甘泉鄉人稿・勞桄叔頻訂補續漢書藝文志序》卷16，收入《續修四庫全書》編委會編：《續修四庫全書》第 1519 冊（上海：上海古籍出版社，2002 年 3 月），頁 431。

〔註52〕姚名達撰：《中國目錄學史》（上海：上海古籍出版社，2002 年 6 月），頁 171。

就四分法而言，錢大昭《補續漢書藝文志》為率先問世者，其〈經部〉立「㐮緯」一類，乃前人之讖緯類，且將「孟子」獨立為一類於〈經部〉中，恐不符合東漢學風；又分類最為簡略且增補甚寡，其〈史部〉僅「國史」、「典章」、「刑法」三類，〈子部〉甚至完全無分類，且其僅著錄書目與撰人，收錄書目甚少，較無可取。另楊家駱〈兩漢遺籍輯存〉雖收錄東漢書籍甚少，然分類精細，亦足可法。〔註 53〕至於侯康《補後漢書藝文志》較為精詳，然未增補〈集部〉書籍，實有缺憾；後人陶憲曾〈侯康補後漢藝文志補〉即針對其為收錄書籍而編纂，然本論文統計陶氏僅收錄「馮顥《易章句》」、「劉陶《尚書訓詁》」、「高誘《禮記注》」等四十一部書，〔註 54〕並未將書目加以分類，疑為未完之稿。至於顧櫰三《補後漢書藝文志》與姚振宗《後漢藝文志》為增補最豐富者，然其中亦有優劣之別。顧氏二級類目皆為四分法之子類，然並未以「經」、「史」、「子」、「集」四部統攝之，又其為增補書籍加以考證，著力甚深。此外，顧氏將「雜史霸史」別立一類，又設「諸子類」，類目過於籠統，未能使書籍有明確的分類，另有「科令類」，則為其與諸位學者相異之特色之一。姚名達指出，姚振宗補後漢志「多逾千種，倍於《漢志》。後漢著述，有可考者，殆無復遺漏」，〔註 55〕足見其所收錄書目為十一部補後漢志中最為廣博者。觀其分類有四部四十類，附以佛道共四十四類，蓋二級類目參酌《漢書·藝文志》、《四庫全書總目》而成，為現存補後漢史志最值得參考者。

三、補撰《三國志》史志目錄者五部

時代	作 者	書名（含卷數）	出處（出版項）
清	侯康（1798～1837）	《補三國藝文志》4 卷	收入二十五史刊行委員會編：《二十五史補編》第 3 冊（北京：中華書局，1998 年 2 月），頁 3165～3188。
清	姚振宗（1842～1906）	《三國藝文志》4 卷	收入二十五史刊行委員會編：《二十五史補編》第 3 冊（北京：中華書局，1998 年 2 月），頁 3189～3300。

〔註 53〕楊家駱〈兩漢遺籍輯存〉分類介紹參照本論文第二章第二節「補撰《漢書》史志目錄者三部」之處。
〔註 54〕陶憲曾撰：〈侯康補後漢藝文志補〉，收入《靈華館叢稿》卷 4（光緒 31 年陶氏家塾刊本），頁 1 上。
〔註 55〕姚名達撰：《中國目錄學史》（上海：上海古籍出版社，2002 年 6 月），頁 172。

曾樸 （1872～1935）	《補後漢書藝文志并考》不分卷（三國部分）	《補後漢書藝文志并考》卷 10，收入二十五史刊行委員會編：《二十五史補編》第 2 冊（北京：中華書局，1998 年 2 月），頁 2562～2564。
陶憲曾 （？～？）	〈侯康補三國藝文志補〉不分卷	光緒 31 年陶氏家塾刊本。《靈華館叢稿》卷 4，頁 7 上～12 下（現存中央研究院歷史語言研究所傅斯年圖書館）。
楊家駱 （1912～1991）	〈三國遺籍輯存〉不分卷	《學粹》第 7 卷第 6 期，1965 年 10 月，頁 14～19。

（一）補撰《三國志》史志目錄存佚情形

此五部補撰《三國志》史志目錄，即有侯康、姚振宗、曾樸等三部收錄於《二十五史補編》中，其中曾氏雖名爲《補後漢書藝文志并考》，然第十卷附「後錄外篇第二之二：紀三國人而卒於延康前者」，可略增補三國時代圖書目錄，故筆者將其列於此處。另陶憲曾〈侯康補三國藝文志補〉則收錄於《靈華館叢稿》，現存於中央研究院歷史語言研究所傅斯年圖書館。至於楊家駱〈三國遺籍輯存〉則收錄於期刊《學粹》，亦見存於世。

（二）補撰《三國志》史志目錄分類體系

曾樸專就東漢增補史志目錄，故著錄三國典籍甚寡，僅「二十一部，卷數可考者一百五十八卷」，〔註56〕略進行考證，然未進行分類，爲五部史志目錄中著錄書籍最少者。侯康《補三國藝文志》與其《補後漢書藝文志》同未增補〈集部〉書籍，故陶憲曾亦於《靈華館叢稿》加以增補。據筆者統計陶氏共收錄「曹彥《字義訓音》六卷」、「《古今字苑》十卷」等三十九部書籍，然亦未分類，或同屬未完之稿。另姚振宗《三國藝文志》之分類體例與其《後漢藝文志》相近，收錄典籍爲五部史志目錄中最多者，最具保存當代文獻價值。至於楊家駱〈三國遺籍輯存〉指出其所收錄書籍有一百九十三種，部分爲姚振宗補三國志未收錄者，可補其所缺；而其分類體系與〈兩漢遺籍輯存〉相同，以爲《續修四庫全書》之用，前有評述，故不贅言。

〔註56〕曾樸撰：《補後漢書藝文志并考》卷 10，收入二十五史刊行委員會編：《二十五史補編》第 2 冊（北京：中華書局，1998 年 2 月），頁 2564。

四、補撰《晉書》史志目錄者六部

時代	作　者	書名（含卷數）	出處（出版項）
清	秦榮光 （1841～1904）	《補晉書藝文志》4 卷	收入二十五史刊行委員會編：《二十五史補編》第 3 冊（北京：中華書局，1998 年 2 月），頁 3797～3849。
清	文廷式 （1856～1904）	《補晉書藝文志》6 卷	收入二十五史刊行委員會編：《二十五史補編》第 3 冊（北京：中華書局，1998 年 2 月），頁 3703～3795。
	丁國鈞 （1860～1919）	《補晉書藝文志》4 卷、《補遺》1 卷、《附錄》1 卷、《刊誤》1 卷	收入二十五史刊行委員會編：《二十五史補編》第 3 冊（北京：中華書局，1998 年 2 月），頁 3653～3701。
	黃逢元 （1863～1925）	《補晉書藝文志》4 卷	收入二十五史刊行委員會編：《二十五史補編》第 3 冊（北京：中華書局，1998 年 2 月），頁 3895～3964。
	吳士鑑 （1868～1933）	《補晉書經籍志》4 卷	收入二十五史刊行委員會編：《二十五史補編》第 3 冊（北京：中華書局，1998 年 2 月），頁 3851～3894。
	楊家駱 （1912～1991）	〈兩晉遺書輯存〉（上）不分卷	《學粹》第 8 卷第 1 期，1965 年 12 月，頁 13～17。
		〈兩晉遺書輯存〉（下）不分卷	《學粹》第 8 卷第 2 期，1966 年 2 月，頁 15～21。

（一）補撰《晉書》史志目錄存佚情形

此六部補撰《晉書》史志目錄，其中五部收錄於《二十五史補編》中，最為通行。另楊家駱〈兩晉遺書輯存〉亦見於世，其依據吳士鑑《補晉書經籍志》進行簡評與續編之工作，或可彌補清朝五家《補晉志》的缺失。

（二）補撰《晉書》史志目錄分類體系

此處僅概述其異同，於第五章再詳述其別。自《補晉志》各序可知，秦榮光《補晉志》分類依循《四庫全書總目》，丁國鈞、文廷式、吳士鑑、黃逢元等四家《補晉志》則共同依循《隋書・經籍志》分類方式，其間或參酌《中經新簿》、《義熙四部目錄》等，故其分類亦有所別，然與前人相較，無創新之類目。僅就〈經部〉而論，僅丁國鈞立「讖緯類」，餘四家皆無；〔註57〕又文廷式立「臺

〔註57〕文廷式序言指出其〈經部〉有「經緯類」，然未見著錄書目，疑其疏漏。參見〔清〕文廷式撰：《補晉書藝文志》卷 1，收入二十五史刊行委員會編：《二十五史補編》第 3 冊（北京：中華書局，1998 年 2 月），頁 3703。

經類」、秦榮光立「五經總義類」、吳士鑑與黃逢元則立「經解類」，其對於類目
名稱取捨有所差異。此外，秦榮光《補晉志》在四部之外另附錄「石刻類」文
獻，與其他四家相異，有其獨到之見解。此外，丁國鈞重視佛經、道經於晉朝
之影響力，在四部之外，爲二者分別設立「釋家類」、「道家類」，足見其受《隋
志》影響頗深，爲其異於其他四家《補晉志》之顯著特色，此爲其優點。楊家
駱〈兩晉遺籍輯存〉以吳士鑑《補晉書藝文志》爲底本進行增補，共得三百三
十三種，其中有五十三種爲吳氏《補晉志》所失收者，至於前已評述楊氏分類
體系，故不贅言。

五、補撰《宋書》史志目錄者三部

時代	作　者	書名（含卷數）	出處（出版項）
清	侯康 （1798～1837）	《補宋書藝文志》1 卷	未見傳本。
	王仁俊 （1866～1914）	《補宋書藝文志》1 卷	稿本。收入《籀鄦諆雜著》第 7 冊 （現存北京中國國家圖書館）。
	聶崇岐 （1903～1962）	《補宋書藝文志》1 卷	收入二十五史刊行委員會編：《二十 五史補編》第 3 冊（北京：中華書 局，1998 年 2 月），頁 4299～4308。

（一）補撰《宋書》史志目錄存佚情形

此三部補撰《宋書》史志目錄，僅聶崇岐《補宋書藝文志》於《二十五
史補編》中，餘二部補宋志均未見傳本。據范希曾（？～1930）《書目答問補
正》指出侯康著《補宋書藝文志》一卷，[註 58] 然今未見。至於王仁俊《補
宋書藝文志》收錄在《籀鄦諆雜著》第七冊，未見於臺灣，經本論文考察典
藏於北京中國國家圖書館。

（二）補撰《宋書》史志目錄分類體系

今未見侯康與王仁俊補宋志，故僅就聶崇岐《補宋書藝文志》進行探討，
以知其分類特點。根據聶氏序言指出：

　　以《隋書・經籍志》及《開元釋教錄》爲根據，參以《宋書》、《南
　　史》、《舊唐書・經籍志》、《新唐書・藝文志》、《大唐內典錄》、《貞

[註 58] 范希曾撰：《書目答問補正・史部總目・正史第一》卷 2（南京：江蘇古籍出
　　　　版社，2000 年 5 月），頁 83。

元新定釋教目錄》以及其他諸書，將宋人撰譯分別錄出，逐類排比，

成爲茲編。其「經」、「史」、「子」、「集」四部次第一依《隋志》，而

釋典一部則從《開元錄》例……。〔註59〕

可知聶氏皆遵循前人之法，然將「釋典」別爲一類，不入四部之中，蓋符合當代尊佛之風氣。三十四種類目與《隋志》相較，僅將〈史部〉「地理類」更名爲「地誌類」，其餘僅按其所見書目加以分類。又其僅著錄書目、卷數、作者，過於簡略，然增補書籍數量達六百六十部六千五百一十九卷，亦爲參考劉宋時期圖書文獻較佳之書目。

六、補撰《南齊書》史志目錄者三部

時代	作　者	書名（含卷數）	出處（出版項）
清	侯康 （1798～1837）	《補南齊書藝文志》1卷	未見傳本。
	陳鴻儒（？～？）、高桂華（？～？）、閻枕泉（？～？）	《補南齊書經籍志》不分卷	民國間藍印本、抄本。收入徐蜀編：《二十四史訂補：魏晉南北朝正史訂補文獻彙編》第3冊（北京：北京圖書館出版社，2004年4月），頁433～458。
	陳述 （1911～1992）	《補南齊書藝文志》4卷	收入二十五史刊行委員會編：《二十五史補編》第3冊（北京：中華書局，1998年2月），頁4323～4346。

（一）補撰《南齊書》史志目錄存佚情形

此三部補撰《南齊書》史志目錄，僅侯康補南齊志未見傳本。依據范希曾《書目答問補正》指出，侯康曾撰《補南齊書藝文志》一卷，〔註60〕然今未見傳本。至於陳鴻儒等人所撰《補南齊書經籍志》爲民國間藍印本、抄本，收入《二十四史訂補》中。此外，陳述《補南齊書藝文志》收入《二十五史補編》，爲現今通行本。

（二）補撰《南齊書》史志目錄分類體系

今未見侯康補南齊志，故僅就另二志進行探討。陳鴻儒等人所撰補南齊

〔註59〕聶崇岐撰：《補宋書藝文志・序》，收入二十五史刊行委員會編：《二十五史補編》第3冊（北京：中華書局，1998年2月），頁4299。

〔註60〕范希曾撰：《書目答問補正・史部總目・正史第一》卷2（南京：江蘇古籍出版社，2000年5月），頁83。

志雖未言其例，然自其類別觀之，較接近《新唐書‧藝文志》之圖書分類。依據陳述《補南齊書藝文志》序言，可知其依循《隋書‧經籍志》之分類，故二者皆為四部分類法，然收錄書目類別有所差異。自〈經部〉而言，陳鴻儒補南齊志無「樂類」而有「經解類」故為九類，陳述補南齊志有「樂類」而無「經解類」亦為九類；就〈史部〉而言，陳鴻儒補南齊志僅多陳述補南齊志「職官類」，餘者皆同；就〈子部〉而言，陳鴻儒補南齊志較陳述補南齊志多出「儒家類」、「法家類」、「農家類」、「類書類」，又陳鴻儒僅將道家、釋家併為一類，陳述將二者各自獨立為一類，較勝一籌；自〈集部〉而言，二者分類相同，然今日見陳鴻儒補南齊志於〈集部〉有缺頁，〔註61〕故有缺憾。

七、補撰《梁書》史志目錄者五部

時代	作　者	書名（含卷數）	出處（出版項）
清	侯康 （1798～1837）	《補梁書藝文志》1卷	未見傳本。
	王仁俊 （1866～1914）	《補梁書藝文志》1卷	稿本。收入《籀鄦詄雜著》第10冊（現存北京中國國家圖書館）。
	朱希祖 （1879～1944）	《補梁書藝文志》4卷	未見傳本。
	湯洽 （?～?）	《補梁書藝文志》1卷	未見傳本。
	李雲光 （1927～）	〈補梁書藝文志〉1卷	《臺灣省立師範大學國文研究所創刊號》，1957年6月，頁1～118。

（一）補撰《梁書》史志目錄存佚情形

此五部補撰《梁書》史志目錄，僅見李雲光〈補梁書藝文志〉著錄於《臺灣省立師範大學國文研究所創刊號》中，餘四部皆未見傳本。范希曾《書目答問補正》指出侯康與湯洽曾各自撰有《補梁書藝文志》一卷，〔註62〕然今皆未見。今查考王仁俊《補梁書藝文志》收錄於《籀鄦詄雜著》第十冊中，

〔註61〕該補志有「原書缺葉」之字樣，且「醫術類」書目之後，即羅列「厥少有風，概好屬文，五言詩體甚新奇……」，可知北京圖書館印行時未見該書全貌，有所遺漏。參見陳鴻儒等編：《補南齊書經籍志》，收入徐蜀編：《二十四史訂補：魏晉南北朝正史訂補文獻彙編》第3冊（北京：北京圖書館出版社，2004年4月），頁452。

〔註62〕范希曾撰：《書目答問補正‧史部總目‧正史第一》卷2（南京：江蘇古籍出版社，2000年5月），頁83。

未見於臺灣，典藏於北京中國國家圖書館內。至於王余光指出朱希祖撰有《補梁書藝文志》四卷，〔註63〕然未見載於其他書志中，本論文亦無尋得此書，不知王余光從何而見。

（二）補撰《梁書》史志目錄分類體系

因未見餘四部補志，故僅就李雲光補梁志進行探討。李雲光《補梁書藝文志》明確指出其分類體系：

> 部居之分，定爲四部四十類，並以道經、佛經二類厠於部末，與《隋志》同。……其與《隋志》略有不同者，爲四十類中不復分類，而將梁人著述部分置於各代之後。〔註64〕

然今亦見其與《隋志》相異且另立類目名者，〈經部〉增立「異說類」，收錄實爲「讖緯類」之典籍，不知何以更名。又《隋志》將「道經」細分爲「經戒」、「服餌」、「房中」、「符圖」四類，「佛法」細分爲「戒律」、「禪定」、「智慧」、「疑似」、「論記」五類，未見李雲光據此加以細分類目，僅將「道經類」、「佛經類」各自獨立爲一部，然梁朝推崇佛老，該補志收錄釋道典籍僅九部，稍嫌不足。至於〈史部〉、〈子部〉、〈集部〉分類皆與《隋志》相同，故不贅言。持平而論，李氏補志收錄書籍共二千五百一十七部，梁人所撰佔六百五十七部，對於文獻貢獻匪淺。

八、補撰《陳書》史志目錄者四部

時代	作　者	書名（含卷數）	出處（出版項）
清	侯康 （1798～1837）	《補陳書藝文志》1 卷	未見傳本。
	湯洽 （？～？）	《補陳書藝文志》1 卷	未見傳本。
	楊壽彭 （？～）	〈補陳書藝文志〉1 卷	《臺灣省立師範大學國文研究所創刊號》，1957 年 6 月，頁 119～133。
	朱雋 （？～）	〈補《陳書·藝文志》〉不分卷	《文教資料》1999 年第 3 期，頁 110～116+94。

〔註63〕王余光撰：〈清以來史志書目補輯研究〉，《圖書館學研究》2002 年第 3 期，頁 4。

〔註64〕李雲光撰：〈補梁書藝文志〉，《臺灣省立師範大學國文研究所創刊號》，1957 年 6 月，頁 1。

（一）補撰《陳書》史志目錄存佚情形

此四部補撰《陳書》史志目錄，僅見楊壽彭〈補陳書藝文志〉收入《臺灣省立師範大學國文研究所創刊號》中，朱雋〈補《陳書‧藝文志》〉則收入《文教資料》中，其餘二志皆未見傳本。依據范希曾《書目答問補正》指出，侯康與湯洽皆撰有《補陳書藝文志》一卷，〔註65〕然今皆未見。

（二）補撰《陳書》史志目錄分類體系

因未見侯康與湯洽補陳志傳本，故僅就楊壽彭與朱雋二人補陳志進行探討。楊壽彭〈補陳書藝文志〉自《陳書》輯出相關書目而成此志，與《隋志》相較：〈經部〉將「五經總義」自「論語類」抽離而獨立爲一類，〈史部〉則增立「別史類」，改「地理類」爲「地記類」，並依循《隋志》將「佛經」獨立爲一部。至於朱雋補陳志完成較晚，其自《隋志》、《兩唐志》、《陳書》、《南書》輯錄出相關書目，然著錄書籍未若楊壽彭補陳志豐富，與《隋志》相較：〈經部〉增立「群經總義類」，〈史部〉將「古史類」更名爲「編年類」，「簿錄類」更名爲「目錄類」，至於「道家類」則與楊壽彭補陳志同收錄在子部中，不似《隋志》獨立爲一部，此外，未如楊氏設立「佛經類」，增補書目略有不足。然此二志互有短長，可互參看，以明陳朝之典籍類目與多寡。

九、補撰《魏書》史志目錄者三部

時代	作　者	書名（含卷數）	出處（出版項）
清	侯康 （1798～1837）	《補魏書藝文志》1 卷	未見傳本。
	李正奮 （？～？）	《補後魏書藝文志》1 卷	收入徐蜀編：《二十四史訂補：魏晉南北朝正史訂補文獻彙編》第 3 冊(北京：北京圖書館出版社，2004 年 4 月)，頁 687～732。
	賴炎元 （1930～）	〈補魏書藝文志〉1 卷	《臺灣省立師範大學國文研究所創刊號》，1957 年 6 月，頁 155～175。

（一）補撰《魏書》史志目錄存佚情形

〔註65〕范希曾撰：《書目答問補正‧史部總目‧正史第一》卷 2（南京：江蘇古籍出版社，2000 年 5 月），頁 83。

此三部補撰《魏書》史志目錄，未見侯康補志。依據范希曾《書目答問補正》指出，侯康曾撰《補魏書藝文志》一卷，〔註66〕然今未見傳本。李正奮《補後魏書藝文志》爲民國間抄本，收入《二十四史訂補》中。至於賴炎元〈補魏書藝文志〉收入《臺灣省立師範大學國文研究所創刊號》，可見傳本。

（二）補撰《魏書》史志目錄分類體系

今未見侯康補魏志，故僅就李正奮與賴炎元兩部補魏志進行探討。此二志皆以四部分類爲據，其中相異者：就〈經部〉而言，李氏較賴氏增補「總經類」、「方言類」、「纖（案：讖）緯類」。就〈史部〉而言，李氏較賴氏增補「編年類」、「故事類」、「詔令類」、「圖志類」、「史評類」，賴氏則較李氏增補「簿錄類」；此外，李氏「傳記類」即賴氏「雜傳類」，「譜牒類」即「譜系類」，「地理類」即「地記類」。就〈子部〉而言，李氏較賴氏多增補「儒家類」、「農家類」、「雜藝類」、「佛家類」，然賴氏將「佛經類」、「道經類」獨立於四部之外，較李氏重視釋家典籍，亦足以反映當代重視釋道之風氣；又李氏「歷算類」即賴氏「曆數類」，「醫藥類」即「醫方類」。至於〈集部〉方面，李氏則較賴氏增補一「詩文評類」。李氏類目共四十三類，賴氏類目則有三十四類，類目互有所別，然以李氏類目精細，或較能反映當代圖書概況。

十、補撰《北齊書》史志目錄者二部

時代	作　者	書名（含卷數）	出處（出版項）
清	侯康 （1798～1837）	《補北齊書藝文志》1 卷	未見傳本。
	蒙傳銘 （？～）	〈補北齊書藝文志〉1 卷	《臺灣省立師範大學國文研究所創刊號》，1957 年 6 月，頁 135～153。

（一）補撰《北齊書》史志目錄存佚情形

此二部補撰《北齊書》史志目錄，僅蒙傳銘〈補北齊書藝文志〉可見傳本。范希曾《書目答問補正》指出，侯康曾撰有《補北齊書藝文志》一卷，〔註67〕

〔註66〕范希曾撰：《書目答問補正·史部總目·正史第一》卷 2（南京：江蘇古籍出版社，2000 年 5 月），頁 83。

〔註67〕范希曾撰：《書目答問補正·史部總目·正史第一》卷 2（南京：江蘇古籍出版社，2000 年 5 月），頁 83。

然今未見。

（二）補撰《北齊書》史志目錄分類體系

今未見侯康補北齊志，故僅就蒙傳銘補北齊志進行探討。蒙傳銘指出其補北齊志：

> 以見於本史爲主，亦旁及他書，凡本史所載，而存人待革，不爲北齊之典籍，亦收入而附說明焉。至於部目分類，則一依《隋志》，凡得經史子集佛經一百一十六部。〔註68〕

筆者複查《隋志》，與蒙傳銘補北齊志相較，僅〈史部〉將「地理類」更名爲「地記類」，總計增補三十類。此爲今日所見唯一補撰《北齊書》之史志目錄，故有其重要文獻價值。

十一、補撰《周書》史志目錄者二部

時代	作　者	書名（含卷數）	出處（出版項）
清	侯康 （1798～1837）	《補周書藝文志》1 卷	未見傳本。
	王忠林 （1929～）	〈補周書藝文志〉1 卷	《臺灣省立師範大學國文研究所創刊號》，1957 年 6 月，頁 177～194。

（一）補撰《周書》史志目錄存佚情形

此二部補撰《周書》史志目錄，僅見王忠林〈補周書藝文志〉刊載於《臺灣省立師範大學國文研究所創刊號》。依據范希曾《書目答問補正》指出，侯康曾撰《補周書藝文志》一卷，〔註69〕然今未見傳本。

（二）補撰《周書》史志目錄分類體系

今未見侯康補周志，故僅就王忠林補周志進行探討。王忠林指出其補周志：

> 本史無傳，其所撰書目確爲後周之典籍，成書於周代者，亦竝收入。
> 部分分類則依《隋志》，計得經史子集佛經總爲一百三十九部。〔註70〕

〔註68〕蒙傳銘撰：〈補北齊書藝文志〉，《臺灣省立師範大學國文研究所創刊號》，1957年 6 月，頁 135。

〔註69〕范希曾：《書目答問補正・史部總目・正史第一》卷 2（南京：江蘇古籍出版社，2000 年 5 月），頁 83。

〔註70〕王忠林撰：〈補周書藝文志〉，《臺灣省立師範大學國文研究所創刊號》，1957年 6 月，頁 177。

經複查王忠林補周志幾全同於《隋志》，僅〈經部〉另立「總經類」，有別於《隋志》；又礙於所見書目較少，故部分類目並未增補，如：「論語類」「讖緯類」、「霸史類」、「簿錄類」、「天文類」、「楚辭類」等皆未著錄書目。

十二、補撰《南史》、《北史》史志目錄者五部

時代	作　者	書名（含卷數）	出處（出版項）
金	蔡珪 （？～1174）	《南北史志》卷數不詳	未見傳本。
清	汪士鐸 （1814～1889）	《南北史補志·藝文志》3卷	未見傳本。
	徐崇 （？～？）	《補南北史藝文志》3卷	收入二十五史刊行委員會編：《二十五史補編》第5冊（北京：中華書局，1998年2月），頁6649～6716。
	楊家駱 （1912～1991）	〈南北朝遺籍輯存〉不分卷	《學粹》第7卷第5期，1965年8月，頁16～25。
	沈嵩華 （？～）	《補北史藝文志初稿》1卷	臺北：文馨出版社，1975年3月。

（一）補撰《南史》、《北史》史志目錄存佚情形

此五部補撰《南北史》史志目錄，僅一部未見傳本。根據《金史》指出：

> 珪之文有《補正水經》五篇，合沈約、蕭子顯、魏收《宋》、《齊》、《北魏志》作《南北史志》三十卷，《續金石遺文跋尾》十卷，《晉陽志》十二卷，文集五十五卷。《補正水經》、《晉陽志》、文集今存，餘皆亡。〔註71〕

可知蔡珪原撰有此《南北史志》三十卷，然今已未見傳本，故未知其史志目錄卷數多寡。

另筆者查汪士鐸《南北史補志·目錄》中著錄「藝文志闕」，〔註72〕僅於卷十四中有〈藝文志贊〉。〔註73〕徐乃昌（1868～1943）則於《南北史補志未

〔註71〕〔元〕脫脫等撰：《金史·蔡松年列傳》卷125（北京：中華書局，2006年3月），頁2718。

〔註72〕〔清〕汪士鐸撰：《南北史補志·目錄》，收入二十五史刊行委員會編：《二十五史補編》第5冊（北京：中華書局，1998年2月），頁6174。

〔註73〕〔清〕汪士鐸撰：《南北史補志·目錄》，收入二十五史刊行委員會編：《二十

刊稿・序》中指出：

> 此志汪稿凡三十卷。淮南書局刊十四卷，江都李氏藏十三卷，其
> 〈藝文志〉三卷久經散佚。丁卯李元之先生客授余家，余因覩汪
> 氏未刊之稿私衷竊慰，然頗惜藝文一志獨付闕如焉。嗣餘子崇審
> 茲梗概，徑取南北兩史、兼及八書，參互考訂成志三卷。近開明
> 書店創印二十五史，並集各家表志彙作補編……余子向輯〈藝文
> 志〉三卷亦竟濫廁其中，然則南北史志遺者、復得闕者復全，仍
> 滿三十卷之數。〔註74〕

可知汪士鐸確實曾著《南北史補志・藝文志》三卷，然今未見傳本，故徐乃
昌子徐崇編纂《南北史藝文志》，恰好補足汪氏之缺，亦爲今日現存補撰《南
北史》史志目錄最古者。至於楊家駱〈南北朝遺籍輯存〉見存於《學粹》，沈
嵩華《補北史藝文志初稿》亦刊行一冊，可供查考。

（二）補撰《南史》、《北史》史志目錄分類體系

　　今未見蔡珪、汪士鐸等補南北史志，故僅就其他三家補南北史志進行探
討。就七分法而言，沈嵩華一依《漢志》體例，僅〈諸子略〉增立「釋家類」，
〈詩賦略〉僅見書目，未見二級類目。筆者以爲，《南北史》撰成之時，《隋
志》業已成書，且世異時移，沈嵩華以七分法區別書籍類目，恐無以概括當
代文獻。就四分法而言，徐崇補志於《補南北史藝文志・自序》指出：

> 《隋書・經籍志》既爲延壽親撰，則四部門目不妨以《隋經籍志》
> 爲衡（惟《隋志》有此門目，而《南北史》紀傳中無藝文可入者，
> 其門目從闕）。〔註75〕

經查其分爲三卷，《南史》一卷，《北史》一卷，至於卷三則爲附錄「載記」，
「凡藝文不見於南北史紀傳，而僅見於南北朝八書中者（《隋書・經籍志》
除外）載記於此」，故此三卷設立類目皆以《隋志》爲依歸，然各朝之藝文
相異，故設立類目亦有所別。就《南史・藝文志》與卷三附錄《南史》載記
類目和《隋志》相較而言，徐氏於〈史部〉增設「別史類」，並將「地理類」

　　　　五史補編》第5冊（北京：中華書局，1998年2月），頁6445。
〔註74〕〔清〕徐乃昌撰：《南北史補志未刊稿・序》，收入二十五史刊行委員會編：《二
　　　　十五史補編》第5冊（北京：中華書局，1998年2月），頁6447。
〔註75〕徐崇撰：《補南北史藝文志・自序》，收入二十五史刊行委員會編：《二十五史
　　　　補編》第5冊（北京：中華書局，1998年2月），頁6650。

更名爲「地記類」，其餘各部皆相同。至於《北史・藝文志》與卷三附錄《北史》載記類目和《隋志》相較，於《隋志》相異之類目與《南史・藝文志》同。另以四分法爲依據者，爲楊家駱〈南北朝遺籍輯存〉，其所收錄書目共三百七十五種，爲《四庫全書》的十一倍，至於其細部分類前已評述，故不贅言。綜上所述，應以徐崇補南北史志較爲完備，且較能反映當代書目類目。

十三、補撰《舊五代史》、《新五代史》史志目錄者四部

時代	作　者	書名（含卷數）	出處（出版項）
清	顧懷三（1785～1853）	《補五代史藝文志》1卷	收入二十五史刊行委員會編：《二十五史補編》第 6 冊（北京：中華書局，1998 年 2 月），頁 7753～7764。
清	宋祖駿（？～？）	《補五代史藝文志》1卷	咸豐刻本。收入徐蜀編：《二十四史訂補：隋唐五代正史訂補文獻彙編》第 4 冊（北京：北京圖書館出版社，2004 年 3 月），頁 775～786。
清	徐炯（？～？）	《五代史補考・藝文考》3卷	清抄本。《五代史補考》卷 22～卷 24。收入徐蜀編：《二十四史訂補：隋唐五代正史訂補文獻彙編》第 4 冊（北京：北京圖書館出版社，2004 年 3 月），頁 1024～1052。
	張興武（？～？）	〈五代金石輯錄〉	收入《五代藝文考》（成都：巴蜀書社，2003 年 9 月），頁 353～399。
		〈新編五代藝文志〉	收入《五代藝文考》（成都：巴蜀書社，2003 年 9 月），頁 400～457。

（一）補撰《舊五代史》、《新五代史》史志目錄存佚情形

此四部補撰《新舊五代史》史志目錄，皆見存於世。顧懷三《補五代史藝文志》收入《二十五史補編》中，另宋祖駿《補五代史藝文志》爲咸豐刻本，徐炯《五代史補考・藝文志》則爲清抄本，皆收入《二十四史訂補》中。至於張興武《五代藝文考》，收入二篇有關五代藝文的資料，〈五代金石輯錄〉的內容並未收入〈新編五代藝文志〉中，然具備補足五代藝文志之功能，故筆者亦列於此處，以求五代藝文之完整性。

（二）補撰《舊五代史》、《新五代史》史志目錄分類體系

今觀顧懷三與宋祖駿補五代志內容幾近相同。就分類而言，二者皆爲四分

法，其中相異之處，僅宋氏補五代志將〈史部〉著錄爲「九百二十七卷」，與顧氏「九百二十九卷」相異；另徐氏在「詩文集類」後新增「補遺」，未針對新增書目進行分類。據此推測，宋氏補志或抄錄顧氏補志，其中卷數「九」與「七」之差異，應是抄錄有誤；另「補遺」僅著錄四十部書籍爲顧氏補志所無，應爲宋氏增補顧氏未收之文獻。因顧氏與宋氏補志的二級類目完全相同，故一併評述。此二部補志〈經部〉未進行分類，僅著錄書目卷數，較爲草率。〈史部〉「霸史類」之前亦羅列部分史籍，未進行分類；又類目名稱有異於正史史志目錄者「表狀類」、「格令類」、「聲樂類」等三種，蓋前二者可以「詔令奏議」概括之，至於後者所收錄雖有樂譜書籍，然《花間集》、《南唐二主詞》等屬文學類書籍亦收錄其中，恐非適宜；此外，顧氏將原屬〈經部〉的「小學類」置於〈史部〉，不知其故，其謬甚矣。〈子部〉則有「技術類」、「輿地類」異於其他史志目錄類目名稱，爲其特色。〈集部〉則有「詩文集類」，然視其收錄書籍，未若改爲「別集類」；此外，〈史部〉「聲樂類」的文學方面書籍，應可另立「詞曲類」置於此處。至於徐炯補五代志僅將各書目區分爲〈經類〉、〈史類〉、〈子類〉、〈集類〉四部，過於籠統，較無法反映書籍類別。

就張興武補五代志而言，其收錄文獻與前三部補五代志相比，不但增錄顧氏補五代志之缺，並對金石類文獻亦做一番整理，足見著力甚勤。然〈新編五代藝文志〉名爲「新編」，應屬「定本」，今觀之未收錄其另編之〈五代金石輯錄〉，實非定本，故略有缺憾。查其〈新編五代藝文志〉分類，未以四部分類，僅見「經學類」收錄「石經」、「雕版九經」，其餘依次爲「正史類」、「霸史類」、「雜史類」、「表狀類」、「格令類」、「儀注類」、「聲樂類」、「小學類」、「曆算類」、「儒家類」、「道家類」、「釋氏類」、「雜家類」、「技術類」、「輿地類」、「小說類」、「詩文集類」、「詩文評類」。蓋依循顧氏宋氏二補志增補，其類目順序亦大致與二者相同，然與正史史志目錄相較，類目編排無規則可循，並未改善前人補志之缺失，亦未將顧宋二部補志分類錯誤之書籍加以重新編排歸類，較不足取。至於張氏所撰〈五代金石輯錄〉，按照國別時代順序將金石區分爲「後梁」、「後唐」、「後晉」、「後漢」、「後周」、「前蜀」、「後蜀」、「吳」、「南唐」、「吳越」、「閩」、「楚」、「荊南」、「南漢」、「北漢」等十五部份，內容豐富，可供研究五代金石學之用。茲以爲，張氏補志若能將金石類文獻收入〈新編五代藝文志〉中，並將五代文獻依據《隋志》重新加以分類，或可使補編五代史志目錄較爲完善無缺。

十四、補撰《遼史》史志目錄者九部

時代	作　者	書名（含卷數）	出處（出版項）
清	倪燦（1626～1687）盧文弨（1717～1796）	《補遼金元藝文志》（遼部分）不分卷	收入二十五史刊行委員會編：《二十五史補編》第 6 冊（北京：中華書局，1998 年 2 月），頁 8491～8519。
清	金門詔（1672～1751）	《補三史藝文志》（遼部分）不分卷	收入二十五史刊行委員會編：《二十五史補編》第 6 冊（北京：中華書局，1998 年 2 月），頁 8521～8534。
清	厲鶚（1692～1752）	《遼史拾遺・補經籍志》不分卷	振綺堂刊本。《遼史拾遺》卷 16。收入徐蜀編：《二十四史訂補：宋遼金元正史訂補文獻彙編》第 2 冊（北京：北京圖書館出版社，2004 年 4 月），頁 450～452。
清	吳騫（1733～1813）	《四朝經籍志補》（遼部分）不分卷	黃虞稷《千頃堂書目》。
清	楊復吉（1747～1820）	《遼史拾遺補・經籍志拾遺補》不分卷	振綺堂刊本。《遼史拾遺補》卷 4。收入徐蜀編：《二十四史訂補：宋遼金元正史訂補文獻彙編》第 2 冊（北京：北京圖書館出版社，2004 年 4 月），頁 578～579。
	繆荃孫（1844～1919）	《遼藝文志》1 卷	收入二十五史刊行委員會編：《二十五史補編》第 6 冊（北京：中華書局，1998 年 2 月），頁 8143～8144。
	王仁俊（1866～1914）	《遼史藝文志補證》1 卷	收入二十五史刊行委員會編：《二十五史補編》第 6 冊（北京：中華書局，1998 年 2 月），頁 8145～8149。
	黃任恆（？～？）	《補遼史藝文志》1 卷	收入二十五史刊行委員會編：《二十五史補編》第 6 冊（北京：中華書局，1998 年 2 月），頁 8151～8163。
	王巍（？～）	〈遼史藝文志訂補〉不分卷	《社會科學戰線》1994 年第 2 期，頁 262～269。

（一）補撰《遼史》史志目錄存佚情形

　　此九部補撰《遼史》史志目錄，皆見存於世。其中收入《二十五史補編》者有五部，收入《二十四史訂補》者有二部，至於另外兩部則分別收錄在《千

頃堂書目》與《社會科學戰線》中。倪燦與盧文弨《補遼金元藝文志》、金門詔《補三史藝文志》、吳騫《四朝經籍志補》所收錄書籍，皆爲數朝文獻，今筆者僅採其「遼部分」，以探討遼國文獻之類別。其中未見吳騫補遼志，今採 2001 年上海古籍出版社刊行《千頃堂書目》的《四朝經籍志補》迻錄本進行分析。除上述三部補志之外，其餘六部補志僅著錄遼國文獻，其中厲鶚《遼史拾遺・補經籍志》與楊復吉《遼史拾遺補・經籍志拾遺補》皆爲振綺堂刊本。

（二）補撰《遼史》史志目錄分類體系

今查九部補遼志，僅繆荃孫《遼藝文志》將書目區分爲「小學」、「譯語」、「實錄」、「起居注」、「雜史」、「儀注」、「地理」、「政書」、「傳記」、「史鈔」、「五行」、「醫書」、「釋道」、「別集」等十四類，並未依據七分法或四分法，另「譯語」於正史史志目錄中未見，此爲其特色。此外，厲鶚《遼史拾遺・補經籍志》與王巍〈遼史藝文志訂補〉，僅有四部分類，然無二級類目，書目歸納方式較爲籠統而不足取。

其餘六部補遼志，分類較有系統，皆以四分法歸納遼國文獻。就〈經部〉而言，倪燦與盧文弨補遼志、楊復吉補遼志僅著錄「小學類」書籍，吳騫補遼志迻錄《千頃堂書目》本僅著錄「禮樂類」，此三部史志皆過於疏漏；另外三部補遼志，以金門詔補遼志類目最多，包含：「易經類」、「書經類」、「詩經類」、「春秋類」、「禮類」、「小學類」、「經解總類」等七類，王仁俊補遼志與黃任恆補遼志僅五類。就〈史部〉而言，王仁俊補遼志分類多達十三類，其餘補遼志與之相較甚少，如：吳騫補遼志僅「儀注類」、「傳記類」與之相同，其餘十一類皆吳氏所無。就〈子部〉而言，黃任恆補遼志分六類，倪氏、吳氏、楊氏僅一類，過於疏漏；至於王仁俊補遼志有五類，較黃氏補遼志少「天算類」，金門詔補遼志有四類，較黃氏補遼志少「天算類」、「道家類」，亦有所失。就〈集部〉而言，倪氏、吳氏皆未增補此類；金門詔補遼志則有六類，爲類目最多者，然「策論類」、「碑類」歷來多置於〈史部〉，卻側於此恐有不宜，楊氏補遼志僅四類，類目也有跟金門詔相同的缺失；至於王仁俊補遼志是六家中僅立「詩文評類」者，且於〈集部〉後附錄「宋金人談遼事書目」，爲其特色；黃氏補遼志則於附錄另立「應刪類」、「存疑類」二種，可見其治學較爲謹愼。由上可知，諸家補遼志各有所長。〈經部〉、〈集部〉以金門詔最詳備，〈史部〉、〈子部〉則以王仁俊最豐富，二者皆爲較能反映遼國當代文獻之史志目錄。

十五、補撰《金史》史志目錄者八部

時代	作　者	書名（含卷數）	出處（出版項）
清	倪燦（1626～1687）盧文弨（1717～1796）	《補遼金元藝文志》（金部分）不分卷	收入二十五史刊行委員會編：《二十五史補編》第 6 冊（北京：中華書局，1998 年 2 月），頁 8491～8519。
清	金門詔（1672～1751）	《補三史藝文志》（金部分）不分卷	收入二十五史刊行委員會編：《二十五史補編》第 6 冊（北京：中華書局，1998 年 2 月），頁 8521～8534。
清	杭世駿（1696～1772）	《金史補・藝文志》不分卷	稿本。收入《金史補》，1 冊（現存中國國家圖書館）。
清	吳騫（1733～1813）	《四朝經籍志補》（金部分）不分卷	黃虞稷《千頃堂書目》。
清	龔顯曾（1841～？）	《金史藝文志補錄》1 卷	收入楊家駱編：《遼金元藝文志》上冊（臺北：世界書局，1976 年 2 月），頁 45～68。
	鄭文焯（1856～1918）	《金史補藝文志》1 卷	未見傳本。
	孫德謙（1869～1935）	《金史藝文略》1 卷	收入楊家駱編：《遼金元藝文志》上冊（臺北：世界書局，1976 年 2 月），頁 69～248。
	無名氏（？～？）	《金史藝文略》1 卷	稿本。收入徐蜀編：《二十四史訂補：宋遼金元正史訂補文獻彙編》第 3 冊（北京：北京圖書館出版社，2004 年 4 月），頁 269～292。

（一）補撰《金史》史志目錄存佚情形

　　此八部補撰《金史》史志目錄，三部未見傳本。杭世駿《金史補・藝文志》為稿本，然今未見。曹書傑提及「杭世駿《金史補闕》」，然另查《北京大學圖書館館藏古籍善本書目》則著錄「《金史補》清杭世駿輯」。此外，北京中國國家圖書館的館藏中亦見「《金史補》」，足見書名應為《金史補》，而不為《金史補闕》。〔註76〕另吳騫《四朝經籍志補》於今未見，僅以收錄於 2001 年上海古

〔註76〕上述三處分見曹書傑撰：〈清代補史藝文志述評〉，《史學史研究》1996 年第 2 期，頁 61；北京大學圖書館編：《北京大學圖書館館藏古籍善本書目》（北京：北京大學出版社，1999 年 6 月），頁 66；中國國家圖書館・中國國家數字圖書館：http://www.nlc.gov.cn/service/yuedu.htm。

籍出版社發行之《千頃堂書目》的《四朝經籍志補》逐錄本進行分析。至於劉
兆祐先生曾指出鄭文焯撰有《金史補藝文志》一卷，有鈔本，〔註77〕然今亦未
見此本。餘五部補志皆有傳本可供查詢，其中有稿本《金史藝文志》一卷收入
《二十四史訂補》，未著錄撰者姓名。

（二）補撰《金史》史志目錄分類體系

　　今未見杭世駿、鄭文焯二人補金志，故僅就其他六部探討，以明其特色。
就〈經部〉而言，龔氏有十類，其立「譯語類」，為諸家所無；吳氏有十類，
其逐錄《千頃堂書目》「禮樂類」、「算學類」，為其特色，此外，同時立「四
書類」、「論語類」、「孟子類」，亦為諸家所無；至於無名氏補金志類目有十
種，不立「四書類」，僅立「論語類」；孫氏與金氏則各有九類，倪氏僅七類，
孫氏與倪氏皆不立「四書類」，而另立「論語類」、「孟子類」，金氏與之相反。
就〈史部〉而言，僅孫氏無「正史類」，「起居注類」僅倪氏與吳氏未設立，
「雜史類」僅吳氏缺之，「金石類」僅龔氏與無名氏著錄，其中以無名氏十
四類最為詳備，倪氏、金氏、吳氏各為十類最少。就〈子部〉而言，僅金門
詔無「兵家類」、「歷算類」、「類事類」，無名氏與孫氏則將「類事類」更名
為「類纂類」，另僅倪氏無「道家類」；孫氏與無名氏有「名家類」、「法家類」，
為諸家所無，且此二家〈子部〉分類完全相同，皆為十四類，最為詳備。就
〈集部〉而言，以金門詔補志分九類為最多，然其部分類目尚待商榷，如：
「奏疏類」、「策論類」、「表類」、「碑類」等應置於〈史部〉，又未立「總集
類」，而將書目區分為「詩集類」、「詩選類」、「賦類」，未知其立意安在？又
孫氏僅收錄〈集部〉書目而未分類，較不足取。綜上可知，各部以無名氏分
類較為精細，共有四十一類，足以反映當代文獻。

十六、補撰《元史》史志目錄者八部

時代	作　者	書名（含卷數）	出處（出版項）
清	倪燦 （1626～1687） 盧文弨 （1717～1796）	《補遼金元藝文志》（元部分）不分卷	收入二十五史刊行委員會編：《二十五史補編》第6冊（北京：中華書局，1998年2月），頁8491～8519。

〔註77〕劉兆祐撰：《中國目錄學》（臺北：五南圖書出版股份有限公司，2002年3月），
　　　　頁237。

清	金門詔 （1672～1751）	《補三史藝文志》（元部分）不分卷	收入二十五史刊行委員會編：《二十五史補編》第 6 冊（北京：中華書局，1998 年 2 月），頁 8521～8534。
清	錢大昕 （1728～1804）	《補元史藝文志》4 卷	收入二十五史刊行委員會編：《二十五史補編》第 6 冊（北京：中華書局，1998 年 2 月），頁 8393～8437。
清	吳騫 （1733～1813）	《四朝經籍志補》（元部分）不分卷	黃虞稷《千頃堂書目》。
清	魏源 （1794～1857）	《元史新編‧藝文志》3 卷	《元史新編》卷 91～93，收入《續修四庫全書》編委會編：《續修四庫全書》第 315 冊（上海：上海古籍出版社，2002 年 3 月），頁 429～463。
清	張景筠 （？～？）	《元史藝文志補》1 卷	收入楊家駱編：《遼金元藝文志》下冊（臺北：世界書局，1976 年 2 月），頁 311～320。
	雒竹筠 （1909～1990） 李新乾 （？～？）	《元史藝文志輯本》20 卷	北京：北京燕山出版社，1999 年 10 月。
	何佑森 （？～）	〈元史藝文志補注〉2 卷	〈卷一經類〉，《新亞學報》第 2 卷第 2 期，1957 年 2 月，頁 115～270。
			〈卷二史類〉，《新亞學報》第 3 卷第 2 期，1958 年 2 月，頁 231～304。

（一）補撰《元史》史志目錄存佚情形

此八部補撰《元史》史志目錄，皆可見其傳本。其中吳騫《四朝經籍志補》於今未見，僅以收錄於 2001 年上海古籍出版社發行之《千頃堂書目》迻錄本進行分析。錢大昕《補元史藝文志》另有魏源《元史新編‧藝文志》版本。內容與《二十五史補編》本大致相同，僅略加增補。張景筠《元史藝文志補》，今僅見「曲類」書目；其中楊家駱將其名作為「張錦雲」，然查姚名達《中國目錄學》則作「景筠」，〔註78〕高明〈臺灣省立師範大學國文研究所創刊號‧創刊號引言〉亦同於姚氏，〔註79〕疑楊氏有誤，今循姚、高二學者

〔註78〕姚名達撰：《中國目錄學》（上海：上海古籍出版社，2002 年 6 月），頁180。
〔註79〕高明撰：〈臺灣省立師範大學國文研究所創刊號‧創刊號引言〉，《臺灣省立師範大學國文研究所創刊號》，1957 年 6 月，頁 2。

之見著錄。何佑森〈元史藝文志補注〉僅見〈經類〉、〈史類〉於《新亞學報》，此二部史志目錄或爲未完之稿。

（二）補撰《元史》史志目錄分類體系

錢大昕、張景㧑、雒竹筠、何佑森四部補元志專著錄元代書目，另錢氏、魏氏補元志雖名爲《補元史藝文志》，然收錄書籍混雜遼、西夏、金等書目，不似倪燦、金門詔、吳騫將各朝書目以「右遼」、「右金」等字樣區隔，體例不純。就〈經部〉而言，以吳氏補志區分爲十三類最多；錢氏、魏氏、何氏分類完全相同，蓋魏氏、何氏針對錢氏進行訂補，故類別與之相同，雒氏與此三家相較僅無「譯語類」；另吳氏補志迻錄本多附錄「算學」、「小學」，異於諸家；此外，僅金門詔未著錄「樂類」書籍，餘皆有之。就〈史部〉而言，吳氏與雒氏皆爲十六類，爲分類最精細者；至於七部補志中分類以雒氏最爲特別，其一改諸家「正史類」，更名爲「紀傳類」，然似無必要，另將「實錄」與「起居注」併爲「實錄起居注類」，將「史鈔」、「史評」併爲「史鈔史評類」，雖具特色，然混雜類目，有所缺失。就〈子部〉而言，錢氏有十四類，爲類目最多者，其中立「經濟類」，爲諸家所無，錢氏除立「道家類」收錄老莊書籍之外，又立「釋道類」收錄神仙類的文獻，與諸家相異，又魏氏於〈子部〉僅將錢氏「曆算類」更名爲「算術類」，「醫書類」改爲「醫方類」，餘者皆同；雒氏亦有諸家所無之類目，如：「法家類」、「術數類」即是如此，又合併「天文」、「曆數」爲「天文曆算類」。就〈集部〉而言，雒氏分類達十一種，雖爲類目最多者，然於〈子部〉已立「釋家類」、「別集類」，於此另立「釋家集類」、「道家集類」，或有過於精細之嫌；其另立「異籍著作類」，收錄幾部當代高麗人著作，爲其優點。

後人增補正史所無之史志目錄共七十九種。自補撰《史記》史志目錄而言，僅日人原富男進行撰寫，恐有不足，仍待吾人努力；自補撰《後漢書》、《三國志》史志目錄而言，以姚振宗《後漢藝文志》考證增補者最佳；自補撰《晉書》史志目錄而言，五部各有所長，皆足取法，然尤以吳士鑑本猶佳；自補撰南北朝史志目錄而言，陳述《補南齊書藝文志》、徐崇《補南北史藝文志》、李雲光等五部臺灣師大史志目錄較爲精審，且大部分爲唯一反映當代著述之補志，故參考價值匪淺；就補撰新舊《五代史》史志目錄而言，以張興武〈新編五代藝文志〉、〈五代金石輯錄〉較佳且最完備，且其參照顧櫰三、宋祖駿等人補志加以輯補〈五代藝文志補遺〉，考證精詳，亦足爲據；就補撰《遼史》史志目錄而言，金門詔《補三史藝文志》（遼部分）、王仁俊《遼史

藝文志補證》收錄文獻較為豐富，且王氏略加考證，可供參酌；就補撰《金史》史志目錄而言，孫德謙《金史藝文略》與無名氏《金史藝文略》二部補志，前者著錄書目豐富，後者分類精詳，皆可供研究《金史》學者參考；就補撰《元史》史志目錄而言，清代以錢大昕《補元史藝文志》專補當代書目為最佳，然經雒竹筠《元史藝文志輯本》、何佑森〈元史藝文志補注〉針對其增訂考證後，已有較完備之元代補志可供參酌。就本論文觀察，部分朝代補志僅見一部，或著錄書目略有不足、誤收之處，仍待考證輯補。

第四節　後人增補非正史之史志目錄

除二十五史之外，仍有些斷代屬於中國歷史一部份，然並未納入為正史者，如別史、載記等史書皆屬此類。諸位學者有鑑於此，增補此類史志目錄，以明當代文獻之概況。今查考被補編之斷代或史書如下：新莽史、宋陸游（1125～1120）《南唐書》、清周春（1729～1815）《西夏書》、羅爾綱（1901～1997）《太平天國史》，共有四小類七部史志目錄：「補撰新莽史志目錄者二部」、「補撰《南唐書》史志目錄者三部」、「補撰《西夏書》史志目錄者一部」、「補撰《太平天國史》史志目錄者一部」。今悉用表格統整再進行分析，以明辨此類史志目錄之存佚、分類特色或流傳概況。

一、補撰新莽史志目錄者二部

時代	作　者	書名（含卷數）	出處（出版項）
	曾樸 （1872～1935）	《補後漢書藝文志并考》10卷（新莽部分）	《補後漢書藝文志并考》卷10，收入二十五史刊行委員會編：《二十五史補編》第2冊（北京：中華書局，1998年2月），頁2560～2562。
	饒宗頤 （1917～）	〈新莽藝文志〉卷數不詳	《文教》。

（一）補撰新莽史志目錄存佚情形

新莽史實見載於《兩漢書》中，曾樸與饒宗頤二位學者為其補撰史志目錄。然曾樸僅附錄於《補後漢書藝文志并考》後，既非專就新莽一代著錄，是以篇幅甚少。另梁子涵指出「《新莽藝文志》饒頤編」，〔註80〕王余光、趙

〔註80〕梁子涵撰：《中國歷代書目總錄》（臺北：中華文化出版事業委員會，1953年

飛鵬二位學者亦著錄爲「饒頤」，〔註81〕今查王振澤（？～？）《饒宗頤先生學術年歷簡編》指出：

> 1946 年（丙戌）三十歲 先生由桂林返回廣州，被聘爲廣東文理學院教授……撰《新莽藝文志》載《文教》雜誌。〔註82〕

可知梁子涵等三人傳抄有誤，經筆者考證應爲香港學者「饒宗頤」之著作。然今未見《文教》期刊，亦未見〈新莽藝文志〉內容。此志爲專就新莽一朝進行補撰之史志目錄，未見傳本，實有缺憾。

（二）補撰新莽史志目錄分類體系

因本論文未見〈新莽藝文志〉，故僅就曾樸補新莽志探討。曾樸並未將此類書目將以分類，僅著錄書目。今查共著錄「十七篇，卷數可考者一百六篇二十七卷」，〔註83〕其中劉歆著作即佔九部之多。然新莽歷經十餘年，後人較忽略其文獻，未知其確切著作數量，暫可以曾樸補新莽志爲本。

二、補撰《南唐書》史志目錄者三部

時代	作　者	書名（含卷數）	出處（出版項）
清	汪之昌 （1837～1895）	《補南唐藝文志》1 卷	光緒 25 年抄本。收入徐蜀編：《二十四史訂補：隋唐五代正史訂補文獻彙編》第 4 冊（北京：北京圖書館出版社，2004 年 3 月），頁 787～792。
	唐圭璋 （1901～1990）	〈南唐藝文志〉	收入《中華文史論叢》1979 年第 3 輯（上海：上海古籍出版社，1979 年 9 月），頁 337～356。
	杜文玉 （1951～）	〈南唐藝文志〉	收入《南唐史略》（西安：陝西人民教育出版社，2001 年 3 月），頁 237～246。

3 月），頁 336。

〔註81〕 上述二處分見王余光撰：〈清以來史志書目補輯研究〉，《圖書館學研究》2002 年第 3 期，頁 4；趙飛鵬撰：〈唐以前正史藝文、經籍志之續補考證著作舉要〉，《成功大學學報（人文、社會篇）》第 35 卷，2000 年 11 月，頁 20。

〔註82〕 王振澤撰：《饒宗頤先生學術年歷簡編》（汕頭：香港藝苑出版社，2001 年 5 月），頁 22。

〔註83〕 曾樸撰：《補後漢書藝文志并考》卷 10，收入二十五史刊行委員會編：《二十五史補編》第 2 冊（北京：中華書局，1998 年 2 月），頁 2562。

（一）補撰《南唐書》史志目錄存佚情形

南唐原附屬《五代史》中，汪之昌、唐圭璋、杜文玉等學者特為其補撰史志目錄，皆可見傳本。其中以汪氏補南唐志成書年代最早，為光緒二十五年抄本。

（二）補撰《南唐書》史志目錄分類體系

汪之昌補南唐志未依循四部分類，較為混雜。如：「小學類」歷來皆入〈經部〉，然與〈子部〉「歷算類」合併，不知用意安在？又釋、道、雜家、技術因著錄書目較少而合併為一類，然則體例未盡精當。唐圭璋補南唐志指出，其針對《崇文總目》、《郡齋讀書志》、《直齋書錄解題》等書中南唐書籍進行收錄與分類，今觀其分類項目，則全與《崇文總目》相同。至於杜文玉補南唐志根據唐圭璋的分類，參考其他史書加以增補改編而成，然觀其〈經部〉未分類，僅著錄書籍，較有疏略。此三部補志以汪之昌較為疏漏，故以合併唐圭璋與杜文玉二家補南唐志進行研究為佳。

三、補撰《西夏書》史志目錄者一部

時代	作者	書名（含卷數）	出處（出版項）
	王仁俊（1866～1914）	《西夏藝文志》1 卷	收入二十五史刊行委員會編：《二十五史補編》第 6 冊（北京：中華書局，1998 年 2 月），頁 8029。

（一）補撰《西夏書》史志目錄存佚情形

今補撰《西夏書》史志目錄，僅見王仁俊《西夏藝文志》，以《二十五史補編》本為通行本。

（二）補撰《西夏書》史志目錄分類體系

王仁俊依據四部分類法，將西夏書籍區分為〈經部〉、〈史部〉、〈子部〉、〈集部〉，未將各書籍二級類目完全列出，僅見〈經部〉有「小學類」，餘者僅著錄書目。此外，並附錄「宋人談西夏事書目」四部書籍，以供參照。然西夏建國近二百年，其著錄西夏書目僅二十二部，恐過於疏略；或歷來藏書家目錄著錄西夏典籍甚少，故未能全面反映西夏文獻，仍須參酌出土文獻與相關資料加以增補之。

四、補撰《太平天國史》史志目錄者一部

時代	作　者	書名（含卷數）	出處（出版項）
	羅爾綱 （1901～1997）	《太平天國史・典籍志》1 卷	《太平天國史》卷 41（北京：中華書局，1991 年 9 月），頁 1519～1630。

（一）補撰《太平天國史》史志目錄存佚情形

　　為太平天國寫史書的學者不少，羅爾綱為其輯補史志目錄，使吾人可一窺此朝文獻。今通行本為北京中華書局所發行，可一併提供學者研究清代文獻之用。

（二）補撰《太平天國史》史志目錄分類體系

　　羅爾綱所收錄的書籍未依據中國傳統圖書分類法，其將書目區分為十類五十八部。除「兵類」、「禮類」、「曆書類」、「奏議類」、「史類」等名目較可見於其他史志目錄外，其餘「宣傳教育類」、「規章制度類」、「文告類」、「論文專集類」、「刊刻古籍類」等五種則其自創或更名。此外，並附錄當時數種「禁毀反革命書籍」，亦即反對「太平天國」之相關書籍，也收錄其中。太平天國處於混亂的時代，且以「革命」起義，是以書籍多與傳統經史之書不類，羅爾綱依據各書特性加以增立類別，頗有見地。

　　後人增補非正史之史志目錄共有七部，自上述統計可知，雖是載記、別史等諸國書籍，亦足為學者所研究。自補撰新莽史志目錄而言，暫以曾樸《補後漢書藝文志并考》附錄新莽書籍可參考，然若見饒宗頤先生〈新莽藝文志〉則為佳；自補撰《南唐書》史志目錄而言，參看唐圭璋與杜文玉〈南唐藝文志〉，較能明晰當時文獻概況；自補撰《西夏書》史志目錄而言，僅見王仁俊《西夏藝文志》，其中著錄書籍甚少，仍待補足；自補撰《太平天國史》史志目錄而言，羅爾綱針對當時政治類書籍加以分類，不拘於四部等傳統圖書分類方式，足以反映清末革命文獻。

第五節　新編增補史志目錄與諸位學者收錄之比較

一、新編增補史志目錄成果統計表

　　歷來學者提及史志目錄未全，筆者根據劉兆祐先生《中國目錄學・第三章 歷代目錄舉要・第一節 史志目錄》「八、歷代史志之補撰」的基礎上擴增

蒐羅一百零五部史志目錄，今統整與前人成果比較表，以顯示本論文補志的研究成果與進度。

（一）諸家論史志目錄簡稱

1. 梁啟超《圖書大辭典簿錄之部》：簡稱「梁簿」。
2. 梁子涵《中國歷代書目總錄》：簡稱「梁目」。
3. 姚名達《中國目錄學史‧史志篇》：簡稱「姚目」。
4. 高明〈臺灣省立師範大學國文研究所創刊號‧創刊號引言〉：簡稱「高目」。
5. 國立中央圖書館《中國歷代藝文總志‧經部》「凡例」：簡稱「央圖目」。
6. 喬衍琯〈歷史藝文志漫談〉：簡稱「喬目」。
7. 趙飛鵬〈唐以前正史藝文、經籍志之續補考證著作舉要〉：簡稱「趙目」。
8. 李櫻〈試論補正史藝文志及其價值〉：簡稱「李目」。
9. 曹書傑〈清代補史藝文志述評〉：簡稱「曹目」。
10. 王余光〈清以來史志書目補輯研究〉：簡稱「王目」。

（二）排列新編增補史志目錄順序

筆者排列此一百零五種補撰史志目錄，僅區分為三類，再按照二十六種小類順序編排之。各小類如為清朝學者，則依其生卒年順序編排；如為今人所撰，則按照出版年代編排。

（三）著錄符號

1. 凡此十家有著錄該補志者，以「ˇ」表示。
2. 凡此十家未著錄該補志者，則空白該表格。

	新編增補史志目錄		01 梁簿	02 梁目	03 姚目	04 高目	05 央圖目	06 喬目	07 趙目	08 李目	09 曹目	10 王目
第一類	漢書	翟灝《漢書藝文補志》										ˇ
		姚振宗《漢書藝文志拾補》	ˇ	ˇ	ˇ		ˇ	ˇ	ˇ	ˇ	ˇ	ˇ
		楊家駱〈兩漢遺籍輯存〉（上）、（下）（西漢部分）										
	隋書	張鵬一《隋書經籍志補》	ˇ				ˇ	ˇ	ˇ	ˇ	ˇ	ˇ
		李正奮《隋代藝文志》	ˇ	ˇ	ˇ				ˇ			ˇ

	兩唐書	陳鱣《續唐書·經籍志》	✓	✓			✓		✓		✓
		楊家駱《唐代遺籍輯存》（1）～（4）									
		陳尙君〈《新唐書·藝文志》補——集部別集類〉；〈石刻所見唐人著述輯考〉									
		張固也《新唐書藝文志補》									✓
	宋史	倪燦、盧文弨《宋史藝文志補》	✓	✓	✓	✓	✓	✓	✓	✓	✓
		吳騫《四朝經籍志補》（宋部分）		✓	✓				✓		✓
		朱文藻《宋史藝文志》	✓		✓						
	明史	金門詔《明史經籍志》									✓
		徐鼐《明史藝文志補遺》		✓					✓		
		蔣孝瑀《明史藝文志史部補》						✓			
	清史稿	彭國棟《重修清史藝文志》					✓		✓		
		武作成《清史稿藝文志補編》									✓
		郭靄春《清史稿藝文志拾遺》									
		王紹曾《清史稿藝文志拾遺》									✓
第二類	史記	（日）原富男《補史記藝文志》									
	後漢書	袁山松《後漢藝文志》	✓		✓						
		厲鶚《補後漢藝文志》	✓		✓	✓			✓		✓
		錢大昭《補續漢書藝文志》	✓	✓	✓	✓	✓	✓	✓	✓	✓
		洪飴孫《續漢書藝文志》	✓		✓	✓	✓		✓	✓	✓
		顧櫰三《補後漢書藝文志》	✓	✓	✓	✓	✓	✓	✓	✓	✓
		侯康《補後漢書藝文志》	✓	✓	✓	✓	✓	✓	✓	✓	✓
		姚振宗《後漢藝文志》	✓	✓	✓	✓	✓	✓	✓	✓	✓
		曾樸《補後漢書藝文志并考》（東漢部分）	✓	✓	✓	✓		✓		✓	✓
		陶憲曾〈侯康補後漢藝文志補〉	✓	✓					✓		✓
		勞頴《訂補續漢書藝文志》	✓		✓	✓			✓		✓
		楊家駱〈兩漢遺籍輯存〉（上）（下）（東漢部分）									
	三國志	侯康《補三國藝文志》	✓	✓	✓	✓	✓	✓	✓	✓	✓
		姚振宗《三國藝文志》	✓	✓	✓	✓	✓	✓	✓	✓	✓
		曾樸《補後漢書藝文志并考》（三國部分）	✓	✓	✓	✓	✓	✓	✓	✓	✓

	陶憲曾〈侯康補三國藝文志補〉	✓	✓					✓		✓	✓
	楊家駱〈三國遺籍輯存〉										
晉書	秦榮光《補晉書藝文志》		✓	✓	✓	✓	✓	✓	✓	✓	✓
	文廷式《補晉書藝文志》	✓	✓	✓	✓	✓	✓	✓	✓	✓	✓
	丁國鈞《補晉書藝文志》（含〈補遺〉、〈附錄〉、〈刊誤〉）	✓	✓	✓	✓	✓	✓	✓	✓	✓	✓
	黃逢元《補晉書藝文志》		✓	✓	✓	✓	✓	✓	✓	✓	✓
	吳士鑑《補晉書經籍志》	✓	✓	✓	✓	✓	✓	✓		✓	✓
	楊家駱〈兩晉遺籍輯存〉										
宋書	侯康《補宋書藝文志》					✓					
	王仁俊《補宋書藝文志》							✓		✓	✓
	聶崇岐《補宋書藝文志》		✓	✓	✓		✓	✓	✓		✓
南齊書	侯康《補南齊書藝文志》					✓					
	陳鴻儒等《補南齊書經籍志》							✓			✓
	陳述《補南齊書藝文志》		✓	✓	✓		✓	✓	✓		✓
梁書	侯康《補梁書藝文志》					✓					
	王仁俊《補梁書藝文志》							✓		✓	✓
	朱希祖《補梁書藝文志》										✓
	湯洽《補梁書藝文志》					✓					✓
	李雲光《補梁書藝文志》					✓		✓	✓		✓
陳書	侯康《補陳書藝文志》					✓					
	湯洽《補陳書藝文志》					✓					✓
	楊壽彭〈補陳書藝文志〉					✓		✓	✓		
	朱雋〈補《陳書‧藝文志》〉										
魏書	侯康《補魏書藝文志》				✓	✓					
	李正奮《補後魏書藝文志》			✓		✓					✓
	賴炎元《補魏書藝文志》					✓		✓	✓		
北齊書	侯康《補北齊書藝文志》					✓					
	蒙傳銘《補北齊書藝文志》					✓		✓	✓		
周書	侯康《補周書藝文志》					✓					
	王忠林〈補周書藝文志〉					✓		✓	✓		

南北史	蔡珪《南北史志》		✓	✓						
	汪士鐸《南北史補志·藝文志》		✓	✓					✓	
	徐崇《補南北史藝文志》	✓	✓	✓	✓		✓	✓	✓	✓
	楊家駱〈南北朝遺籍輯存〉									
	沈嵩華《補北史藝文志初稿》									✓
新舊五代史	顧櫰三《補五代史藝文志》	✓	✓	✓		✓	✓	✓	✓	✓
	宋祖駿《補五代史藝文志》						✓		✓	✓
	徐炯《五代史補考·藝文考》	✓	✓				✓		✓	✓
	張興武〈新編五代藝文志〉；〈五代金石輯錄〉									
遼史	倪燦、盧文弨《補遼金元藝文志》（遼部分）	✓	✓	✓	✓	✓	✓	✓	✓	✓
	金門詔《補三史藝文志》（遼部分）	✓	✓	✓	✓	✓	✓	✓	✓	✓
	厲鶚《遼史拾遺·補經籍志》	✓	✓	✓	✓		✓	✓	✓	✓
	吳騫《四朝經籍志補》（遼部分）		✓	✓			✓		✓	✓
	楊復吉《遼史拾遺補·經籍志拾遺補》					✓		✓	✓	✓
	繆荃孫《遼藝文志》			✓	✓		✓	✓	✓	✓
	王仁俊《遼史藝文志補證》			✓	✓		✓	✓	✓	✓
	黃任恆《補遼史藝文志》	✓	✓	✓		✓	✓	✓	✓	✓
	王巍〈遼史藝文志訂補〉									
金史	倪燦、盧文弨《補遼金元藝文志》（金部分）	✓	✓	✓	✓	✓	✓	✓	✓	✓
	金門詔《補三史藝文志》（金部分）	✓	✓	✓	✓	✓	✓	✓	✓	✓
	杭世駿《金史補·藝文志》			✓	✓				✓	
	吳騫《四朝經籍志補》（金部分）		✓	✓			✓		✓	✓
	龔顯曾《金史藝文志補錄》		✓			✓	✓	✓	✓	✓
	鄭文焯《金史補藝文志》			✓	✓					✓
	孫德謙《金史藝文略》					✓	✓		✓	✓
	無名氏《金史藝文略》							✓		✓

	元史	倪燦、盧文弨《補遼金元藝文志》（元部分）	✓	✓	✓	✓	✓	✓	✓	✓	✓	✓
		金門詔《補三史藝文志》（元部分）	✓	✓	✓	✓	✓	✓	✓	✓	✓	✓
		錢大昕《補元史藝文志》	✓	✓	✓	✓	✓	✓	✓	✓	✓	✓
		吳騫《四朝經籍志補》（元部分）		✓	✓				✓		✓	✓
		魏源《元史新編·藝文志》			✓	✓						
		張景筠《元史藝文志補》			✓	✓			✓		✓	✓
		雒竹筠、李新乾《元史藝文志輯本》										
		何佑森〈元史藝文志補注〉										
第三類	新莽	曾樸《補後漢書藝文志并考》（新莽部分）	✓	✓	✓	✓	✓	✓	✓			✓
		饒宗頤〈新莽藝文志〉		✓					✓			✓
	南唐書	汪之昌《補南唐藝文志》		✓								
		唐圭璋〈南唐藝文志〉										
		杜文玉〈南唐藝文志〉										
	西夏書	王仁俊《西夏藝文志》		✓	✓				✓	✓	✓	✓
	太平天國史	羅爾綱《太平天國史·典籍志》										✓
總計／部		105部	35部	46部	50部	53部	29部	43部	61部	36部	46部	72部

二、分析諸家收錄補撰史志目錄的成果

（一）諸家所見補撰史志目錄數量

　　此十家分別將所見補志將以收錄，就此表可知，雖多寡不一，然略有收錄相同之史志目錄。與本論文所見 105 部相較：梁簿計 35 部，約佔 33.33%；梁目計 46 部，約佔 43.81%；姚目計 50 部，約佔 47.62%；高目計 53 部，約佔 50.48%；央圖目計 29 部，約佔 27.62%；喬目計 43 部，約佔 40.95%；趙目計 61 部，約佔 58.1%；李目計 36 部，約佔 34.29%；曹目計 46 部，約佔 43.81%；

王目計 72 部，約佔 68.57%。其中以王目最多，央圖目最少。

（二）諸家皆未見之史志目錄

其一，域外研究成果。日人原富男《補史記藝文志》出版於 1980 年，然諸家皆未著錄，蓋屬域外研究成果，不易得見，此部書於臺灣僅一部見於中央研究院中國文哲所圖書館。其二，新的研究成果。筆者所見史志目錄部分屬於較新的研究成果，故諸家同時未見。如：張興武〈新編五代藝文志〉與〈五代金石輯錄〉屬於較新的研究成果，諸家所收錄的史志目錄自然有缺。此外，新的研究成果如收入在期刊論文或個人自著中，亦不易被查知。如：楊家駱自西漢至南北朝的遺籍輯存、陳尚君〈《新唐書·藝文志》補——集部別集類〉與〈石刻所見唐人著述輯考〉、朱雋〈補《陳書·藝文志》〉、王巍〈遼史藝文志訂補〉、唐圭璋與杜文玉各撰的〈南唐藝文志〉等等皆是如此。然其中郭靄春《清史稿藝文志拾遺》、雒竹筠《元史藝文志輯本》皆於 1999 年出版，王余光〈清以來史志書目補輯研究〉為 2002 年所撰卻未收入，恐有所失。

第三章 五家《補晉書藝文志》作者之生平與著作概述

　　依據歷代史志補撰之盛況，可知清朝有五位學者進行《晉書‧藝文志》的補編工作。根據《二十五史補編》的內容，可知其編排此五人之順序爲「丁國鈞」、「文廷式」、「秦榮光」、「吳士鑑」、「黃逢元」；就其生卒年順序而言，應爲「秦榮光」、「文廷式」、「丁國鈞」、「黃逢元」、「吳士鑑」；然本論文旨在探討其間之異同，故於附錄中以各《補晉志》之刊刻時間進行編排，故其順序則爲「丁國鈞」、「吳士鑑」、「文廷式」、「黃逢元」、「秦榮光」，而於本章論述其生平與著述時，亦依此順序進行撰寫。

　　就本論文蒐集資料而論，關於此五位學者的生平事蹟以文廷式、吳士鑑、秦榮光等三人較多，餘二位學者的相關資料甚少。但爲求完備，亦務求將其生平經歷、學術著作進行較爲系統性的介紹與評介。此外，並對其與《晉書》相關著作進行簡述，如逢《補晉志》之相關細節，則至第四章後再深入析評。

第一節 丁國鈞生平與著作概述

一、丁國鈞生平

　　丁國鈞，字秉衡，江蘇常熟人。未詳生年，卒於民國八年（1919）。然見《江蘇藝文志‧蘇州卷》指出其享年六十歲，故《清人別集總目》中推測丁氏約略生於 1860 年，即清文宗咸豐十年：

　　　丁國鈞（約 1860～1919），字秉衡，常熟人。廩生，官儀徵訓導。

〔註1〕

──────────

〔註1〕李靈年、楊忠主編：《清人別集總目》下卷（合肥：安徽教育出版社，2001

今未見其年譜，亦未見史籍記載其事蹟，所見資料較少，僅《江蘇藝文志・蘇州卷》對其有較爲簡短扼要的介紹：

> 丁國鈞（？～1919）字秉衡。常熟人。清廩生。曾師事黃以周、繆荃孫，長於目錄考證之學。任儀徵縣學訓導。宣統二年（1910）任事於江南圖書局，入民國曾被聘預修《通志》，未幾卒，年約 60 歲。〔註2〕

足見其專精於目錄文獻學，亦曾擔任圖書整理編纂人員。

經筆者查詢，丁國鈞曾於任職江南圖書館期間爲《靖康稗史箋證》寫下跋語：

> 是書鈔本凡二冊，所載爲〈宣和奉使金國行程錄〉、〈甕中人語〉、〈開封府狀〉、〈南征錄彙〉、〈青宮譯語〉、〈呻吟語〉、〈宋俘記〉七種。……
> 宣統紀元九月秉衡丁國鈞寫於江南圖書館并記〔註3〕

此爲其於任職其間較爲明確的跋語記錄。綜觀丁國鈞部分事蹟，大抵未接觸政壇，僅從事文獻資料彙編爲多，與文廷式、吳士鑑等人皆有從政經驗而論，丁氏屬於學者型的人物。

二、丁國鈞所撰與《晉書》相關著作

根據《江蘇藝文志》記載，可知丁國鈞著錄甚多：

《補晉書藝文志》4 卷　史部目錄類　存

　　丁國鈞撰　子丁辰注

（1）稿本，北京圖書館藏。又常熟市圖書館藏。

（2）稿本，有附錄 1 卷，北京圖書館藏。

（3）天尺樓鈔本，龐樹韓校，北京圖書館藏。

《補晉書藝文志》4 卷《補遺》1 卷《附刊誤》1 卷　史部目錄類　存

　　丁國鈞撰　丁辰注并撰刊誤

（1）光緒二十年（1894）無錫文苑閣活字印本，北京圖書館藏本有楊守敬批注并跋。

年 7 月），頁 10。

〔註 2〕南京師範大學古文獻整理研究所編：《江蘇藝文志・蘇州卷》（南京：江蘇人民出版社，1996 年 8 月），頁 3361～3362。

〔註 3〕〔宋〕確庵、耐庵編，崔文印箋證：《靖康稗史箋證》（北京：中華書局，1988 年 9 月），頁 290～291。

（2）《廣雅書局叢書》本。

（3）《叢書集成初編》本。

（4）《二十五史補編》本。

《荷香館瑣言》2 卷　子部雜學類　存

（1）稿本，常熟市圖書館藏。

（2）《丙子叢編》本。

（3）抄本，常熟市圖書館藏。

《疑雨集注》4 卷　集部別集類　存

　明王彥泓撰　清丁國鈞注

（1）1915 年掃葉山房石印本，常熟市圖書館藏。

（2）上海著易堂石印本，常熟市圖書館藏。

（3）丁國鈞清稿本，存 1 卷，常熟市圖書館藏。

《常熟丁氏叢書》　叢書類　存

　丁國鈞撰。光緒十八年錫山文苑閣木活字排印本，南京圖書館等
　藏。

子目：

《晉書校文》5 卷　按：此書另有稿本，夏孫桐跋，北京圖書館藏。

《補晉書藝文志》4 卷《附錄》1 卷　丁辰注

《枕秘錄存》不分卷　叢書類　存

　丁國鈞編。稿本，常熟市圖書館藏。

子目：

《李師師外傳》　佚名撰

《永憲錄》　清蕭奭齡撰

《記桐城方戴兩家書案》　佚名撰〔註4〕

此外，根據柯愈春（1939～）《清人詩文集總目提要》指出，丁國鈞亦曾於民
國初年參與纂修《江南通志》，〔註5〕另本論文又見《晉書校證》一書。由此
可知，其著作與《晉書》相關者有：《補晉書藝文志》、《晉書校义》、《晉書校

────────

〔註 4〕南京師範大學古文獻整理研究所編：《江蘇藝文志·蘇州卷》（南京：江蘇人
　　　民出版社，1996 年 8 月），頁 3362～3363。

〔註 5〕柯愈春撰：《清人詩文集總目提要》（北京：北京古籍出版社，2002 年 2 月），
　　　頁 1911。

證》等三部書，是以對晉朝文獻有相當的研究。

（一）《補晉書藝文志》

日人市邨謙爲丁國鈞《補晉志》所撰之序與其丁國鈞自撰之例略序皆未註明撰稿時間，然見《江蘇藝文志》指出其初刻時間爲「光緒二十年（1894）無錫文苑閣活字印本」，〔註6〕梁子涵《中國歷代書目總錄》更著錄：

> 清光緒二十年常熟丁氏用錫山文苑閣木活字排印常熟丁氏叢書本
> （案有其子丁辰注）。〔註7〕

可知初印本爲「木活字」本。除了初印本之外，丁氏《補晉志》尚有其他刊本：

> 清光緒間廣雅書局刊本。
>
> 民國九年番禺徐紹榮重編印《廣雅叢書》本。
>
> 民國二十四年上海商務印書館鉛印《叢書集成初編》覆《史學叢書》本。
>
> 民國二十五年至二十六年上海開明書店鉛印《二十五史補編》覆丁氏叢書本。
>
> 北平圖書館藏梁啓超批識清光緒間廣雅書局刻本二冊。
>
> 國立北京大學圖書館藏德化李氏木犀軒舊藏佚名校補批識清光緒間廣雅書局刊本（案係繆荃孫舊藏）。〔註8〕

至於現今較新且流傳較廣之版本，則爲北京中華書局依據開明書店本所印行的《二十五史補編》本。今著錄其各卷分類如下：

分　部	卷數	類　　目
甲部經錄	卷一	易類、書類、詩類、禮類、樂類、春秋類、孝經類、論語類、讖緯類、小學類，共 10 類。
乙部史錄	卷二	正史類、編年類、雜史類、霸史類、起居注類、舊事類、職官類、儀制類、刑法類、雜傳類、地理類、譜系類、簿錄類，共 13 類。
丙部子錄	卷三	儒家類、道家類、法家、名家、墨家、縱橫家、雜家類、小說類、兵家類、天文類、曆數類、五行類、醫方類，共 13 類。

〔註 6〕 南京師範大學古文獻整理研究所編：《江蘇藝文志·蘇州卷》（南京：江蘇人民出版社，1996 年 8 月），頁 3362。

〔註 7〕 梁子涵撰：《中國歷代書目總錄》（臺北：中華文化出版事業委員會，1953 年 3 月），頁 37。

〔註 8〕 梁子涵撰：《中國歷代書目總錄》（臺北：中華文化出版事業委員會，1953 年 3 月），頁 37。

丁部集錄	卷四	楚辭類、別集類、總集類，共 3 類。
	卷四	釋家、道家，共 2 類。
補　遺	卷四	
附錄類 補　遺	卷四	
附　錄		
刊　誤		

今見丁國鈞將《補晉書藝文志》分為四部：「甲部經錄」、「乙部史錄」、「丙部子錄」、「丁部集錄」，其又於四部之外另立「釋家類」、「道家類」，有別於其他四家《補晉志》，總計共四十一類。其分類大抵依循《隋志》，另有「補遺」一卷、「附錄」卷、「刊誤」一卷，除補充其《補晉志》不足之外，尚能加以複查、校證，較為詳實。

（二）《晉書校證》

今見此書收入《二十五史三編》，據其「己丑四月稿本」刊行，應為光緒十五年（1889）所撰。此書共為二卷，大略摘取《晉書》部分史事，加以考證，如：

> （泰始四年）六月甲申朔　當從《通鑑目錄》作「丙申」，「甲」字誤。……〔註9〕

> 元康三年　六月弘農雨雹，〈五行志〉尚有湖城、華陰兩處，不僅弘農。……〔註10〕

> （咸和九年）十一月石季龍弒石弘自立為天王。攷石勒及季龍載記，弒弘及稱「天王」，皆在咸康元年，非是年十一月事。……〔註11〕

> 武帝咸甯二年六月景午白龍二見於九原并中。《宋書・福瑞志》「丙午」作「丙申」，攷〈武帝紀〉是年六月載有癸丑、甲戌兩日，今據以推算，則六月當有丙午，不當有丙申，知誤在《宋志》。〔註12〕

〔註 9〕　丁國鈞撰：《晉書校證》卷一，收入張舜徽主編：《二十五史三編》第五冊，（長沙：嶽麓書社，1994 年 12 月），頁 201。

〔註10〕　丁國鈞撰：《晉書校證》卷一，收入張舜徽主編：《二十五史三編》第五冊，（長沙：嶽麓書社，1994 年 12 月），頁 203。

〔註11〕　丁國鈞撰：《晉書校證》卷一，收入張舜徽主編：《二十五史三編》第五冊，（長沙：嶽麓書社，1994 年 12 月），頁 209。

〔註12〕　丁國鈞撰：《晉書校證》卷二，收入張舜徽主編：《二十五史三編》第五冊，（長沙：嶽麓書社，1994 年 12 月），頁 226。

可知該書對於《晉書》部分史實進行更正糾繆，丁國鈞自然對於晉朝時事文化有較深的認知與瞭解。

（三）《晉書校文》

今見此書收入《二十四史訂補·魏晉南北朝正史訂補文獻彙編》第二冊中，據稿本影印。共為五卷，前二卷內容與《晉書校證》大部分相同，僅無繆荃孫與丁國鈞之序文。至於後三卷之內容，亦為考證《晉書》之史實與資料，如：

〈石苞傳〉徐州刺史胡質，《魏志胡質傳》由常山太守千荊州刺史，未嘗為徐州。……〔註13〕

〈荀顗傳〉顗甥陳泰卒，顗代泰為僕射。《魏志》:「泰為尚書右僕射」，干寶《晉紀》則言:「泰官至太常」，裴松之謂:「泰本傳不言為太常，未詳寶何由知之也」。今觀之此文，則泰實終于僕射，亦未為太常之一證也。……〔註14〕

〈載記第一·劉元海〉延年為太保。《御覽》（百十八）引前《趙錄》作「太宰」。按:時劉歡樂為太宰，不應一時有二太宰，崔錄蓋誤。
〔註15〕

故從《晉書校證》與《晉書校文》性質與內容相似性極高而論，《晉書校證》或成書在前，後丁氏繼續撰寫，而成《晉書校文》一書，與前者相較自然篇幅較多也較為完備。由此可知，丁國鈞進行《補晉書藝文志》的撰寫工作時，能有較為確實且科學的著錄。

第二節　吳士鑑生平與著作概述

一、吳士鑑生平

吳士鑑，字進思，號絅齋，又號九鍾老人，浙江錢塘人。生於清穆宗同治七年（1868），卒於民國二十二年（1933），享年六十六歲。胡建國則明確

〔註13〕 丁國鈞撰:《晉書校文》卷三，收入徐蜀編:《二十四史訂補:魏晉南北朝正史訂補文獻彙編》第 2 冊（北京:北京圖書館出版社，2004 年 4 月），頁 541。

〔註14〕 丁國鈞撰:《晉書校文》卷三，收入徐蜀編:《二十四史訂補:魏晉南北朝正史訂補文獻彙編》第 2 冊（北京:北京圖書館出版社，2004 年 4 月），頁 543。

〔註15〕 丁國鈞撰:《晉書校文》卷五，收入徐蜀編:《二十四史訂補:魏晉南北朝正史訂補文獻彙編》第 2 冊（北京:北京圖書館出版社，2004 年 4 月），頁 574。

指出吳士鑑生年爲「1868.09.03」，卒年則爲「1933.06.12」，曾任「清史館纂修」、「資政院議員」等要職。〔註16〕根據其自撰之《含嘉室自訂年譜》，著錄其四十四歲以前的事蹟，故可約略知部分生平經歷。

（一）家族世系

1. 先　世

根據《含嘉室自訂年譜・同治七年戊辰年 一歲》處著錄：

> 七月十七日辰時生於杭州學官巷之載德堂，曾祖名余曰「士鑑」。余家原籍爲休寧商山村人，自明季桓吾公遷杭，仲鎮公入籍錢塘。國初知蘭谿縣事遇賊殉難，四傳至四世祖退庵公，始以乾隆己卯科舉人官遂昌訓導；高祖秋漁公乾隆癸卯科舉人，官至四川夔州府知府；曾祖仲雲公嘉慶甲戌科翰林，官至雲貴總督；祖父碩卿公以廕生官山西候補道署雁平道。是年春，父母親侍碩卿公奉仲雲公自太原旋里。〔註17〕

可知浙江錢塘非其祖籍，僅爲出生地。此外，其家學淵源深厚，先祖大多擔任官職，其父親吳慶坻（1848～1924）也曾考取功名並擔任諸多要職，今整理表格略舉數例如下：

時　間	科　舉	要　職
光緒十二年丙戌年十九歲	父親會試中式第十九名，殿試二甲改翰林院庶吉士。〔註18〕	
光緒二十九年癸卯年三十六歲		三四月……父親奉旨充雲南鄉試副考官，六月試南昌府……八月……父親奉旨提督湖南學政。〔註19〕
光緒三十二年丙午年三十九歲		三月，父親奉 命術理湖南提學使，先往日本考察學務。〔註20〕

〔註16〕胡建國編：《近代華人生卒簡歷表》（臺北：國史館，2003年12月），頁81。

〔註17〕〔清〕吳士鑑撰：《含嘉室自訂年譜》，收入北京圖書館編：《北京圖書館藏珍本年譜叢刊》第一九二冊（北京：北京圖書館出版社，1999年4月），頁139。

〔註18〕〔清〕吳士鑑撰：《含嘉室自訂年譜》，收入北京圖書館編：《北京圖書館藏珍本年譜叢刊》第一九二冊（北京：北京圖書館出版社，1999年4月），頁145～146。

〔註19〕〔清〕吳士鑑撰：《含嘉室自訂年譜》，收入北京圖書館編：《北京圖書館藏珍本年譜叢刊》第一九二冊（北京：北京圖書館出版社，1999年4月），頁166。

〔註20〕〔清〕吳士鑑撰：《含嘉室自訂年譜》，收入北京圖書館編：《北京圖書館藏珍本年譜叢刊》第一九二冊（北京：北京圖書館出版社，1999年4月），頁169。

由是可知，吳慶坻仕途順遂，無論是應試科舉，或是擔任官職，都備受朝廷重用，方能至日本進行「考察學務」之工作。因此，吳士鑑在這種環境薰陶之下，自然影響他閱讀古籍的領悟力與科舉仕途的進取心。

2. 子 孫

根據《含嘉室自訂年譜》著錄，可知其於「光緒十年甲申年十七歲」娶妻鄭氏，〔註21〕並著錄其子嗣於年譜之中，今繪以表格明示之：

時　間	子嗣	名　字	婚嫁	孫　兒
光緒十三年丁亥年二十歲	長子生	名曰忠湛，改名秉澂，字曰進思，乳名曰傅。〔註22〕	鄭氏	1、（光緒三十二年）長孫廷瑜生，乳名曰通，長媳鄭氏出。〔註23〕 2、（光緒三十四年）三孫廷儼生，乳名曰逢，長媳鄭氏出。〔註24〕
光緒十四年戊子年二十一歲	次子生	名曰嘉澍，改名承混，字曰甘侯，乳名曰驤。〔註25〕	朱氏	1、（光緒三十三年）次孫廷瑋生，乳名曰迪，次媳朱氏出。〔註26〕
光緒十七年辛卯年二十四歲	長女生	瑞芝。〔註27〕	顧復	

〔註21〕〔清〕吳士鑑撰：《含嘉室自訂年譜》，收入北京圖書館編：《北京圖書館藏珍本年譜叢刊》第一九二冊（北京：北京圖書館出版社，1999 年 4 月），頁 144～145。

〔註22〕〔清〕吳士鑑撰：《含嘉室自訂年譜》，收入北京圖書館編：《北京圖書館藏珍本年譜叢刊》第一九二冊（北京：北京圖書館出版社，1999 年 4 月），頁 146。

〔註23〕〔清〕吳士鑑撰：《含嘉室自訂年譜》，收入北京圖書館編：《北京圖書館藏珍本年譜叢刊》第一九二冊（北京：北京圖書館出版社，1999 年 4 月），頁 169～170。

〔註24〕〔清〕吳士鑑撰：《含嘉室自訂年譜》，收入北京圖書館編：《北京圖書館藏珍本年譜叢刊》第一九二冊（北京：北京圖書館出版社，1999 年 4 月），頁 182＋188。

〔註25〕〔清〕吳士鑑撰：《含嘉室自訂年譜》，收入北京圖書館編：《北京圖書館藏珍本年譜叢刊》第一九二冊（北京：北京圖書館出版社，1999 年 4 月），頁 146～147。

〔註26〕〔清〕吳士鑑撰：《含嘉室自訂年譜》，收入北京圖書館編：《北京圖書館藏珍本年譜叢刊》第一九二冊（北京：北京圖書館出版社，1999 年 4 月），頁 181～182。

〔註27〕〔清〕吳士鑑撰：《含嘉室自訂年譜》，收入北京圖書館編：《北京圖書館藏珍本年譜叢刊》第一九二冊（北京：北京圖書館出版社，1999 年 4 月），頁 150。

光緒十九年癸巳年二十六歲	三子生	名曰儀洵，改名式洵，字曰希眉，乳名曰科。〔註28〕	楊氏	
光緒二十一年乙未年二十八歲	次女生	莊官。〔註29〕		
光緒二十三年丁酉年三十歲	四子生	名曰思悛，字曰季明，乳名曰錦〔註30〕	左氏	
光緒二十九年癸卯年三十六歲	五子生	名曰頌沅，乳名倫〔註31〕		

　　其自訂年譜未見四十五歲之後之事蹟，故對於後生晚輩的記載亦僅止於本論文所繪製表格之範圍。由該表可知，吳士鑑有五子二女，然次女與五子皆早夭。此外，觀年譜亦可知其子皆有所成就，如長子吳秉澂「以主事分戶部湖廣司行走」即為一例。〔註32〕

3. 世系表

　　根據前文敘述之「先世」與「子孫」兩部分，可以吳士鑑為中心點，繪製吳氏世系簡表大要如下：

〔註28〕〔清〕吳士鑑撰：《含嘉室自訂年譜》，收入北京圖書館編：《北京圖書館藏珍本年譜叢刊》第一九二冊（北京：北京圖書館出版社，1999年4月），頁152～153。

〔註29〕次女莊官殤於光緒二十四年，年僅四歲。參見〔清〕吳士鑑撰：《含嘉室自訂年譜》，收入北京圖書館編：《北京圖書館藏珍本年譜叢刊》第一九二冊（北京：北京圖書館出版社，1999年4月），頁153～154+157。

〔註30〕〔清〕吳士鑑撰：《含嘉室自訂年譜》，收入北京圖書館編：《北京圖書館藏珍本年譜叢刊》第一九二冊（北京：北京圖書館出版社，1999年4月），頁155～156。

〔註31〕五子頌沅殤於光緒三十三年，年僅五歲。參見〔清〕吳士鑑撰：《含嘉室自訂年譜》，收入北京圖書館編：《北京圖書館藏珍本年譜叢刊》第一九二冊（北京：北京圖書館出版社，1999年4月），頁166+181～182。

〔註32〕其時為光緒三十二年丙午年，吳士鑑三十九歲。參見〔清〕吳士鑑撰：《含嘉室自訂年譜》，收入北京圖書館編：《北京圖書館藏珍本年譜叢刊》第一九二冊（北京：北京圖書館出版社，1999年4月），頁169～170。

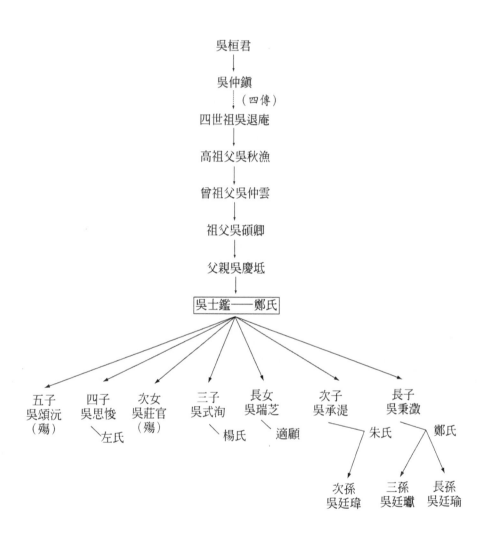

（二）求學應試

　　自其年譜可知，吳氏家族對於其子弟之教育較爲重視，且能竭力栽培後輩子孫，故吳士鑑於成長過程中學思經歷甚爲廣博，除了涉獵大量古籍之外，也對於各個文體有相當高的造詣與涵養，故吳士鑑於應試科舉亦較爲順利。

　　吳士鑑自光緒十二年開始研讀古籍，查其年譜其尊稱爲師長者，有數十位之多。茲製表以略舉其各個求學階段之師承與重要事項如下：

時　　間	師　　長	重要事項
同治十二年癸酉年六歲～光緒八年壬武年十五歲	孫士瀛	1、（六歲）始入塾……授經於花宜館。〔註33〕 2、（十三歲）……從孫師受經學，作小詩及時文起講。〔註34〕 3、（十四歲）兩年以來雖讀書間斷，而瀏覽《通鑑》及先世詩集，學作古體詩。又雜閱《學海堂經解》，略知古音古字之通叚。一日忽晤「扶、服」與「匍、匐」爲同聲假借，作說一篇。及檢王氏《經義述聞》已先言之，於是始有治經小學之志。〔註35〕 4.（十五歲）習舉業。〔註36〕
光緒九年癸未年十六歲～光緒十一年乙酉年十八歲	任偉海	（十六歲～十八歲）從任子勤（偉海）師習舉業。余好雜覽羣書……是年所作詩始有存稿。〔註37〕
	程雲俶	（十七歲）應錢塘縣試取第二名，時知縣事爲鉛山程稻村師（雲俶）。〔註38〕
	吳世榮	（十七歲）應杭州府試取第一名，時知府事爲桐城吳春泉師（世榮）。〔註39〕
	劉廷枚	（十七歲）……應院試取入錢塘縣學第二名，生員學使爲吳縣劉叔陶師（廷枚）。〔註40〕
光緒九年癸未年十六歲～光緒十一年乙酉年十八歲	高學治	（十八歲）肄業東城講社，作經說詞賦，爲山長高宰平師（學治）所賞，每課必列第一二名。〔註41〕

〔註33〕〔清〕吳士鑑撰：《含嘉室自訂年譜》，收入北京圖書館編：《北京圖書館藏珍本年譜叢刊》第一九二冊（北京：北京圖書館出版社，1999 年 4 月），頁 141。

〔註34〕〔清〕吳士鑑撰：《含嘉室自訂年譜》，收入北京圖書館編：《北京圖書館藏珍本年譜叢刊》第一九二冊（北京：北京圖書館出版社，1999 年 4 月），頁 143。

〔註35〕〔清〕吳士鑑撰：《含嘉室自訂年譜》，收入北京圖書館編：《北京圖書館藏珍本年譜叢刊》第一九二冊（北京：北京圖書館出版社，1999 年 4 月），頁 143。

〔註36〕〔清〕吳士鑑撰：《含嘉室自訂年譜》，收入北京圖書館編：《北京圖書館藏珍本年譜叢刊》第一九二冊（北京：北京圖書館出版社，1999 年 4 月），頁 144。

〔註37〕〔清〕吳士鑑撰：《含嘉室自訂年譜》，收入北京圖書館編：《北京圖書館藏珍本年譜叢刊》第一九二冊（北京：北京圖書館出版社，1999 年 4 月），頁 144～145。

〔註38〕〔清〕吳士鑑撰：《含嘉室自訂年譜》，收入北京圖書館編：《北京圖書館藏珍本年譜叢刊》第一九二冊（北京：北京圖書館出版社，1999 年 4 月），頁 144．

〔註39〕〔清〕吳士鑑撰：《含嘉室自訂年譜》，收入北京圖書館編：《北京圖書館藏珍本年譜叢刊》第一九二冊（北京：北京圖書館出版社，1999 年 4 月），頁 144～145。

〔註40〕〔清〕吳士鑑撰：《含嘉室自訂年譜》，收入北京圖書館編：《北京圖書館藏珍本年譜叢刊》第一九二冊（北京：北京圖書館出版社，1999 年 4 月），頁 144～145。

〔註41〕〔清〕吳士鑑撰：《含嘉室自訂年譜》，收入北京圖書館編：《北京圖書館藏珍本年譜叢刊》第一九二冊（北京：北京圖書館出版社，1999 年 4 月），頁 145。

光緒十二年丙戌年十九歲～光緒十五年二十二歲	朱錫榮	1、（十九歲～二十二歲）從朱紳甫師（錫榮）習舉業。〔註42〕 2、（二十歲）五月科試一等第七名補廩生。〔註43〕
	瞿鴻機（1850～1918）	（十九歲）五月歲試一等第十六名，補增生學使爲瞿子玖師（鴻機）。〔註44〕
	潘衍桐	（二十二歲）六月歲試一等第二名，學使爲潘繹庈師（衍桐）。〔註45〕
	何文耀	（二十二歲）八月鄉試榜發，中式第四十四名，同考官爲香山何朗山年丈師（文耀），正考官爲順德李仲約師（文田），副考官爲衡山陳伯商年丈師（鼎）。〔註46〕
	李文田	
	陳　鼎	
光緒十八年壬辰年二十五歲	吳鴻甲	1、三月會試，四月榜發，中式第三十七名。同考官爲江陰吳唱初年丈師（鴻甲），正總裁爲常熟翁叔平師（同龢），副總裁爲壽陽祁子禾師（世長）、宗室霍愼齋師（穆歡）、貴筑李芯園師（端棻）。〔註47〕 2、袁忠節公閱卷。〔註48〕
	翁同龢（1830～1904）	
	祁世長（1825～1892）	
	霍穆歡	
	李端棻	
	袁忠節	

〔註42〕〔清〕吳士鑑撰：《含嘉室自訂年譜》，收入北京圖書館編：《北京圖書館藏珍本年譜叢刊》第一九二冊（北京：北京圖書館出版社，1999年4月），頁145～147。

〔註43〕〔清〕吳士鑑撰：《含嘉室自訂年譜》，收入北京圖書館編：《北京圖書館藏珍本年譜叢刊》第一九二冊（北京：北京圖書館出版社，1999年4月），頁146。

〔註44〕〔清〕吳士鑑撰：《含嘉室自訂年譜》，收入北京圖書館編：《北京圖書館藏珍本年譜叢刊》第一九二冊（北京：北京圖書館出版社，1999年4月），頁145～146。

〔註45〕〔清〕吳士鑑撰：《含嘉室自訂年譜》，收入北京圖書館編：《北京圖書館藏珍本年譜叢刊》第一九二冊（北京：北京圖書館出版社，1999年4月），頁147。

〔註46〕〔清〕吳士鑑撰：《含嘉室自訂年譜》，收入北京圖書館編：《北京圖書館藏珍本年譜叢刊》第一九二冊（北京：北京圖書館出版社，1999年4月），頁147。

〔註47〕〔清〕吳士鑑撰：《含嘉室自訂年譜》，收入北京圖書館編：《北京圖書館藏珍本年譜叢刊》第一九二冊（北京：北京圖書館出版社，1999年4月），頁150。

〔註48〕〔清〕吳士鑑撰：《含嘉室自訂年譜》，收入北京圖書館編：《北京圖書館藏珍本年譜叢刊》第一九二冊（北京：北京圖書館出版社，1999年4月），頁150。

　　由此表可知，吳士鑑主要受業於孫士瀛、任偉海、朱錫榮等三位學者，其餘被其尊奉爲師長者，皆爲應考科舉時之座師或相關人員。此外，吳士鑑於科舉應試時成績斐然，大抵皆有不錯的成果，其才華更被多位學者所讚賞，如袁忠節指出：

> 此人必非自田間來者，吾知其人，惟以浙江卷不敢言。〔註49〕

顯示出袁公對吳士鑑的讚賞與愛惜之情。此外，翁同龢更是對其提攜有加：

> 翁師批余卷爲通才，必不忍抑置，躊躇三日，使棄去一卷，以余補
> 之。揭曉後，翁師素稔余名，獎勉交至，常語同官曰：「吳某乃吾門
> 之馬、鄭也。」〔註50〕

足見吳士鑑的才能被當代學者所肯定，被比擬爲馬融與鄭玄，可知其史學學養與根基亦十分紮實，方能與古人相媲美，就其初次參加會試年紀才二十五歲而言，實屬不易。

（三）政治生涯

　　在政治背景與家學淵源深厚的影響之下，吳士鑑仕途經歷豐富，與丁國鈞僅爲純粹型學者行人物有別。茲製表以略舉其擔任代表性官職如下：

時　　間	要　　職
光緒十九年癸巳年二十六歲	四月充武英殿協修。〔註51〕
光緒二十二年丙申年二十九歲	四月充武英殿纂修……十二月充會典館詳校。〔註52〕
光緒二十四年戊戌年三十一歲	三月……充會試同考官得士魏家驊等二十三人，是約以會典館成書過半，賞加侍講銜。〔註53〕

〔註49〕〔清〕吳士鑑撰：《含嘉室自訂年譜》，收入北京圖書館編：《北京圖書館藏珍本年譜叢刊》第一九二冊（北京：北京圖書館出版社，1999年4月），頁150～151。

〔註50〕〔清〕吳士鑑撰：《含嘉室自訂年譜》，收入北京圖書館編：《北京圖書館藏珍本年譜叢刊》第一九二冊（北京：北京圖書館出版社，1999年4月），頁151。

〔註51〕〔清〕吳士鑑撰：《含嘉室自訂年譜》，收入北京圖書館編：《北京圖書館藏珍本年譜叢刊》第一九二冊（北京：北京圖書館出版社，1999年4月），頁152。

〔註52〕〔清〕吳士鑑撰：《含嘉室自訂年譜》，收入北京圖書館編：《北京圖書館藏珍本年譜叢刊》第一九二冊（北京：北京圖書館出版社，1999年4月），頁154。

〔註53〕〔清〕吳士鑑撰：《含嘉室自訂年譜》，收入北京圖書館編：《北京圖書館藏珍本年譜叢刊》第一九二冊（北京：北京圖書館出版社，1999年4月），頁157。

光緒二十五年己亥年三十二歲	三月充武英殿總纂。〔註 54〕
光緒二十六年庚子年三十三歲	六月奉旨充湖北鄉試副考官……〔註 55〕
光緒三十一年乙巳年三十八歲	十二月充撰文處行走，奉旨充文淵閣校理。〔註 56〕
光緒三十二年丙午年三十九歲	四月復充武英殿總纂。……七月奉旨充日講起居注官。……十八日奉旨補授翰林院侍講。〔註 57〕
光緒三十四年戊申年四十一歲	四月奉旨補授翰林院侍讀，充國史館纂修。〔註 58〕
宣統二年庚戌年四十三歲	三月……諭旨充資政院碩學通儒議員。〔註 59〕

　　武英殿爲清朝編纂書籍的重要機關，吳士鑑可在此工作，並於文淵閣、翰林院、國史館進行學術性的教學與文獻處理的事務，可見朝廷對其重視之程度。此外，光緒帝在其擔任文淵閣校理時，更賜予重禮：

頒賞臘八粥冬醃菜，頒賞神肉（舊例惟大學士得蒙此賜，今南書房亦與焉），頒賞《欽定書經圖說》一部，皇太后頒賞御筆永壽大字一幅，「福」、「壽」字各一方，皇上頒賞御筆延禧受祜春條「福」字一方，除夕皇上頒賞御筆「龍」字一方。〔註 60〕

〔註 54〕〔清〕吳士鑑撰：《含嘉室自訂年譜》，收入北京圖書館編：《北京圖書館藏珍本年譜叢刊》第一九二冊（北京：北京圖書館出版社，1999 年 4 月），頁 158。
〔註 55〕〔清〕吳士鑑撰：《含嘉室自訂年譜》，收入北京圖書館編：《北京圖書館藏珍本年譜叢刊》第一九二冊（北京：北京圖書館出版社，1999 年 4 月），頁 159～160。
〔註 56〕〔清〕吳士鑑撰：《含嘉室自訂年譜》，收入北京圖書館編：《北京圖書館藏珍本年譜叢刊》第一九二冊（北京：北京圖書館出版社，1999 年 4 月），頁 168～169。
〔註 57〕〔清〕吳士鑑撰：《含嘉室自訂年譜》，收入北京圖書館編：《北京圖書館藏珍本年譜叢刊》第一九二冊（北京：北京圖書館出版社，1999 年 4 月），頁 169～170+175。
〔註 58〕〔清〕吳士鑑撰：《含嘉室自訂年譜》，收入北京圖書館編：《北京圖書館藏珍本年譜叢刊》第一九二冊（北京：北京圖書館出版社，1999 年 4 月），頁 182。
〔註 59〕〔清〕吳士鑑撰：《含嘉室自訂年譜》，收入北京圖書館編：《北京圖書館藏珍本年譜叢刊》第一九二冊（北京：北京圖書館出版社，1999 年 4 月），頁 208。
〔註 60〕〔清〕吳士鑑撰：《含嘉室自訂年譜》，收入北京圖書館編：《北京圖書館藏珍本年譜叢刊》第一九二冊（北京：北京圖書館出版社，1999 年 4 月），頁 168～169。

由是可知，吳士鑑的學術地位甚高，方能爲當朝者禮遇，自然影響他在仕途經歷的順利與否。除此之外，能與古籍密切接觸的家庭環境與重要官職，也爲他提供許多閱讀大量文獻的機會，足見其編纂《晉書經籍志》的能力較爲深厚。

（四）交友概況

自其年譜著錄而言，吳士鑑視爲益友者有數位：

> （光緒）十一年乙酉年十八歲，……與姚貽慶訂交經史詞章之學，
> 互有商榷，爲生平第一益友。〔註61〕

除此之外，常與姚氏討論金石拓本、地理官制之學問，並與江標、徐仁鑄、王崇燕爲友：

> 建霞（江標）精於板本金石，研甫（徐仁鑄）專攻詞章，翼北（王
> 崇燕）承文敏之訓，研經攷史旁及金石目錄之學，月必數見，頗得
> 切劘之益。〔註62〕

另在闈場與楊鍾羲（1865～1940）、張孝謙兩位前輩相識，亦師亦友。〔註63〕自吳士鑑交友概況可知其與當代學林人物的來往情況，更可知其對於史學文獻的熱愛程度，多少與良師益友有密切的關係。

二、吳士鑑所撰與《晉書》相關著作

今查吳士鑑著作，部分藏於北京中國國家圖書館而臺灣未見者有：《錢母戴太夫人墓志銘》、《錢士青都轉六秩壽序拓本》、《式溪詞》一卷、《修清史意見》、《含嘉室詩集》、《九鐘精舍金石跋尾乙編》〔註64〕、《會試朱卷》等等，另有其長子吳秉澂所撰《清故光祿大夫頭品頂戴翰林院侍讀先考絅齋府君行狀》亦典藏於此處。藉此可略知吳士鑑部分事蹟；又有一部《含嘉室文存》三卷，爲張宗祥抄本，典藏於浙江省圖書館中。此外，於臺灣可見之著作，

〔註61〕〔清〕吳士鑑撰：《含嘉室自訂年譜》，收入北京圖書館編：《北京圖書館藏珍本年譜叢刊》第一九二冊（北京：北京圖書館出版社，1999年4月），頁145。

〔註62〕〔清〕吳士鑑撰：《含嘉室自訂年譜》，收入北京圖書館編：《北京圖書館藏珍本年譜叢刊》第一九二冊（北京：北京圖書館出版社，1999年4月），頁149。

〔註63〕〔清〕吳士鑑撰：《含嘉室自訂年譜》，收入北京圖書館編：《北京圖書館藏珍本年譜叢刊》第一九二冊（北京：北京圖書館出版社，1999年4月），頁153。

〔註64〕吳士鑑所撰《九鐘精舍金石跋尾》甲乙編之創始，乃與姚貽慶蒐羅金石拓本時而得。參見〔清〕吳士鑑撰：《含嘉室自訂年譜》，收入北京圖書館編：《北京圖書館藏珍本年譜叢刊》第一九二冊（北京：北京圖書館出版社，1999年4月），頁149。

包含:《補晉書經籍志》四卷、《晉書斠注》一百三十卷、《清宮詞》一卷、《九鐘精舍金石跋尾甲編》一卷、《唐寫本經典釋文校語》二卷、《直講簪豪記》一卷、《含嘉室自訂年譜》等等。根據吳士鑑《含嘉室自訂年譜》指出:

> 《杭州府志·藝文志》、《儒林文苑傳》未成之稿,余爲父親續成之,
> 至是全書告蕆。〔註65〕

可知吳士鑑除個人專著與參與國史館編纂史書之外,尚且協助吳慶坻撰寫部分書籍。由此觀之,吳士鑑所撰與《晉書》相關者,有《晉書斠注》、《補晉書經籍志》兩種,足見其對晉朝一代史事極爲瞭解,且對於晉代文獻也有足夠的認知。

(一)《補晉書經籍志》

根據《含嘉室自訂年譜》可知,《補晉書經籍志》成書與刊刻年限相距約十六年之久。完稿時間爲光緒十七年(1891),吳士鑑年僅二十四歲。至光緒三十三年(1907)四月,始將此書刊刻,方流傳於世。觀《補晉書經籍志·序》,則由吳承志撰寫於光緒二十一年(1895)。今繪製其著作該書時間表,以明晰其歷程如下:

時　間	階　段
光緒十七年辛卯年二十四歲	冬間《補晉書經籍志》四卷成。〔註66〕
光緒二十一年夏六月	吳承志序於平陽學舍。〔註67〕
光緒三十三年丁未年四十歲	四月刻《補晉書經籍志》四卷成。〔註68〕

由此觀之,吳士鑑《補晉志》刊刻完成之確切時間應爲「光緒三十三年」無誤。本論文另見梁啓超《圖書大辭典簿錄之部》指出吳氏《補晉志》刊刻時間爲「光緒三十年自刻本」,〔註69〕梁子涵《中國歷代書目總錄》則記載爲

〔註65〕 〔清〕吳士鑑撰:《含嘉室自訂年譜》,收入北京圖書館編:《北京圖書館藏珍本年譜叢刊》第一九二冊(北京:北京圖書館出版社,1999年4月),頁147。

〔註66〕 〔清〕吳士鑑撰:《含嘉室自訂年譜》,收入北京圖書館編:《北京圖書館藏珍本年譜叢刊》第一九二冊(北京:北京圖書館出版社,1999年4月),頁150。

〔註67〕 吳承志撰:《補晉書經籍志·序》,收入二十五史刊行委員會編:《二十五史補編》第3冊(北京:中華書局,1998年2月),頁3851。

〔註68〕 〔清〕吳士鑑撰:《含嘉室自訂年譜》,收入北京圖書館編:《北京圖書館藏珍本年譜叢刊》第一九二冊(北京:北京圖書館出版社,1999年4月),頁181。

〔註69〕 梁啓超撰:《圖書大辭典簿錄之部》,收入《飲冰室專集(六)》(臺北:臺灣中華書局,1972年),頁12。

「光緒二十九年錢塘吳士鑑刻含嘉室舊著本」，〔註70〕侯文學〈五家《補晉書·藝文（經籍）志》〉則指出該書有「光緒二十一年（1895 年）刊本」，〔註71〕三位學者著錄時間皆異於《含嘉室自訂年譜》。今查詢中國國家圖書館見最早之刊本著錄時則爲「清光緒二十九年」，則未知該書刊行之確切時間。茲推測吳士鑑或有數部書同時進行，故《補晉志》於光緒二十九年開始刊刻，歷經四年始竣工，然可確定該補志刊刻時間必定介於丁國鈞、文廷式二者《補晉志》之間。吳氏《補晉志》尚有其他刊本：

民國二十五年至二十六年上海開明書店鉛印《二十五史補編》覆含含嘉室舊著本。〔註72〕

至於現今較新且流傳較廣之版本，則爲北京中華書局依據開明書店本所印行的《二十五史補編》本。茲著錄其各卷分類如下：

分　部	卷數	類　　目
甲部經錄	卷一	易類、書類、詩類、禮類、樂類、春秋類、孝經類、論語類、經解類、小學類，共 10 類。
乙部史錄	卷二	正史類、編年類、雜史類、霸史類、起居注類、舊事類、職官類、儀注類、刑法類、雜傳類、地理類、譜系類、簿錄類，共 13 類。
丙部子錄	卷三	儒家類、道家類、釋家類、法家類、名家類、墨家類、縱橫家類、雜家類、小說類、兵家類、天文類、曆數類、五行類、雜藝術類、醫方類，共 15 類。
丁部集錄	卷四	楚辭類、別集類、總集類，共 3 類。

今見吳上鑑將《補晉書經籍志》分爲四部：「甲部經錄」、「乙部史錄」、「丙部子錄」、「丁部集錄」，總計共四十一類，且其類目大抵依循《隋志》，然釋、道二類則併入「子錄」中，略有差異。

（二）《晉書斠注》

《補晉書經籍志》完稿時，吳士鑑年僅二十四，然刊刻時間爲光緒三十

〔註70〕梁子涵撰：《中國歷代書目總錄》（臺北：中華文化出版事業委員會，1953 年3 月），頁 38。

〔註71〕蓋侯文學據吳士鑑《補晉書經籍志·序》之時間著錄，故略有謬誤。參見侯文學撰：〈五家《補晉書·藝文（經籍）志》〉，《古籍整理研究學刊》1999 年第 1 期，頁 42。

〔註72〕梁子涵撰：《中國歷代書目總錄》（臺北：中華文化出版事業委員會，1953 年3 月），頁 38。

三年，其間撰寫《晉書斠注》，對於《補晉書經籍志》定稿刊刻必有所裨益。
吳士鑑與劉承幹同注《晉書斠注》一百三十卷，根據《含嘉室自訂年譜》指
出其撰寫於光緒三十年（1904）：

> 是年始作《晉書斠注》，仿裴松之《三國志》例，徧搜十八家逸史及
> 唐以前載籍，而加以訂正異同。嗣是累年增益已成之稿，得二十冊。
> 〔註73〕

可知其對於《晉書》蒐羅資料豐富，校正詳盡。楊家駱先生指出吳士鑑「於
《晉書》用力最勤」，〔註74〕讚其《晉書斠注》為正史中之名注。《晉書斠注》
之要旨有十種：「溯源」、「捃逸」、「辨例」、「正誤」、「削繁」、「考異」、「表微」、
「補闕」、「廣證」、「存疑」，〔註75〕廖吉郎先生稱羨之：

> 旁搜博考、異者辨之，同者證之，謬者糾之，遺者補之，以視裴松
> 之注陳壽《三國志》，所藉以根稽者，雖更為其難，然用力之深，費
> 時之久，殆有過之。〔註76〕

因此學術界對於《晉書斠注》的評價甚高，由此亦可推論吳士鑑對於晉朝文
獻較為熟稔，其所撰寫之《補晉書經籍志》自然較為紮實且廣博，更是研究
晉朝當代古籍目錄較為重要的參考工具書。

第三節　文廷式生平與著作概述

一、文廷式生平

　　文廷式，字雲閣（芸閣），又字道希（希又作㬢、溪），號薌德、羅霄山
人，晚號純常子，江西萍鄉人。生於清文宗咸豐六年（1856），卒於清德宗光
緒三十年（1904），享年四十九歲。其生平事蹟詳載於錢仲聯（1908～2003）
所撰《文芸閣先生年譜》，今據之以探討其生平事蹟，並參酌其他資料，進一
步知其學思歷程與當朝時代背景對其之深遠影響。

〔註73〕〔清〕吳士鑑撰：《含嘉室自訂年譜》，收入北京圖書館編：《北京圖書館藏珍
　　　　本年譜叢刊》第一九二冊（北京：北京圖書館出版社，1999 年 4 月），頁 168。
〔註74〕楊家駱撰：〈兩晉遺書輯存（上）〉，《學粹》第 8 卷第 1 期，1965 年 12 月，頁
　　　　13。
〔註75〕吳士鑑撰：《晉書斠注・序》（臺北：藝文印書館，1971 年），頁 1～13。
〔註76〕廖吉郎撰：〈六十年來晉書之研究〉，收入程發軔主編：《六十年來之國學》（臺
　　　　北：正中書局，1974 年 5 月），頁 94。

（一）家族世系

1. 先　世

根據《文芸閣先生年譜》著錄，可知其先祖淵源：

> 系出漢文翁後，先世有時公者，於後唐同光三年，任帳前指使，來鎮
> 江西，遂家固塘，爲江西各派始祖。明正德嘉靖間，有必達公者，始
> 由固塘遷居萍鄉，則先生之十世祖也。世有清德，郡縣志之。〔註77〕

其來自政治家族，背景顯赫，該年譜又另詳細著錄其曾祖、祖父、父親之事
蹟與擔任官職，除對地方貢獻甚遠之外，也影響文廷式的人品與政治風範。
今製簡表以略舉例其長輩仕途經歷與著作如下：〔註78〕

人　物	婚嫁	科舉要職	著　作
曾祖父文守元，字融谷		1. 附貢生。 2. 以子晟官，誥贈朝議大夫。 3. 以先生官，晉贈資政大夫。	1.《融谷詩草外集》。 2.《四塞賦》。 3.《請業錄》。
祖父文晟，字叔來	劉氏	1. 嘉慶二十四年己卯舉人。 2. 東安清遠連平海陽等州縣。 3. 惠州府知府。 4. 給予騎都尉世職。 5. 以先生官，贈奉政大夫，晉贈資政大夫。	1.《宜亭詩鈔》四卷。 2.《係言》二卷。 3.《經解》一卷。
父親文星瑞，原名星見，字奎垣，一字樹臣	彭氏	1. 道光二十四年甲辰舉人。 2. 捐分福建候補同知，賞戴花翎。 3. 廣東幫辦軍務。 4. 署羅定州知州。 5. 以先生官，贈奉政大夫，晉贈資政大夫。	1.《嘯劍山房詩稿》。

由該表可知，文廷式長輩大抵擔任官職，且多有著作。年譜中更提及其
祖父文晟與父親文星瑞曾率眾抗賊，咸豐六年的戰役還曾被潮州人編爲戲劇
廣爲流傳。咸豐九年時，文晟在對抗太平軍的戰役中喪命：

> 力竭遇害，賊棄尸於江中。越四日，流二十里至西洋堡，觸委員章

〔註77〕錢仲聯輯：《文芸閣先生年譜》，收入趙鐵寒編次：《文廷式全集（一）》（臺北：
　　　大華印書館，1969年10月），頁1。

〔註78〕該表統整自錢仲聯輯：《文芸閣先生年譜》，收入趙鐵寒編次：《文廷式全集
　　　（一）》（臺北：大華印書館，1969年10月），頁1～2。

> 嘉樹之舟。章君爲先生叔母之弟，驚視辨識，亟命撈起，面目如生。
> 凡左肩一槍傷，右脅下一稍傷達於腹，汗衫遍鈐嘉應州印數十，蓋
> 預期必死，而恐無以辨別也。〔註79〕

對國家人民盡心盡力，甚至犧牲自己的精神，影響文氏家族子弟極爲深遠。
之後文星瑞爲其父文晟復仇：

> 聞父凶耗，忿不欲生，誓將滅此朝食。率隊迎敵，奮迅直前，槍炮
> 刀牌齊進，所向批靡，斃賊數千，奪獲器械無算。連戰收復州城，
> 獲石郭宗等剖心以祭，次第克復大埔興甯連平等城，迭著奇勳，總
> 督黃壽臣奏請獎敘。〔註80〕

故朝廷「從優議給騎都尉世職，襲次完時，給予恩騎尉世襲罔替」，〔註81〕可
知爲政者相當看重文氏一族，足見文廷式入朝廷擔任官職時，以其忠義政治
表現與改革思想力圖改變清朝末年衰頹的局勢，多半與先祖長輩們的遺風餘
思有所關聯。

文廷式在家中排行第三，根據錢仲聯《文芸閣先生年譜》著錄：

> 先生爲樹臣公第三子。伯兄廷傑，字雪門，襲雲騎尉世職。仲兄廷
> 俊。弟廷華，字迪光。廷橈，字葭浦，光緒十九年癸巳舉人。廷楷
> 改名穌，字法和，光緒二十年甲午舉人。二姐名芸英，字靜芳，適
> 王。五姐蕙芳，適梅。六妹□□，適周。□妹□□，適彭。〔註82〕

依錢氏之文僅可推知文廷式家中食指浩繁，兄弟們大抵在仕途中也略有成
就。然僅見其五兄弟與四姊妹之大要，未見其長姐、四姐之相關資料，暫可
推測或爲早夭，故未見簡介；至於適周之六妹與適彭之妹亦不知其名，恐爲
資料不足所致。另見汪叔子〈文廷式年表稿〉有相異之著錄資料：

> 伯兄廷俊，太學生，候選郎中。仲兄及四弟早夭。五弟廷橈，光緒
> 十九年舉人，直隸州州同。六弟廷彥，太學生，捐分廣東，補用鹽
> 課大使。七弟廷秀。八弟廷華，光緒二十三年舉人，江蘇候補知縣。

〔註79〕 錢仲聯輯：《文芸閣先生年譜》，收入趙鐵寒編次：《文廷式全集（一）》（臺北：
　　　　 大華印書館，1969 年 10 月），頁 5。
〔註80〕 錢仲聯輯：《文芸閣先生年譜》，收入趙鐵寒編次：《文廷式全集（一）》（臺北：
　　　　 大華印書館，1969 年 10 月），頁 5。
〔註81〕 錢仲聯輯：《文芸閣先生年譜》，收入趙鐵寒編次：《文廷式全集（一）》（臺北：
　　　　 大華印書館，1969 年 10 月），頁 5。
〔註82〕 錢仲聯輯：《文芸閣先生年譜》，收入趙鐵寒編次：《文廷式全集（一）》（臺北：
　　　　 大華印書館，1969 年 10 月），頁 2。

九弟廷楷，光緒二十年舉人，歷官至資政院議員。十弟廷直，郡附
貢生，署四川藩經廳。十一弟廷宾，安徽候補知縣。姐三，妹四；
另有姐二、妹一早殤。〔註83〕

就二部年譜進行對照分析，汪叔子之著錄較錢仲聯詳細縝密，並可推論文廷式
有十一個兄弟，七個姊妹。另可觀察出幾點：其一，錢氏著錄其長兄為「廷傑」，
汪氏則著錄為「廷俊」，今見汪氏更著錄其「仲兄」早夭，則應無法從政，且年
譜僅見有關廷俊之事蹟，未見廷傑之記載，可知長兄應為「廷俊」，而非廷傑，
則錢仲聯之著錄有所缺失。其二，「廷華」為八弟，錢氏卻將其置之於五弟「廷
橈」之前，亦有謬誤。其三，其既有「姐三」，則錢氏著錄「五姐」之稱謂恐有
疏失，應更正為「五妹」，故其早殤之姊妹則可確知應為長姐、三姐與四妹，然
汪氏對於其姊妹名字之著錄皆寡於錢氏，亦有所缺失。是以據此足知文廷式除
長輩皆擔任官職之外，十一個兄弟中僅七弟廷秀未見功勳，可見文氏家族對於
子弟們之教育與栽培之不遺餘力。

2. 子　孫

《文芸閣先生年譜》對於文廷式後輩子孫的紀錄甚少，僅見一條：

> 先生娶陳氏，誥封宜人。子一人，永譽，字公達，諸生，官知縣。
> 著有《天倪室集》，孫女二人。〔註84〕

至於汪叔子〈文廷式年表稿〉則詳細指出：

> 光緒七年辛巳（1881年）二十六歲二月，長子永譽生。……
> 光緒十一年乙酉（1885年）三十歲十月，次子敦書生。……
> 光緒十二年丙戌（1886年）三十一歲正月初三日，次子敦書殤。〔註
> 85〕

可知其子嗣甚少，僅一子文永譽，曾擔任知縣等官職，但事蹟不詳，孫女二
人亦未見其名，頗有缺憾。

3. 世系表

根據前文敘述之「先世」與「子孫」兩部分，可知文廷式家中手足多達

〔註83〕汪叔子撰：〈文廷式年表稿〉，收入《文廷式集》（北京：中華書局，1993年1
月），頁1482。

〔註84〕錢仲聯輯：《文芸閣先生年譜》，收入趙鐵寒編次：《文廷式全集（一）》（臺北：
大華印書館，1969年10月），頁3。

〔註85〕汪叔子撰：〈文廷式年表稿〉，收入《文廷式集》（北京：中華書局，1993年1
月），頁1486＋1488。

十八人，然其後輩子嗣甚寡，故暫以其父親文星瑞爲中心點，上推遠其文氏先祖，下溯其旁支兄弟姊妹與子孫。今繪製文氏世系簡表大要如下：

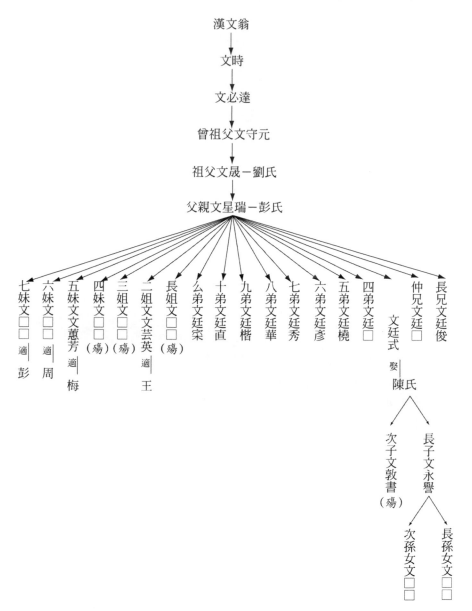

（二）求學應試

在文星瑞的教導之下，其子弟大多有所成就。觀〈文廷式年表稿〉之著

錄，更可知其長兄文廷俊曾自南美洲秘魯遊歷歸國，〔註86〕家庭環境尚能允
許至國外增廣見聞，在晚清民不聊生的環境下實屬難得。文廷式年約七歲即
入私塾就學，拜李先生為師：

> 清同治元年壬戌（1862年）七歲時已從塾師李□□（禹九）就學。
>
> 愛《文選》，時時私讀，嘗以此為塾師所責。〔註87〕

其師或以為《文選》不適宜初學者閱讀，故責備文廷式，然此時文廷式則略
已展現其熱愛文學之跡象。之後其展現對詩、詞、曲、律賦、聯語等文學創
作才能，或可推論肇始於此時。

　　其後，文廷式又入陳澧（1810～1882）之門下，其對聲韻學、經學、史
學皆有獨到之見解，使文廷式邁向較深的學術研究領域，並開始對晚清重要
學術思想與學林人物有進一步的認知與接觸：

> 同治十一年壬申（1872年）十七歲……廷式在廣州，先已入學海堂，
> 為高材生。本年始從學陳澧門下，為菊坡精舍弟子，與于式枚、溫
> 仲和、汪兆銓等同窗。讀錢大昕《潛研堂集》而得史學門徑，又好
> 算學。〔註88〕

另據錢仲聯指出：

> 蘭甫先生語之曰：「辛楣（案：錢大昕）先生輿地、職官之學，不獨
> 前無古人，兼恐後無來者。」〔註89〕

可知文廷式在鑽研史學之餘，亦能同時涉獵輿地之學，是其閱讀錢大昕著作
之最大收穫，更是開啟未來撰寫《補晉書藝文志》、《元史西北地附錄考》、《讀
史隨錄》、《國朝諸人箸述目錄補編》、《周官政要》等著作之重要關鍵。

　　由於文廷式飽讀詩書，且在其求學過程中多能認真進取，並能觀察國際
間之形勢，除傳統經學、史學之涉獵之外，亦能「博覽算學及化學、天文、
軍事、海防之書」，〔註90〕可知對於新知識與西洋的書籍多能大量汲取。因此，

〔註86〕汪叔子撰：〈文廷式年表稿〉，收入《文廷式集》（北京：中華書局，1993年1
　　　　月），頁1483。

〔註87〕汪叔子撰：〈文廷式年表稿〉，收入《文廷式集》（北京：中華書局，1993年1
　　　　月），頁1483。

〔註88〕汪叔子撰：〈文廷式年表稿〉，收入《文廷式集》（北京：中華書局，1993年1
　　　　月），頁1484。

〔註89〕錢仲聯輯：《文芸閣先生年譜》，收入趙鐵寒編次：《文廷式全集（一）》（臺北：
　　　　大華印書館，1969年10月），頁9。

〔註90〕汪叔子撰：〈文廷式年表稿〉，收入《文廷式集》（北京：中華書局，1993年1

文廷式在應試科舉之過程中，大抵皆有傑出的觀點與表現，今製表略舉其應
試成果如下：

時　　間	應　　試
同治十二年癸酉（1873 年）十八歲	初入都，應順天鄉試，未售。〔註91〕
光緒八年壬午（1882 年）二十七歲	八月，以附監生領順天鄉薦，中式第三名。〔註92〕
光緒十五年己丑（1889 年）三十四歲	是春應禮部試，不第。……五月杪，考試內閣中書奪佔魁首。〔註93〕
光緒十六年庚寅（1890 年）三十五歲	四月十日會榜揭曉，中式第二百六十一名貢士。……複試一等第一名。……欽定殿試一甲第二名。……得賜進士及第……〔註94〕
光緒十八年壬辰（1892 年）三十七歲	散館考試，列一等第十名。〔註95〕
光緒二十年甲午（1894 年）三十九歲	三月二十六日，詣保和殿翰詹大考。……四月初八日，大考榜發，得一等第一名。〔註96〕

由是可知，文廷式的應試過程大抵平順，且多得當時的學林人物、主考
官與光緒帝之讚賞與重視：

> 二十七日，未閱卷前，德宗朱筆特寫「文氏第一等」五字交下閱卷
> 房。是日閱卷，遂定廷式為第一名。二十八日，翁同龢等奉派複看
> 大考卷時，德宗又兩次傳下口諭：除第一及另束五本毋動外，餘皆
> 可動。〔註97〕

月），頁 1485。
〔註91〕汪叔子撰：〈文廷式年表稿〉，收入《文廷式集》（北京：中華書局，1993 年 1月），頁 1484～1485。
〔註92〕汪叔子撰：〈文廷式年表稿〉，收入《文廷式集》（北京：中華書局，1993 年 1月），頁 1486～1487。
〔註93〕汪叔子撰：〈文廷式年表稿〉，收入《文廷式集》（北京：中華書局，1993 年 1月），頁 1490。
〔註94〕汪叔子撰：〈文廷式年表稿〉，收入《文廷式集》（北京：中華書局，1993 年 1月），頁 1490～1491。
〔註95〕汪叔子撰：〈文廷式年表稿〉，收入《文廷式集》（北京：中華書局，1993 年 1月），頁 1491。
〔註96〕汪叔子撰：〈文廷式年表稿〉，收入《文廷式集》（北京：中華書局，1993 年 1月），頁 1493。
〔註97〕汪叔子撰：〈文廷式年表稿〉，收入《文廷式集》（北京：中華書局，1993 年 1月），頁 1493。

足見於國家大考之時，文廷式的文筆與論點在晚清具有份量，能被光緒帝欽點爲「一等」，更代表其在當代具有相當的影響力。

（三）政治生涯

文廷式脫離求學階段之後，在科舉應試過程中，曾參與多項政治活動，除擔任「江浦慶軍統領吳長慶幕」之外，還「入兩廣總督張樹聲幕府」。〔註 98〕應試中舉，亦多被朝廷委以重任，今製表略舉數例如下：

時　　間	要　　職
光緒十四年戊子（1888 年）三十三歲	西后爲德宗擇婚，定他他拉氏姊妹爲瑾嬪、珍嬪。……廷式此數年間在京時，嘗授之讀。〔註 99〕
光緒十六年庚寅（1890 年）三十五歲	授翰林院編修。〔註 100〕
光緒十八年壬辰（1892 年）三十七歲	得旨業經授職（翰林院編修）。旋派充本衙門撰文、會典館協修。〔註 101〕
光緒二十年甲午（1894 年）三十九歲	謝充日講起居注官恩。旋復奉派教習庶吉士。本年，又派協同內閣批本，充國史館協修，加四級，覃恩加一級。〔註 102〕

其擔任官職大抵皆爲編纂典籍之文官，然在文晟與文星瑞的影響與教育之下，文廷式亦時有憂國憂民之志。

清朝末年內憂外患，在甲午戰爭爆發之時，其力主抗戰，並與主和的李鴻章后派等人產生諸多衝突與心結。大陸學者張麗春則將其抗戰思維歸納爲三點：其一，「反對屈辱求和，一力主戰」；其二，「反對妥協投降，策劃反攻」；其三，「反對簽訂條約，堅持持久抗戰」。〔註 103〕可知文廷式爲甲午戰爭重要人物之一，雖之後戰敗，仍不減其忠君愛國之熱誠，力反簽訂合約，終究導

〔註98〕汪叔子撰：〈文廷式年表稿〉，收入《文廷式集》（北京：中華書局，1993 年 1 月），頁 1487。

〔註99〕汪叔子撰：〈文廷式年表稿〉，收入《文廷式集》（北京：中華書局，1993 年 1 月），頁 1489～1490。

〔註100〕汪叔子撰：〈文廷式年表稿〉，收入《文廷式集》（北京：中華書局，1993 年 1 月），頁 1490～1491。

〔註101〕汪叔子撰：〈文廷式年表稿〉，收入《文廷式集》（北京：中華書局，1993 年 1 月），頁 1491。

〔註102〕汪叔子撰：〈文廷式年表稿〉，收入《文廷式集》（北京：中華書局，1993 年 1 月），頁 1493～1494。

〔註103〕張麗春撰：〈文廷式抗戰思想評析〉，《山西大學學報（哲學社會科學版）》，1999 年第 1 期，頁 48～49。

致后黨等人之排擠。

後文廷式見國事衰微，便力圖變法：

> 光緒二十一年乙未（1895 年）四十歲 ……在都，與陳熾、沈曾植
> （1850～1922）、康有爲（1858～1927）、梁啓超（1873～1929）等
> 籌議倡學會、開風氣、講變法。〔註104〕

足見與當時有志之士能團結爲國效力，並極力培育維新人才，欲廢科舉制度，
使晚清展現不凡的新氣象。然甲午戰爭時，文廷式已種下后黨對其之不滿，
故維新未成即流亡日本。後雖返國，然終以重病逝世於萍鄉。

（四）交友概況

自求學階段、科舉應試至政治生涯，文廷式交遊廣闊，結交之友人大抵
皆爲當代俊傑之士。

就其求學階段而言，結識于式枚、温仲和、汪兆銓等人，前已提及，與
此三人爲同窗好友，互相砥礪切磋學問，自然增長其知識與見聞。

就其科舉應試階段而言，曾與志銳（1852～1912）、志鈞、李智儔、黃楙
材、陳樹鏞、梁鼎芬（1859～1919）、李文田、葉衍蘭、鄭文焯（1856～1918）、
王闓運（1833～1916）、陶福祥、姚禮泰、林國賡、易順鼎（1858～1920）、
陳三立（1852～1937）、徐建寅（1845～1901）、徐壽（1818～1884）、皮錫瑞
（1850～1908）等人結交，其友人皆有所長。如學習西洋知識：

> 夏秋間，在京致友人書，批評近今談時事者大抵虛憍恃氣之人多，談
> 洋務者大半猶是外行；而盛稱徐建寅與黃楙材爲洋務英材。〔註105〕

晚清時期，傳統知識遭受巨大衝擊，然深入研究者者甚寡，眞正爲箇中專才
者僅此二位友人。如在文學創作方面，曾「南下至蘇州，與鄭文焯、王闓運、
易順鼎等游吟」，〔註106〕並在光緒十二年（1886）時與王懿榮（1845～1900）、
張謇（1853～1926）、曾之撰等三人有「四大公車」之美譽，〔註107〕可知其「談

〔註104〕汪叔子撰：〈文廷式年表稿〉，收入《文廷式集》（北京：中華書局，1993 年 1
月），頁 1497+1499～1500。

〔註105〕汪叔子撰：〈文廷式年表稿〉，收入《文廷式集》（北京：中華書局，1993 年 1
月），頁 1486。

〔註106〕汪叔子撰：〈文廷式年表稿〉，收入《文廷式集》（北京：中華書局，1993 年 1
月），頁 1490。

〔註107〕此四人皆學子出身，且時常飲酒爲文，談論時事，故有此一美名流傳京師。
參見汪叔子撰：〈文廷式年表稿〉，收入《文廷式集》（北京：中華書局，1993

笑有鴻儒」，在尚未擔任朝廷重要官職之前，即聲名遠播，爲時人所傳頌。

就其從政階段而言，除先前結交的友人部分成爲同事之外，還曾多次出遊：

> 與王頌蔚、劉岳雲、馮煦、蒯光典、江標、費念慈、李盛鐸（1859
> 〜1934）、黃紹箕、葉昌熾（1849〜1917），及沈曾植、曾桐兄弟並
> 應李文田之招，游宴於天寧寺。〔註108〕

其中沈曾植於文廷式逝世之後，更爲其撰寫墓表，足見其交情匪淺。此外，在甲午戰爭與維新變法之時，更與康有爲、梁啓超等人有較爲深厚的革命情感。至於流亡海外之時，更與日本山根虎之助、內滕虎次郎、古城貞吉、永井禾原等人來往，並互贈詩文。可知其交友廣泛，既具有國際觀，亦可與之相互研究學術，互相酬唱詩文，更有齊心力圖治國之益友，文廷式於當代之重要地位可見一斑。

另見翁淑卿根據文廷式詩詞、日記與年譜等相關資料加以統整，爲文廷式生平交游作一統計表，共有一百零六人之多。〔註109〕該表詳實具有系統，可供研究文廷式事蹟者參考之用。

二、文廷式所撰與《晉書》相關著作

文廷式著作豐富，除可見部分古籍線裝書外，後人亦多加以輯錄出版者。今見中央研究院傅斯年圖書館典藏其《純常子文稿》線裝書共三十九冊，包括：《純常子文稿》四冊、《純常子文錄》一冊、《抄本文道希詩集》一冊、《文道希詩稿抄本》一冊、《抄本文道希雜記》一冊、《諸子雜記抄本》一冊、《抄本左傳正義雜記》一冊、《書塈雜篇》三冊、《知過軒隨錄》一冊、《知過軒日錄》一冊、《南旋日記》一冊、《東游日記》一冊、《奏議》三冊、《西齋隨筆》一冊（案：內含〈驗方襍錄〉、〈州乘搜遺〉、〈雪按叢鈔〉）、《道藏經板》二冊、《美意延年室鈔書》二冊、《元史西北地附錄考》一冊、《國朝諸人著述目錄補編》一冊、《國朝名人著述目補》一冊（案：見其內文又名《清史藝文志雜錄》）、《純常子枝語》八冊、《遲盦集杜詩》一冊（案：見其內文又名《孫文恪師集杜詩》）、《遼金元姓譜》一冊、《御製解惑篇抄本》一冊。

年1月），頁1488。

〔註108〕汪叔子撰：〈文廷式年表稿〉，收入《文廷式集》（北京：中華書局，1993年1月），頁1492。

〔註109〕翁淑卿撰：〈附錄三 文廷式重要交游一覽表〉，收入《文廷式詞學研究》（臺中：私立東海大學中文研究所碩士論文，1993年11月），頁207〜214。

　　另撰有《中興政要》一卷（輯佚）、《大元官制雜記》一卷、《文道希先生遺詩》一卷、《雲起軒詞鈔》一卷、《大元倉庫記》一卷、《中日甲午戰爭》不分卷、《元代畫塑記》一卷、《元高麗紀事》一卷、《孟子趙注札記》一卷、《志林》一卷、《書牘》二卷、《永樂大典輯佚書》一卷、《經世大典》不分卷、《羅霄山人醉語》一卷、《老子枝語》一卷、《補晉書藝文志》六卷、《伊尹事錄》一冊等多部書籍。此外，文廷式另有漢譯《鐵木眞帖木兒用兵論》二編二十七章，原爲俄羅斯人宜萬寧所撰，後經由日本參謀本部原譯、佐原篤分譯。足見其著作等身，亦具外語之長。

　　除此之外，汪叔子所編之《文廷式集》，將文氏之著作區分爲十五卷：卷一，「奏議」；卷二，「文錄」；卷三，「譯述」；卷四、卷五，「史志」；卷六、卷七、卷八，「筆記」；卷九，「日記」；卷十，「書簡」；卷十一，「詩錄」；卷十二，「詞錄」；卷十三，「律賦」；卷十四，「聯語」；卷十五，「筆談」。該文集蒐羅廣泛，鉅細靡遺，爲研究文廷式著作較佳之參考用書。經查「史志」之相關著作資料可知，其史學著作不少，然與《晉書》較爲相關者，僅《補晉書藝文志》一部書。

（一）《補晉書藝文志》

　　經查未見此書之序，然見郭哲任參考汪叔子編《文廷式集・史志類》援引文廷式〈擬匯刻歷代史志凡例〉：

> 典午之期，文學彌盛。昔嘗纂錄隨（按：隋）《志》及群書所引書名
> 可考者，凡一千餘種，加以考訂，自可上承兩漢、下啓六朝。〔註110〕

並指出此段文字撰寫於光緒七年（1881），而斷定《補晉書藝文志》於此時初稿應已完成。另查錢仲聯《文芸閣先生年譜》，未見此記錄。另見汪叔子於〈文廷式年表稿〉指出：

> 光緒六年庚辰（1880 年）二十五歲……《補晉書藝文志》已有成稿。
> 〔註111〕

除此之外，又有更新之重寫稿：

> 光緒十八年壬辰（1892 年）三十七歲……閏六月……重錄少作《補

〔註110〕郭哲任撰：《文廷式之生平思想與政治際遇》（臺北：國立臺灣師範大學歷史研究所碩士論文，1996 年 6 月），頁 216。

〔註111〕汪叔子撰：〈文廷式年表稿〉，收入《文廷式集》（北京：中華書局，1993 年 1月），頁 1486。

晉書藝文志》，蓋寫定稿本也。〔註112〕

可知文廷式二度撰寫《補晉志》，其爲學之態度較爲謹愼。今見梁啓超《圖書大辭典簿錄之部》著錄文氏《補晉志》刊本爲「宣統己酉湖南排印本」，〔註113〕亦即宣統元年（1909）間之版本，梁子涵《中國歷代書目總錄》則指出初刊本爲「清宣統元年長沙鉛印本」，〔註114〕二位學者著錄時間與現傳最早版本刊刻時間相合，故可知文氏《補晉志》初刻時間乃在其逝世後五年無誤。然則私下成書雖早，流傳後世卻甚晚矣。依據上述推論，可繪製文氏《補晉志》之撰稿歷程如下：

時　間	階　段
光緒六年二十五歲	《補晉書藝文志》初稿完成。
光緒十八年三十七歲	進行《補晉書藝文志》之修改而成定本。
宣統元年	初印本問世。

　　文氏《補晉志》尚有其他刊本：

　　　民國間鉛印《歷代經籍志》本。

　　　民國二十五年至二十六年上海開明書店鉛印《二十五史補編》覆宣

　　　統元年湖南鉛印本。〔註115〕

至於現今較新且流傳較廣之版本，則爲北京中華書局依據開明書店本所印行的《二十五史補編》本。根據汪叔子指出：

　　　文氏史著雖有不少稿本未曾刊印，限於篇幅，僅予選錄。《補晉書藝

　　　文志》素爲學界熟悉，但通行《二十五史補編》本頗有錯脫、誤置

　　　之處，故擇其初刊本校訂錄入。〔註116〕

故本論文雖以《二十五史補編》爲底本，然針對文氏《補晉志》部分，仍參酌汪叔子之校訂本相異之處進行論述，以求五家《補晉志》比較研究之完備。

〔註112〕汪叔子撰：〈文廷式年表稿〉，收入《文廷式集》（北京：中華書局，1993年1月），頁1491～1492。

〔註113〕梁啓超撰：《圖書大辭典簿錄之部》，收入《飲冰室專集（六）》（臺北：臺灣中華書局，1972年），頁12。

〔註114〕梁子涵撰：《中國歷代書目總錄》（臺北：中華文化出版事業委員會，1953年3月），頁38。

〔註115〕梁子涵撰：《中國歷代書目總錄》（臺北：中華文化出版事業委員會，1953年3月），頁38。

〔註116〕汪叔子撰：《文廷式集》（北京：中華書局，1993年1月），頁1「編定說明」。

茲著錄文氏《補晉志》之各卷分類如下：

分部	卷 數	類 目
經部	卷一	易類、書類、詩類、禮類、樂類、春秋類、孝經類、論語類、五經類、小學類、經緯類，〔註117〕共 11 類。
史部	卷二、卷三	正史類、編年類、雜史類、霸史類、起居注類、故事類、職官類、儀注類、刑法類、雜傳類、地志類、譜系類、目錄類，共 13 類。
子部	卷四、卷五	儒家類、道家類、墨家類、法家類、名家類、雜家類、兵家類、農家類、縱橫家類、曆算家、天文家類、五行家類、醫家類、神仙家類、釋家類、雜藝家類、小說家類，共 17 類。
集部	卷六	楚辭類、別集類、總集類，共 3 類。

今見文廷式將《補晉書藝文志》分為四部：「經部」、「史部」、「子部」、「集部」，總計共四十四類。其分類大抵依循《隋志》，然釋、道二類則併入「子部」中，略有所別。

第四節　黃逢元生平與著作概述

一、黃逢元生平

黃逢元，字少雲，號木父，將其書齋命名為「怡雲室」，湖南善化人。生於清穆宗同治二年（1863），卒於民國十四年（1925），享年六十三歲。〔註118〕其為光緒二十九年舉人。王重民（1903～1975）指出黃逢元事蹟具見於「黃山所撰傳，及黃兆枚所作墓誌銘」，〔註119〕然僅得黃兆枚之文收入《芥滄館文

〔註117〕文廷式序言指出其〈經部〉有「經緯類」，然未見著錄書目，疑其疏漏，故有目無書。參見〔清〕文廷式撰：《補晉書藝文志》，收入二十五史刊行委員會編：《二十五史補編》第 3 冊（北京：中華書局，1998 年 2 月），頁 3703。

〔註118〕柯愈春指出「逢元號怡雲」，查「怡雲」應為其書齋名，王重民與《清人別集總目》二者則指出字號應為「木父」。上述三處分見柯愈春撰：《清人詩文集總目提要》（北京：北京古籍出版社，2002 年 2 月），頁 1946；王重民撰：〈《補晉書藝文志》書後〉，收入《冷廬文藪》（上海：上海古籍出版社，1992 年 12 月），頁 371；李靈年、楊忠主編：《清人別集總目（下卷）》（合肥：安徽教育出版社，2001 年 7 月），頁 2033。

〔註119〕王重民撰：〈《補晉書藝文志》書後〉，收入《冷廬文藪》（上海：上海古籍出版社，1992 年 12 月），頁 371。

集》並典藏於中研院歷史語言研究所傅斯年圖書館中。今未見黃兆枚〈清廣
西知縣黃君墓誌銘〉之相關研究，故引用並句讀如下：

> 清宣統辛亥後十有五年乙丑冬十月，黃君木父卒逾月，其弟暨所立
> 孫，卜葬長沙南門外十里爛泥衝蓮塘尾乾向之山，其友黃兆枚爲墓
> 之銘。君諱逢元，字少雲，晚號木父，前善化人。曾祖諱光爕，祖
> 諱執修，考諱漢章，妣徐氏。漢章公三子，君居長，次思衍，諸生
> 善畫，前卒，次可度，皆無子，而君配李氏生五男子，駿極、中極、
> 錫極、棟極、肇極，中、棟、肇殤，駿、錫逾冠即沒。錫既娶，無
> 子，立子。君同高祖以下，宗自期至緦皆絕，立高祖之父七世孫，
> 三女子，長許字未嫁而卒，次嫁同縣呂舉人家駒之子延慶君，家故
> 貧。漢章公有軍勞敍官，而不樂以武進汙，隱困約，專用文事程督
> 諸子，諸子果皆能學，而君尤勤。君於書無所不窺，鉤考辨核，抉
> 奧隱，常能獨到。爲文樹骨鐫肌，鑄辭堅實，盡落浮豔，其勝者古
> 如鼎彝而有淵然之光，所著有《怡雲室文集》六卷、《家譜義例》一
> 卷，已刊行。其《補晉書藝文志》、《校註碧山樂府詞》皆手寫，全
> 帙付其門人席閏運，鍰惠來者。君由邑廩生中光緒癸卯鄉試，科舉
> 既罷，疊吏送試禮部，用知縣發廣西。時君縣人新授廣西巡撫沈秉
> 堃方在籍，會君先還長沙，君師孔先生賢君於沈，使往見君，謝曰：
> 「知縣宜謁巡撫，茲非地。」及至廣西，沈果嗛君，故摭逾部限罪
> 相惕，恐藩司收牒。移月，日報部意護君，君留旬月，卒乞病去。
> 蓋君方嚴峭岸唾棄塵鄙，有不可於意，輒發吻刺擊，鋒稜逼人，何
> 能洮忍詭隨外史，況上以私戚福？歸才兩月，國遂變化。沈巡撫棄
> 疊圻率師北指，君念紀綱名分絕滅，憤慨彌深，自是杜門不問世事。
> 時亦賣文，然必審而後許，苟非其人，雖多金不顧也。嘗客江左右、
> 館永州、游日本，爲文章紀述山川，雜以詠歌，充盈篋衍。顧常自
> 疑其詩，謂不足存而傳，蓋知所失得云。君生於同治二年癸亥至於
> 卒，春秋六十有三。銘曰：有疑於今，而信其私。惟重以固，繽不
> 可爐。其人其文，繫古之遺。〔註120〕

黃逢元較爲詳盡之相關資料皆見於此墓誌銘，除其著作另外論述，據此可大

〔註120〕黃兆枚撰：〈清廣西知縣黃君墓誌銘〉，收入《芥滄館文集》卷 3（蔣文德堂
刊本，1934 年），頁 39 上～40 下。

略知其生平數方面事蹟如下：

（一）家族世系

　　黃逢元有八位兒女，然五子中即有三位早觴，二位「逾冠沒」，長子黃駿極雖娶而無子嗣，故立其「高祖之七世孫」為孫，然不知其所屬分支，亦不知其名。茲另見其《怡雲室文集·自序》指出：

> 僕年六十矣，子早沒，擇宗人子立為孫，齒幼材性又魯鈍。篋中駢散諸作，積槀寸厚，未知何託？手自刪訂存七十五首，分六卷，都為一集。〔註121〕

由是可知，黃逢元對其無子嗣之身世有所感嘆，且恐其孫資質駑鈍，未能勝任整理其文稿之重責，故於六十歲時自行刪訂手稿加以印刷。刊行此書約三年後，黃逢元即辭世。

　　茲依據該墓誌銘，可以黃逢元為中心點，上溯其曾祖父，下推至其八位兒女，暫繪製黃氏家族簡表如下：

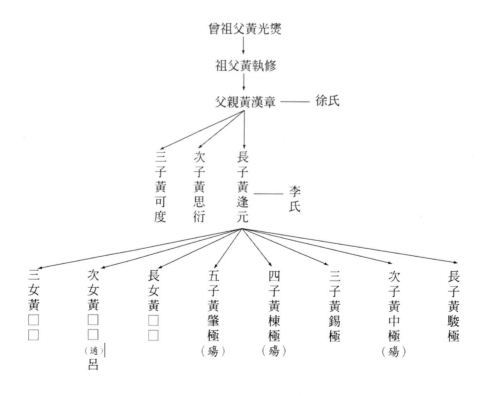

（二）求學應試

其曾擔任「邑廩生」，後中光緒二十九年（1903）之鄉試，其時黃逢元業已三十一歲。

（三）政治生涯

後被朝廷派遣擔任廣西知縣，然在任職期間，無意間觸犯廣西巡撫沈秉堃，故被其構陷。黃逢元自此對宦海頗有憤慨之意，故辭官而去。於退隱生涯中，時時出遊，其旅遊之地甚至遠及海外日本，並撰寫文章而販賣以度日。黃兆枚為其撰寫的墓誌銘，對其推崇有加，以為其文章與個性頗得古人風采，此亦為仕途較未能盡如己意的原因之一。

二、黃逢元所撰與《晉書》相關著作

黃逢元著述甚少，根據黃兆枚〈清廣西知縣黃君墓誌銘〉可知有《怡雲室文集》六卷、《家譜義例》一卷、《補晉書藝文志》四卷、《校註碧山樂府詞》等四部書，另查《清人別集總目》可知尚有其他著作：

《怡雲室聯語》2 卷

　　版本待考（湘圖）

《怡雲室文集》6 卷

　　民國 12 年長沙湘鄂印刷局鉛印本（南圖、湘圖、北師大、天津師大、
　　湖南師大、臺灣史語）

　　按：南圖、湘圖、北師大藏本附黃思衍撰《湘衡館遺稿》2 卷。〔註122〕

是以本論文僅見其《補晉書藝文志》與《怡雲室文集》，至於《怡雲室聯語》典藏於「湘圖」，亦即大陸湖南省圖書館，故未見該書。由此可知，黃逢元之著作與《晉書》相關者僅一部《補晉書藝文志》。

（一）《補晉書藝文志》

黃逢元自撰序例未著錄撰稿時間，今見梁子涵《中國歷代書目總錄》指出「民國十五年（1926）東安惜闓運悟廬鉛印本」，〔註123〕與現傳最早版本刊

〔註122〕李靈年、楊忠主編：《清人別集總目（下卷）》（合肥：安徽教育出版社，2001
　　　　年 7 月），頁 2033。

〔註123〕根據黃兆枚〈清廣西知縣黃君墓誌銘〉指出其門人為「席闓運」，則梁子涵著
　　　　錄為「惜闓運」恐有謬誤。上述二處分見黃兆枚撰：〈清廣西知縣黃君墓誌銘〉，
　　　　收入《芥滄館文集》卷 3（蔣文德堂刊本，1934 年），頁 39 下；梁子涵撰：《中

刻時間相合，可知初刻時間爲該年無誤。黃氏《補晉志》尚有其他刊本：

> 民國二十五年至二十六年上海開明書店鉛印《二十五史補編》覆長
> 沙鉛印本。〔註124〕

至於現今較新且流傳較廣之版本，則爲北京中華書局依據開明書店本所印行
的《二十五史補編》本。茲著錄其各卷分類如下：

分　部	卷數	類　　目
甲部經錄	卷一	易、尚書、詩、禮、樂、春秋、孝經、論語、經解、小學，共10類。
乙部史錄	卷二	正史、編年、雜史、僞史、起居注、舊事、職官、儀注、刑法、雜傳、地理、譜系、簿錄，共13類。
丙部子錄	卷三	儒家、道家、法家、墨家、從橫家、雜家、農家、小說家、兵書、天文、曆數、五行、醫方、雜藝術，共14類。
丁部集錄	卷四	楚辭類、別集類、總集類，共3類。

今見黃逢元將《補晉書藝文志》分爲四部：「甲部經錄」、「乙部史錄」、
「丙部子錄」、「丁部集錄」，總計共四十類。據其〈序例〉可知，其類目大
抵依循《隋志》，至於細目較爲失當者，則另參考《漢志》、《兩唐志》、《四
庫全書總目》。

第五節　秦榮光生平與著作概述

一、秦榮光生平

秦榮光，初名載瞻，字炳如，號月汀，江蘇上海人。爲宋朝龍圖閣直學
士秦觀之後。生於清宣宗道光二十一年（1841），卒於清德宗光緒三十年
（1904），享年六十四歲。其生平事蹟俱載於其子秦錫田（1861～1940）所撰
《顯考溫毅府君年譜》中，故可得知其較爲清晰的經歷。該年譜並非每一年
皆有詳盡的著錄，如：第一條爲「府君生」，第二條爲「府君年七歲」，第三
條則爲「府君年九歲」，各繫年之下相距年限有長達六年者，短則相距兩年，
然仍可自其中獲悉秦榮光之重要相關資料。

國歷代書目總錄》（臺北：中華文化出版事業委員會，1953年3月），頁38。

〔註124〕梁子涵撰：《中國歷代書目總錄》（臺北：中華文化出版事業委員會，1953年
3月），頁38。

（一）家族世系

1. 先　世

根據《顯考溫毅府君年譜・道光二十一年辛丑六月十七日府君生》處著錄：

> 府君氏秦諱榮光，……宋龍圖閣直學士謚文憲少游（1049～1100）
> 公諱觀二十五世孫。文憲公五世孫節齋公諱知柔，宋末渡江，卜居
> 滬瀆，一傳微甫公諱良顯，元至順初遷牐港。八傳諱鉞贊，居陳行。
> 又七傳見心公諱益衍，太學生，是為府君之高祖。曾祖羽卿公諱夢
> 鶴，府庠增廣生。祖贊堂公諱廷燮，補佾，早卒。考蓼園公諱誦莪，
> 太學生，贈奉政大夫。蓼園公方嚴正直，望重鄉里，府君生時，公
> 年三十有八矣。〔註125〕

可知其為宋朝知名文人秦觀之後。就這段文字可知，其先祖大抵擔任官職，或在鄉里之間有名望，為大家所敬重。另查《顯考溫毅府君年譜》，「（咸豐）五年乙卯　府君年十五歲」一處：

> 外祖父南匯張惠箊先生諱兆熙，碩德博學，鄉里推大師，聞府君慧，
> 字以季女。〔註126〕

可知秦榮光年幼時便聰慧且具才華，方可得博學之張惠箊賞賜。

2. 子　孫

自咸豐八年，秦榮光便與張氏結為連理。然今見該年譜著錄晚輩資料甚少，蓋由其長子秦錫田（1861～1940）所編，以記載秦榮光事蹟為主，故對於子孫之出生繫年的紀錄甚寡，亦較為粗略。

僅可於於年譜「（光緒）九年癸末　府君四十三歲」一處可知：「次男錫圭（1864～1924）補縣學生員」，〔註127〕於「（光緒）十九年癸巳府君年五十三歲」可知：「九月錫田與錫圭同舉於鄉」，〔註128〕「（光緒）二十九年癸

〔註125〕秦錫田編：《顯考溫毅府君年譜》，收入北京圖書館編：《北京圖書館藏珍本年譜叢刊》第 176 冊（北京：北京圖書館出版社，1999 年 4 月），頁 229。

〔註126〕秦錫田編：《顯考溫毅府君年譜》，收入北京圖書館編：《北京圖書館藏珍本年譜叢刊》第 176 冊（北京：北京圖書館出版社，1999 年 4 月），頁 231。

〔註127〕秦錫田編：《顯考溫毅府君年譜》，收入北京圖書館編：《北京圖書館藏珍本年譜叢刊》第 176 冊（北京：北京圖書館出版社，1999 年 4 月），頁 238。

〔註128〕秦錫田編：《顯考溫毅府君年譜》，收入北京圖書館編：《北京圖書館藏珍本年譜叢刊》第 176 冊（北京：北京圖書館出版社，1999 年 4 月），頁 246。

卯府君年六十三歲」一處可得：「正月改良三林學科，遣三男錫芝偕周佑初君岐鳳、孔志訢君祥里游學東瀛」，〔註 129〕由是可知，秦榮光三子大抵皆有所長，於科舉應試有成，亦能協助鄉里私塾之事務，並至海外日本進行學術的考察與研究。秦榮光另有四子，於年譜「（光緒）二十一年乙未府君年五十五歲」可知：

> 七月四弟錫芷卒，錫芷性狷介，經史詞章均窺門徑，屢試不售，鬱鬱成病，竟以皷沒。府君傷之，爲裒遺稿，錄藏副本，將俟孤孫之衜長綬焉。〔註 130〕

可知其四男爲秦錫芷，雖科舉屢試不第而抑鬱早逝，然留有一子秦之衜。除此之外，於年譜「（光緒）三十年甲辰 府君年六十四歲」一處指出「三月錫田長男之望補縣學生員，府君由郡城」，〔註 131〕可知其長孫爲秦之望，亦有所成。

　　由是可知，自《顯考溫毅府君年譜》僅可見其晚輩子孫少部分事蹟，至於其子嗣之出生年月日、婚嫁時間與對象等等細節，則未能如吳士鑑、文廷式等人之年譜詳盡。除此之外，僅能就年譜零星記錄推測有四子，然其著錄未必詳盡，如：是否尚有其他兒女然早殤者、婚嫁等等之相關資料，此爲該年譜美中不足之缺憾。

　　3. 世系表

　　雖秦錫田編纂的《顯考溫毅府君年譜》未能詳備，然就其部分紀錄，再根據前文統整之「先世」與「子孫」兩部分，可以秦榮光爲中心點，上推遠其宋朝祖先秦少游，下溯其四子與兩位孫子。至於其四子之婚嫁對象未能得知，故缺而未著錄。繪製秦氏世系簡表大要如下：

〔註 129〕秦錫田編：《顯考溫毅府君年譜》，收入北京圖書館編：《北京圖書館藏珍本年譜叢刊》第 176 冊（北京：北京圖書館出版社，1999 年 4 月），頁 257。

〔註 130〕秦錫田編：《顯考溫毅府君年譜》，收入北京圖書館編：《北京圖書館藏珍本年譜叢刊》第 176 冊（北京：北京圖書館出版社，1999 年 4 月），頁 248。

〔註 131〕秦錫田編：《顯考溫毅府君年譜》，收入北京圖書館編：《北京圖書館藏珍本年譜叢刊》第 176 冊（北京：北京圖書館出版社，1999 年 4 月），頁 258。

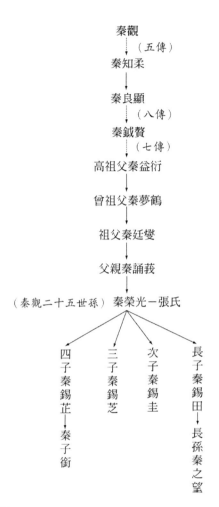

秦觀
｜（五傳）
秦知柔
｜
秦良顯
｜（八傳）
秦鉞贄
｜（七傳）
高祖父秦益衍
｜
曾祖父秦夢鶴
｜
祖父秦廷變
｜
父親秦誦莪
｜
（秦觀二十五世孫）　秦榮光－張氏

四子秦錫芷－秦子銜　　三子秦錫芝　　次子秦錫圭　　長子秦錫田－長孫秦之望

（二）求學應試

　　秦榮光年方七歲，其父親秦頌莪便延請其兄弟「牖港宗老欽賜副貢六皆先生諱大椿」至家中授課，〔註132〕三年後則交由秦頌莪親自教學：

　　　　（道光）三十年庚戌　府君年十歲　六皆先生辭館歸，蓼園公親督府
　　　　君讀，公幼失怙，棄學過早，居恆輒自憾。府君聞之稔慨然，屬志
　　　　讀書，公見府君慧，期望益切。〔註133〕

可知秦頌莪對秦榮光的期望甚高，也促使他在求學過程中更加嚴謹。

〔註132〕秦錫田編：《顯考溫毅府君年譜》，收入北京圖書館編：《北京圖書館藏珍本年
　　　　譜叢刊》第176冊（北京：北京圖書館出版社，1999年4月），頁230。
〔註133〕秦錫田編：《顯考溫毅府君年譜》，收入北京圖書館編：《北京圖書館藏珍本年
　　　　譜叢刊》第176冊（北京：北京圖書館出版社，1999年4月），頁230。

秦頌莪更於咸豐年間延聘孫先生爲其授課：

> （咸豐）三年癸丑 府君年十三歲 府君初學作文，蓼園公延同邑孫
> 古香先生諱海教之。先生雅重府君，時出舊稿相商榷，府君指其疵
> 輒中肯，先生許以遠大。〔註134〕

可知秦榮光求學過程除受秦頌莪對其寄予厚望之外，其師長亦對其有深遠的
期盼，並以爲秦榮光未來應有不凡之成就。

自其求學歷程可知，秦榮光之資質聰慧，其所接受之教育亦對其影響深
遠。他十七歲開始參與科舉應試，大抵皆有不錯之成果，茲製表以略舉其間
重要事項如下：

時　間	應　試
（咸豐）七年丁巳 府君年十七歲	四月府君補縣學生員……府君試並前列。〔註135〕
（同治）八年己巳 府君年二十九歲	十一月學使童薇硯先生華科試府君一等，補增廣生。〔註136〕
（同治）十二年癸酉 府君年三十三歲	……學使彭味之先生久餘科試府君一等二名，補廩膳生。〔註137〕
（同治）十三年甲戌 府君年三十四歲	四月學使林錫三先生天齡歲試府君一等一名。〔註138〕
（光緒）九年癸未 府君年四十三歲	四月黃學使歲試府君一等。〔註139〕
（光緒）十三年丁亥 府君年四十七歲	學使王益吾先謙先生科試府君一等。〔註140〕

〔註134〕秦錫田編：《顯考溫毅府君年譜》，收入北京圖書館編：《北京圖書館藏珍本年
　　　　譜叢刊》第176冊（北京：北京圖書館出版社，1999年4月），頁230～231。
〔註135〕秦錫田編：《顯考溫毅府君年譜》，收入北京圖書館編：《北京圖書館藏珍本年
　　　　譜叢刊》第176冊（北京：北京圖書館出版社，1999年4月），頁231。
〔註136〕秦錫田編：《顯考溫毅府君年譜》，收入北京圖書館編：《北京圖書館藏珍本年
　　　　譜叢刊》第176冊（北京：北京圖書館出版社，1999年4月），頁235。
〔註137〕秦錫田編：《顯考溫毅府君年譜》，收入北京圖書館編：《北京圖書館藏珍本年
　　　　譜叢刊》第176冊（北京：北京圖書館出版社，1999年4月），頁235～236。
〔註138〕秦錫田編：《顯考溫毅府君年譜》，收入北京圖書館編：《北京圖書館藏珍本年
　　　　譜叢刊》第176冊（北京：北京圖書館出版社，1999年4月），頁236。
〔註139〕秦錫田編：《顯考溫毅府君年譜》，收入北京圖書館編：《北京圖書館藏珍本年
　　　　譜叢刊》第176冊（北京：北京圖書館出版社，1999年4月），頁238。
〔註140〕秦錫田編：《顯考溫毅府君年譜》，收入北京圖書館編：《北京圖書館藏珍本年
　　　　譜叢刊》第176冊（北京：北京圖書館出版社，1999年4月），頁240。

　　由該表之統整，可見秦榮光科舉應試尚有一定的成果。另據「（光緒）七年辛巳府君年四十一歲」之處，可知時人對其文筆之讚賞與推崇：

　　　　府君年二十歲以後，氾濫詞章之學，爲時文必溯源於成、宏、正、
　　　　嘉，故聲希味淡，試輒不利。後雖稍貶其格，然仍不屑爲時下墨。
　　　　是年學使黃漱蘭先生體芳科試得府君文，特賞異之，以爲汪洋恣肆，
　　　　深得龍門遺緒。〔註141〕

其愛好文學之跡象可見一斑，然爲文之風格與科舉所需體式較不相合，故即便在應試過程略有小成，然未能似文廷式入朝廷爲當局者所重視。

（三）政治生涯

　　自其求學應試過程裡頭可知，秦榮光頂多擔任過「補增廣生」、「補廩膳生」等。今見年譜中另有著錄一條：

　　　　（光緒）三年丁丑　府君年三十七歲　邑令莫侯善徵祥芝編造保甲，
　　　　舉府君爲東二十一保社長。府君嚴查匪類，凡煙館、賭徒、蟻媒、
　　　　土棍，扣給門牌，另造名冊送縣。〔註142〕

此保甲一職，並非官職，僅爲地方上義務性的要職。但自此可知秦榮光雖在仕途上不甚順遂，然仍爲地方人士所重，爲其難得之處。

（四）地方公益

　　由於秦榮光仕途不利，故其退居在鄉里間熱心公益，推廣教育，其建立多間義塾。此爲地方人士所傳頌之要點一，亦爲其門人眾多之重要原因。

　　於《顯考溫毅府君年譜》可知秦榮光於其五十歲時，開始投身於地方教育事務：

　　　　府君修緝市西古廟，以爲陳行局辦公之所，并請裴邑令設義塾其中，
　　　　是年正月開塾。〔註143〕

於此期間並「提積穀息給貧民籽重」〔註144〕，展現其體恤民生且關心地方事

〔註141〕秦錫田編：《顯考溫毅府君年譜》，收入北京圖書館編：《北京圖書館藏珍本年
　　　　譜叢刊》第 176 冊（北京：北京圖書館出版社，1999 年 4 月），頁 237。
〔註142〕秦錫田編：《顯考溫毅府君年譜》，收入北京圖書館編：《北京圖書館藏珍本年
　　　　譜叢刊》第 176 冊（北京：北京圖書館出版社，1999 年 4 月），頁 236。
〔註143〕秦錫田編：《顯考溫毅府君年譜》，收入北京圖書館編：《北京圖書館藏珍本年
　　　　譜叢刊》第 176 冊（北京：北京圖書館出版社，1999 年 4 月），頁 243。
〔註144〕秦錫田編：《顯考溫毅府君年譜》，收入北京圖書館編：《北京圖書館藏珍本年
　　　　譜叢刊》第 176 冊（北京：北京圖書館出版社，1999 年 4 月），頁 243。

務之熱忱。除此陳行義塾之外，秦榮光深覺地方教育之積弱，僅設一間義塾，不足以培育廣大鄉民，故其陸續建立數間學校，以求教育普及化，並可間接協助有心向學然家境貧困之學子，除此之外，亦能教化鄉里間頑劣子弟，以促使地方風氣歸爲良善純樸。

茲根據該年譜略舉其建設之數間義塾與成立過程，並繪製表格如下：

義 塾	時 間	事 務
陳行義塾	（光緒）十六年庚寅 府君年五十歲	正月開塾。〔註145〕
	（光緒）二十八年壬寅 府君年六十二歲	陳行義塾改爲初等小學。〔註146〕
三林義塾	（光緒）二十一年乙未 府君年五十五歲	湯蘊齋姻丈學釗、周景溪姑丈希濂各倡捐田五十畝議爲浦東建立書院，府君亦捐田十餘畝，各善姓助之集田二百餘畝。府君稟准道縣，就三林塘文昌閣設三林書院，並設三林義塾。〔註147〕
	（光緒）二十二年丙申 府君年五十六歲	正月請黃邑令甄別三林書院，并開義塾。〔註148〕
	（光緒）二十八年壬寅 府君年六十二歲	正月三林學堂開校，移三林義塾於西昌庵，改爲初等小學。〔註149〕
長壽義塾 排馬義塾 射獵義塾 興福義塾	（光緒）二十四年戊戌 府君年五十八歲	吾鄉義塾止陳行、三林兩處，貧寒子弟不能讀書，府君憫焉。是年籌撥書院餘款，就長壽宗祠及排馬廟、射獵廟、興福庵、韋馱殿餘屋添設五塾。手定塾規，按月考校，以記塾師之勤惰而懲勸焉。〔註150〕

〔註145〕秦錫田編：《顯考溫毅府君年譜》，收入北京圖書館編：《北京圖書館藏珍本年譜叢刊》第176冊（北京：北京圖書館出版社，1999年4月），頁243。
〔註146〕秦錫田編：《顯考溫毅府君年譜》，收入北京圖書館編：《北京圖書館藏珍本年譜叢刊》第176冊（北京：北京圖書館出版社，1999年4月），頁256。
〔註147〕秦錫田編：《顯考溫毅府君年譜》，收入北京圖書館編：《北京圖書館藏珍本年譜叢刊》第176冊（北京：北京圖書館出版社，1999年4月），頁248。
〔註148〕秦錫田編：《顯考溫毅府君年譜》，收入北京圖書館編：《北京圖書館藏珍本年譜叢刊》第176冊（北京：北京圖書館出版社，1999年4月），頁248。
〔註149〕秦錫田編：《顯考溫毅府君年譜》，收入北京圖書館編：《北京圖書館藏珍本年譜叢刊》第176冊（北京：北京圖書館出版社，1999年4月），頁256。
〔註150〕秦錫田編：《顯考溫毅府君年譜》，收入北京圖書館編：《北京圖書館藏珍本年

韋馱義塾	（光緒）二十八年壬寅府君年六十二歲	長壽義塾改爲初等小學。〔註151〕
彙善義塾	（光緒）二十九年癸卯府君年六十三歲	是年倩胡雲翹君祖德建樓於鎮西古廟後，爲各項公益辦公之所，名曰「彙善堂」。〔註152〕
觀濤義塾	（光緒）三十年甲辰府君年六十四歲	五月府君赴魯匯議，改觀濤書院爲學堂。〔註153〕

觀此可知，秦榮光爲地方教育不遺餘力，其所培育之人才亦甚多，故其逝世之後，其門人私諡其爲「溫毅」。蓋推崇其教化百姓甚多，且奉獻財力、物力於鄉里之間，故有其諡號。

另見秦錫田指出：

> 府君……尤長教育，講學四十餘年……吾鄉通達古今之才，多出府君門下。〔註154〕

可知秦榮光耗費在教育的時間甚長，其鄉里人士更於其逝世之後特鑄金像立於彙善堂之西，足見其於當地爲人所敬重之程度甚爲深遠。

（五）交友概況

秦榮光曾與許穎叔、呂芝山等人相唱和，更於鄉試時與火龍章、邢樹棠、張亮等人結伴赴考，推測應皆爲求學階段相識之友人。此外，雖其於仕途中不甚順遂，然期間仍有被主考官或地方官所看重。

之後秦榮光投入鄉里教育建設事務，故結交之士亦多爲與其興趣相合者。如：劉元楷、藍逢吉、孔祥百、朱繩武、袁樹勛諸人，皆爲其熱衷培育

譜叢刊》第 176 冊（北京：北京圖書館出版社，1999 年 4 月），頁 251。

〔註151〕秦錫田編：《顯考溫毅府君年譜》，收入北京圖書館編：《北京圖書館藏珍本年譜叢刊》第 176 冊（北京：北京圖書館出版社，1999 年 4 月），頁256。

〔註152〕秦錫田編：《顯考溫毅府君年譜》，收入北京圖書館編：《北京圖書館藏珍本年譜叢刊》第 176 冊（北京：北京圖書館出版社，1999 年 4 月），頁257～258。

〔註153〕秦錫田編：《顯考溫毅府君年譜》，收入北京圖書館編：《北京圖書館藏珍本年譜叢刊》第 176 冊（北京：北京圖書館出版社，1999 年 4 月），頁258。

〔註154〕秦錫田編：《顯考溫毅府君年譜》，收入北京圖書館編：《北京圖書館藏珍本年譜叢刊》第 176 冊（北京：北京圖書館出版社，1994 年 4 月），頁258。

人才四十餘年間所結交之益友與合作教育學子之同好。

二、秦榮光所撰與《晉書》相關著作

今查秦榮光撰有：《陳行秦氏支譜》一卷、《家傳》一卷、《上海縣志札記》、《梓鄉文獻》、《梓鄉雜錄》、自述詩三十二首、《上海竹枝詞》七百首、新樂府一百章、《陳行竹枝詞》八十首、《淮海先芬詠》一卷等著作。此外，尚有《養眞堂文鈔》、《養眞堂詩鈔》、《補晉書藝文志》、《補晉書水利志》、《補晉書學校志》等。然今現存者，僅有《補晉書藝文志》四卷、《上海縣竹枝詞》一冊、《養眞堂文鈔》不分卷、《養眞堂詩鈔》二卷，餘皆未見。然其《文鈔》、《詩鈔》未著錄於年譜中，且刊行於民國初年，於秦榮光卒後，或爲其子與門人將其著作收錄於此。今《文鈔》、《詩鈔》藏於北京中國國家圖書館，未得見其書目，亦無由得知其內容概況。由此觀之，秦榮光所撰與《晉書》相關者，有補《晉書》藝文、水利、學校等三志，然後二者未見傳本，故僅就其《補晉書藝文志》略加說明。

（一）《補晉書藝文志》

根據《顯考溫毅府君年譜》記載：

> （光緒）十三年丁亥 府君年四十七歲 府君撰補《晉書》藝文、水
> 利、學校三志。〔註155〕

然見秦錫田又於《補晉書藝文志・凡例》指出相異之撰稿時間：

> 本志先君子屬稿於清光緒丙戌（案：光緒十二年），歷二年始脫稿。
>
> 〔註156〕

推測該書應於光緒十二年（1886）即開始撰寫，〔註157〕直至光緒十四年（1888）始定稿。至於年譜著錄該書撰寫的時間，則應爲未詳起迄，故記載有所差異。此外，其凡例亦提及重新整理定稿待付印之時間爲民國四年（1915）六月。今查詢中國國家圖書館資料庫網站，可知最早版本爲民國四

〔註155〕秦錫田編：《顯考溫毅府君年譜》，收入北京圖書館編：《北京圖書館藏珍本年譜叢刊》第 176 冊（北京：北京圖書館出版社，1999 年 4 月），頁 240。

〔註156〕秦錫田編：《補晉書藝文志・凡例》，收入二十五史刊行委員會編：《二十五史補編》第 3 冊（北京：中華書局，1998 年 2 月），頁 3797。

〔註157〕王重民指出秦氏《補晉志》於「光緒十三年」開始撰寫，其著錄時間有誤。參見王重民撰：《《補晉書藝文志》》，收入《冷廬文藪》（上海：上海古籍出版社，1992 年 12 月），頁 374。

年之「手抄本」，〔註158〕然則此時尚未刊印，故梁子涵指出民國四年之版本為「鉛印本」，〔註159〕恐略有謬誤。秦氏《補晉志》尚有其他版本：

民國十九年（1930）上海秦之衛鉛印本。

民國二十五年至二十六年上海開明書店鉛印《二十五史補編》覆民國十九年鉛印本。〔註160〕

由是可知，民國十九年之版本，方為初刊本，故王重民於民國二十一年（1932）五月撰寫〈《補晉書藝文志》〉時指出：

按補《晉書藝文志》者，有丁國鈞、文廷式、吳士鑑、黃逢元及秦氏，共五家，以秦書為最早，而流傳於世反最後。〔註161〕

手抄本或許僅有秦氏家藏本一部，直至民國十九年方能廣為流傳，因此王重民才有此感慨。依據上述推論，可繪製秦氏《補晉志》之撰稿歷程如下：

時　　間	階　　　　段
光緒十二年四十六歲	開始撰寫《補晉書藝文志》。
光緒十四年四十八歲	《補晉書藝文志》完稿。
民國四年	僅見《補晉書藝文志》手抄本。
民國十九年	《補晉書藝文志》初印本問世。

至於現今較新且流傳較廣之版本，則為北京中華書局依據開明書店本所印行的《二十五史補編》本。茲著錄其各卷分類如下：

分部	卷數	類　　　　目
經部	卷一	易類、書類、詩類、禮類、春秋類、孝經類、五經總義類、論語類、樂類、小學類，共 10 類。
史部	卷二	正史類、編年類、別史類、雜史類、詔令奏議類、傳記類、史鈔類、載記類、時令類、地理類、職官類、政書類、目錄類、史評類，共 14 類。

〔註158〕中國國家圖書館・中國國家數字圖書館：http://www.nlc.gov.cn/service/yuedu.htm。

〔註159〕梁子涵撰：《中國歷代書目總錄》（臺北：中華文化出版事業委員會，1953 年 3 月），頁 39。

〔註160〕梁子涵撰：《中國歷代書目總錄》（臺北：中華文化出版事業委員會，1953 年 3 月），頁 39。

〔註161〕王重民撰：〈《補晉書藝文志》〉，收入《冷廬文藪》（上海：上海古籍出版社，1992 年 12 月），頁 374。

子部	卷三	儒家類、兵家類、法家類、醫家類、天文算法類、術數類、藝術類、譜錄類、雜家類、類書類、小說家、釋家類、道家類，共 13 類。
集部	卷四	楚辭類、別集類、總集類，共 3 類。
附錄	卷四	石刻類，共 1 類。

今見秦榮光將《補晉書藝文志》分為四部：「經部」、「史部」、「子部」、「集部」，並於四部之外附錄「石刻類」，為其他四家《補晉志》所無，頗具文獻價值，總計共四十一類。至於其細部分類之先後次序，據其凡例可知大抵則依照《四庫全書提要》，各書著錄援引之處必加以註記，且其著錄之書目為五家《補晉志》中最多者。

第四章 五家《補晉書藝文志》分類比較研究

漢代劉歆《七略》即是首部對古代圖書進行分類的重要典籍，其名為「七」，實則為「六分法」。班固《漢志》則援引其法，將漢朝可見之圖書歸類為〈六藝略〉、〈諸子略〉、〈詩賦略〉、〈兵書略〉、〈數術略〉、〈方技略〉等六大類，其後劉宋王儉《七志》則進一步將圖書分類為〈經典志〉、〈諸子志〉、〈文翰志〉、〈軍書志〉、〈陰陽志〉、〈術藝志〉、〈圖譜志〉、附〈道經〉、附〈佛經〉，名雖為「七」，實則為九分法；至於梁朝阮孝緒《七錄》則有〈經典錄〉、〈紀傳錄〉、〈子兵錄〉、〈文集錄〉、〈術伎錄〉、〈佛法錄〉、〈仙道錄〉等類別，恰好為七分法。在《隋志》以前，則有晉朝荀勖編纂《中經新簿》，將圖書歸類為：甲、乙、丙、丁等四部，其內容順序則為「經」、「子」、「史」、「集」；另東晉李充《晉元帝書目》則將乙部圖書更動為史書，子書則置後為丙部。《隋志》在前人的基礎上進行編纂史志目錄，自然較為成熟完備，故有今日所見之「經」、「史」、「子」、「集」等四部分類方式。

至於《晉書》雖原無藝文志，在清朝丁國鈞、吳士鑑、文廷式、黃逢元、秦榮光等五位學者之補撰之下，而使今人大略可知晉朝所存之文獻。然此五位學者對於晉朝文獻進行歸類之方式不一，故有必要對其進行分析與比較。唐朝所編纂的正史裡頭，僅《隋書》對通代文獻進行目錄的撰寫，餘皆未見。《隋志》原名《五代史志》，其修纂時間據中華書局出版說明可知：

> 公元六二一年（唐武德四年），令狐德棻建議修梁、陳、北齊、北周、

隋等各朝史。次年，唐朝廷命史臣著手編撰，但歷時數年，沒有成書。六二九年（貞觀三年），重修五朝史，由魏徵「總知其務」，並主編《隋書》。參加《隋書》編修的還有顏師古、孔穎達、許敬宗等人。六三六年（貞觀十年），《隋書》的帝紀、列傳和其他四朝史同時完成，合稱「五代史」。〔註1〕

今據楊果霖教授《新舊唐書藝文志研究》攷證得知，《五代史》「修成於貞觀十年」，然是否爲《五代史志》之撰成年代，仍須存疑。〔註2〕至於《晉書》的編纂時間，則在《隋書》之後：

> 《晉書》的修撰，從貞觀二十年（公元六四六年）開始，二十二年（公元六四八年）成書，歷時不到三年。參加編寫的前後二十一人，其中房玄齡、褚遂良、許敬宗三人爲監修，其餘十八人是令狐德棻、敬播、來濟、陸元仕、劉子翼、盧承基、李淳風、李義府、薛元超、上官儀、崔行功、辛丘馭、劉胤之、楊仁卿、李延壽、張文恭、李安期和李懷儼。〔註3〕

由此可知，《隋書》與《晉書》編纂的時間相近，僅差距十餘年左右，參與修史的官員亦有相同者，且《隋志》爲通代史志，故清朝五位學者於編纂《補晉志》時，大抵取材於此。是以《晉書》雖無藝文志之編寫，然可就《隋志》之分類體系爲依歸進行補志的典範，故丁國均、吳士鑑、文廷式、黃逢元、秦榮光等人就此而對晉朝文獻的目錄分類有所增補，然五位學者對於晉朝圖書分類的觀點不同，故未必完全依循《隋志》的分類進行補志的編纂工作。

丁氏《補晉志》於其「例略」中指出：

> 四部分目，權輿《中經》，唐修《隋志》，變通益善。後賢譏彈雖多，莫能外也。《晉書》之成與《隋書》相先後，故斯志軌徹一準《隋志》，伐柯取則，無事求遠，劉《略》、班《志》非所敢知。〔註4〕

可知丁國鈞以《隋志》爲準則進行《補晉書藝文志》的編纂。吳士鑑則在蒐

〔註1〕 中華書局編輯部撰：《隋書》（北京：中華書局，2006年3月），頁1「出版說明」。

〔註2〕 楊果霖撰：《新舊唐書藝文志研究》，收入潘美月、杜潔祥主編：《古典文獻研究輯刊・初編》第14冊（臺北：花木蘭文化出版社，2005年12月），頁79～81。

〔註3〕 中華書局編輯部撰：《晉書》（北京：中華書局，2006年3月），頁1「出版說明」。

〔註4〕 丁國鈞撰：《補晉書藝文志・例略》，收入二十五史刊行委員會編：《二十五史補編》第3冊（北京：中華書局，1998年2月），頁3653。

羅《隋志》之餘，更采「《晉中經簿》、《義熙錄》」等資料作參考。〔註5〕另外，
據汪叔子指出：

> 據原「萍鄉文氏思簡樓藏」「宣統紀元己酉長沙印本」。《補晉書藝文
> 志》撰時，據《擬匯刻歷代史志凡例》（見下錄）內文氏自述，謂「典
> 午一朝，文學彌盛。昔嘗纂錄《隋志》及群書所引書名可考者，凡
> 一千餘種」，〔註6〕可以補《晉藝文志》之闕云云。《凡例》作于光
> 緒七年秋間，則知此《補晉書藝文志》纂錄當在此前。〔註7〕

據此可推測，文氏《補晉志》編纂之時，當以《隋志》為準則；且另觀其內
文之分類，與丁、吳二者大至雷同，可知其取法於《隋志》無疑。觀黃逢元
《補晉書藝文志》之「序例」，可知其編纂過程更為嚴謹：

> 本志大略固依《隋志》，其中部目卷次、篇第甲乙，《隋志》有未安
> 者，則援班《志》出入劉《略》之例，輔以《兩唐志》通其變，又
> 參以宋明諸家及國朝《四庫目》濟其窮。小有所異，大無不同，則
> 古尊王，勿敢創制。〔註8〕

其所依循之分類方式，增加《漢書・藝文志》、《七略》、《兩唐志》、《四庫全
書總目》，雖較為嚴謹，然相對地則與《隋志》略有所別。至於秦榮光對於晉
朝古籍的書目分類方式則與前四位學者大相逕庭，見其「凡例」第六條指出
「部類先後悉依《四庫全書提要》」，〔註9〕雖此體例亦為四分法，然其細部分
類則與《隋志》有極大之差異。

　　就此五家《補晉志》之凡例與內容，可知其分類大抵以《隋志》為依歸，
僅少部分略有所別。除此之外，將圖書歸類時，也會因學者們對於該古籍的
界定不同，而有歸類之差異性；另在編纂書目時，又易發生重出複見的情況。
凡此五家《補晉志》分類相異且出入之處，皆為本章所欲深入探討的地方。

〔註5〕吳承志撰：《補晉書經籍志・序》，收入二十五史刊行委員會編：《二十五史補
　　　編》第3冊（北京：中華書局，1998年2月），頁3851。

〔註6〕〔清〕文廷式撰：〈擬匯刻歷代史志凡例〉，收入汪叔子編：《文廷式集》卷5
　　　（北京：中華書局，1993年1月），頁562。

〔註7〕汪叔子編：《文廷式集》卷4（北京：中華書局，1993年1月），頁278。

〔註8〕黃逢元撰：《補晉書藝文志・序例》，收入二十五史刊行委員會編：《二十五史
　　　補編》第3冊（北京：中華書局，1998年2月），頁3895。

〔註9〕〔清〕秦榮光撰：《補晉書藝文志・凡例》，收入二十五史刊行委員會編：《二
　　　十五史補編》第3冊（北京：中華書局，1998年2月），頁3797。

第一節　經部分類之比較

　　經者，恆久之至道，因此古人尊崇經書，將其視爲個人、家庭、社會、國家之規桌與準則。自中國有目錄以來，經書皆在各類之首。如：劉歆《七略》與班固《漢志》皆將其置於六類之首，謂之爲「六藝略」；至於荀勗《中經新簿》與李充《晉元帝四部書目》則一致將經書列爲四部之首，謂之爲「甲部」；王儉《七志》將其置於九類之首，謂之爲「經典志」；阮孝緒《七錄》將其置於七類之首，謂之爲「經典錄」；《隋志》則開始謂之爲「經部」。由此可知，經書頗受歷代學者之重視，故理應置於各部之前。丁國鈞等五位學者亦依循前人之例，將經書視爲古籍之冠。茲見《隋書》與《晉書》編纂年限相近，故僅就《隋志》與五家《補晉志》繪製一表格，以明晰其中差異：

《隋志》經　部	丁　本甲部經錄	吳　本甲部經錄	文　本經　部	黃　本甲部經錄	秦　本經　部
1 易	1 易類	1 易類	1 易類	1 易	1 易類
2 書	2 書類	2 書類	2 書類	2 尚書	2 書類
3 詩	3 詩類	3 詩類	3 詩類	3 詩	3 詩類
4 禮	4 禮類	4 禮類	4 禮類	4 禮	4 禮類
5 樂	5 樂類	5 樂類	5 樂類	5 樂	9 樂類
6 春秋	6 春秋類	6 春秋類	6 春秋類	6 春秋	5 春秋類
7 孝經	7 孝經類	7 孝經類	7 孝經類	7 孝經	6 孝經類
8 論語附爾雅、五經總義	8 論語類附爾雅、五經總義	8 論語類	8 論語類	8 論語	8 論語類附孟子
		10 小學類（爾雅）	10 小學類（爾雅）	10 小學（爾雅）	10 小學類（爾雅）
		9 經解類	9 五經類	9 經解	7 五經總義類
9 讖緯	9 讖緯類		（11 經緯類）		
10 小學	10 小學類	10 小學類	10 小學類	10 小學	10 小學類

一、經部類目的差異

（一）「經部」名稱之異同

　　《隋志》繼承荀勗《中經新簿》、李充《晉元帝書目》之四部分類方式，但將「甲部」名稱更改爲「經部」。今見文、秦二家《補晉志》皆依循《隋志》，

然見丁、吳、黃三家《補晉志》皆著錄為「甲部經錄」，〔註10〕推溯其源，可知《舊唐志》取材《古今書錄》，合併荀勖、李充二書目與《隋志》之名稱，故得「甲部經錄」之部名。〔註11〕由是可推論，丁、吳、黃等三家《補晉志》之經部名稱，蓋依循《舊唐志》而來，故與《隋志》相異。

（二）「論語類」一分為三

《隋志》的「論語類」之處提及：

> 《論語》者，孔子弟子所錄。孔子既敘六經，講於洙、泗之上，門徒三千，達者七十。其與夫子應答者，及私相講肄，言合於道，或書之於紳，或事之無厭。仲尼既沒，遂緝而論之，謂之《論語》。……
>
> 《爾雅》諸書，解古今之意，并五經總義，附于此篇。〔註12〕

可知唐代時學者將「論語」、「爾雅」、「五經總義」等三類書籍并為一類。然見《漢志‧論語》所收錄書籍僅包含：「《論語》古二十一篇」、「《齊》二十二篇」、「《魯》二十篇，《傳》十九篇」、「《齊說》二十九篇」、「《魯夏侯說》二十一篇」、「《魯安昌侯說》二十一篇」、「《魯王駿說》二十篇」、「《燕傳說》三卷」、「議奏十八篇」、「《孔子家語》二十七卷」、「《孔子三廟》七篇」、「《孔子徒人圖法》二卷」等，〔註13〕皆為《論語》相關之文獻。另見《漢志‧孝經》則包含圖書者有：「《孝經古孔氏》一篇」、「《孝經》一篇」、「《長孫氏說》二篇」、「《江氏說》一篇」、「《翼氏說》一篇」、「《后氏說》一篇」、「《雜傳》四篇」、「《安昌侯說》一篇」、「《五經雜議》十八篇」、「《爾雅》三卷二十篇」、「《小爾雅》一篇，《古今字》一卷」、「《弟子職》一篇」、「《說》三篇」等，〔註14〕

〔註10〕上述三處分見丁國鈞撰：《補晉書藝文志》卷1，收入二十五史刊行委員會編：《二十五史補編》第3冊（北京：中華書局，1998年2月），頁3653；吳士鑑撰：《補晉書經籍志》卷1，收入二十五史刊行委員會編：《二十五史補編》第3冊（北京：中華書局，1998年2月），頁3851；黃逢元撰：《補晉書藝文志》卷1，收入二十五史刊行委員會編：《二十五史補編》第3冊（北京：中華書局，1998年2月），頁3895。

〔註11〕〔後晉〕劉昫等撰：《舊唐書‧經籍志》卷46（北京：中華書局，2006年3月），頁1966。

〔註12〕〔唐〕魏徵等撰：《隋書‧經籍志》卷32「論語類」（北京：中華書局，2006年3月），頁939。

〔註13〕〔漢〕班固等撰：《漢書‧藝文志》卷30「論語」（北京：中華書局，2006年3月），頁1716～1717。

〔註14〕〔漢〕班固等撰：《漢書‧藝文志》卷30「論語」（北京：中華書局，2006年3月），頁1718～1719。

除《孝經》相關文獻之外，還收錄《爾雅》、五經等古籍。據此可推論，唐人重視《孝經》，故將其獨立爲一部，《爾雅》、五經等相關著作則歸入《論語》一類中，故《隋志》與《漢志》對於「論語類」收錄書籍有所差異。

1. 將「論語類」獨立

今見五家《補晉志》經部分類方式僅丁國鈞完全依循《隋志》，餘四家《補晉志》則依循學術發展之變遷而更動各書籍之分類方式。

就「論語類」而言，吳、文、黃、秦等四家《補晉志》將其獨立爲一類，僅置入《論語》之相關文獻。如：文氏《補晉志》「論語類」著錄之書籍，有「譙周《論語注》十卷」、「虞喜《讚鄭玄論語注》九卷、《新書對張論》十卷」、「衛瓘集注《論語》八卷」、「崔豹《論語集義》十卷」、「李充《論語注》十卷」、「孫綽集解《論語》十卷」、「盈氏注《論語》十卷」、「孟陋《論語注》十卷」、「江熙集解《論語》十卷」、「梁覬《論語注》十卷」、「袁喬《論語注》十卷」、「尹毅《論語注》十卷」、「張憑《論語注》十卷、《論語釋》一卷」、「楊惠明《論語注》十卷」、「司馬氏《論語標指》一卷」、「郭象《論語體略》二卷、《論語隱》一卷」、「繆播《論語旨序》三卷」、「欒肇《論語釋疑》十卷、《論語駁序》二卷」、「應琛《論語藏集解》一卷」、「曹毗《論語釋》一卷」、「李充《論語釋》一卷、《論語注》十卷」、「庾亮《論語君子無所爭》一卷」、「庾翼《論語釋》一卷」、「王濛《論語義》一卷」、「蔡系《論語釋》一卷」、「范寧《論語注》」、「宋纖《論語注》」、「袁宏《論語注》」、「蔡謨《論語注》」、「江淳《論語注》」、「周瓖《論語注》」、「王珉《論語注》」、「《論語繆協注》」、「殷仲堪《論語注》」、「王凝之妻謝氏《論語贊》」等四十種書籍，〔註15〕未見《爾雅》、五經等其他文獻。今見後晉劉昫等撰《舊唐志》可知，當時已將《論語》獨立爲一類。蓋吳、文、黃、秦等四家《補晉志》取法《新唐志》，故不似《隋志》之分類方式。

2. 將《爾雅》相關文獻入「小學類」

就《漢志》可知，《爾雅》等書籍原附屬於「孝經類」之中；就《隋志》則可知，《爾雅》等書籍則附屬於「論語類」裡頭：

> 比類象形謂之文，形聲相益謂之字，著於竹帛謂之書。故有象形、諧聲、會意、轉注、假借、處事六義之別。……然自蒼頡訖于漢初，

〔註15〕〔清〕文廷式撰：《補晉書藝文志》卷1，收入二十五史刊行委員會編：《二十五史補編》第3冊（北京：中華書局，1998年2月），頁3713～3714。

書經五變：一曰古文，即蒼頡所作。二曰大篆，周宣王時史籀所作。
三曰小篆，秦時李斯所作。四曰隸書，程邈所作。五曰草書，漢初
作。秦世既廢古文，始用八體……皆出於上六書，因事生變也。魏
世又有八分書，其字義訓讀，有〈史籀篇〉、〈蒼頡篇〉、〈三蒼〉、〈埤
蒼〉、〈廣蒼〉等諸篇章，訓詁、《說文》、《字林》、音義、聲韻、體
勢等諸書。自後漢佛法行於中國，又得西域胡書，能以十四字貫一
切音，文省而義廣，謂之婆羅門書。與八體六文之義殊別。今取以
附體勢之下。又後魏初定中原，軍容號令，皆以夷語。後染華俗，
多不能通，故錄其本言，相傳教習，謂之「國語」。今取以附音韻之
末。又後漢鐫刻七經，著於石碑，皆蔡邕所書。魏正始中，又立三
字石經，相承以為七經正字。……貞觀初，祕書監臣魏徵，始收聚
之，十不存一。其相承傳拓之本，猶在祕府，并秦帝刻石，附於此
篇，以備小學。〔註16〕

今見自後晉劉昫等撰《舊唐志》可知，當時《爾雅》等相關書籍，已和許慎
《說文解字》、呂靜《韻集》等文獻歸入「小學類」之中，〔註17〕可知在唐代
與後晉之間，當代對於《爾雅》的地位觀念，已由各個經書之附庸轉移至「小
學類」之中。

　　今見五家《補晉志》僅丁國鈞依循《隋志》之分類方式，然餘四位學者
則依循《舊唐志》之分類，將《爾雅》等訓詁之相關書籍歸入「小學類」。如：
秦氏《補晉志》「小學類」著錄之書籍，有韋昭撰「《辨釋名》一卷、《官職訓》
一卷」、朱育撰「《異字》二卷」、李虔撰「《續通俗文》二卷」、呂忱撰「《字
林》七卷」、呂靜撰「《韻集》六卷」、陸機撰「《吳章篇》二卷」、江瓊撰「《蟲
篆詁訓》」、束皙撰「《發蒙記》一卷」、葛洪撰「《要用字苑》一卷」、郭璞撰
「《爾雅注》五卷、《爾雅圖》十卷、《爾雅圖讚》二卷、《爾雅音》一卷、《方
言注》十三卷、《三蒼注》三卷」、慕容皝造「《太上章》」、王羲之撰「《小學
篇》一卷」、王義撰「《小學篇》一卷、《文字要記》三卷」、楊方撰「《少學集》
九卷」、李軌撰「《小爾雅略解》一卷、《三蒼注》二卷」、李彤撰「《字指》二

〔註16〕〔唐〕魏徵等撰：《隋書‧經籍志》卷 32「小學類」（北京：中華書局，2006
　　　　年 3 月），頁 946～947。
〔註17〕〔後晉〕劉昫等撰：《舊唐書‧經籍志》卷 46「小學類」（北京：中華書局，
　　　　2006 年 3 月），頁 1983～1987。

卷、《單行字》四卷、《字偶》五卷」、王延撰「《文字音》七卷、《纂文》三卷、
《翻眞語》三卷」、顧凱之撰「《啓蒙記》三卷、《啓疑記》三卷」、殷仲堪撰
「《常用字訓》一卷」、江灌撰「《爾雅圖贊》一卷、《爾雅音》六卷」、朱嗣卿
撰「《幼學篇》一卷」、劉昞撰「《方言注》三卷」、博士儒生「《衆文經》」、沮
渠茂虔獻另由河西人所著「《古今字》二卷」等三十八種書籍，〔註18〕此即爲
秦氏《補晉志》將《爾雅》相關書籍入小學類之例。

3. 「五經總義類」之獨立與名稱之異同

根據《四庫全書總目》著錄：

> 漢代經師如韓嬰治《詩》兼治《易》者，其訓故皆各自爲書。宣帝
> 時始有石渠《五經雜義》十八篇，《漢志》無類可隸，遂雜置之《孝
> 經》中。《隋志》錄許愼《五經異義》以下諸家，亦附《論語》之末。
> 《舊唐書志》始別名「經解」。諸家著錄因之，然不見兼括諸經之義。
> 朱彝尊作《經義考》，別目曰「羣經」，蓋覺其未安，而採劉勰《正
> 緯》之語以改之，然又不見爲訓詁之文。徐乾學刻《九經解》，顧湄
> 兼採總集經解之義，名曰「總經解」，何焯復斥其不通。蓋正名若是
> 之難也。考《隋志》於統說諸經者，雖不別爲部分，然「論語類」
> 末稱「《孔叢》、《家語》、《爾雅》諸書併五經總義，附於此篇」，則
> 固稱「五經總義」矣。今準以立名，庶猶近古，《論語》、《孝經》、《孟
> 子》雖自爲書，實均五經之流別，亦足以統該之矣。其校正文字，
> 及傳經諸圖，併約略附焉，從其類也。〔註19〕

可知《漢志》、《隋志》皆將「五經」等相關書籍作爲各經書之附庸，直至《舊
唐書》方能獨立爲一類。就吳、黃二家《補晉志》而論，皆謂之爲「經解」，
〔註20〕蓋取法於《舊唐志》。然《四庫全書總目》以爲「經解」、「羣經」、「總
經解」等名不足以涵蓋該類之名稱，故謂之爲「五經總義類」。今見文氏《補

〔註18〕〔清〕秦榮光撰：《補晉書藝文志》卷1，收入二十五史刊行委員會編：《二十
五史補編》第3冊（北京：中華書局，1998年2月），頁3808～3809。

〔註19〕〔清〕紀昀等撰：《欽定四庫全書總目》卷33「五經總義類」（臺北：藝文印
書館股份有限公司，2004年10月），頁671。

〔註20〕上述二處分見吳士鑑撰：《補晉書經籍志》卷1，收入二十五史刊行委員會編：
《二十五史補編》第3冊（北京：中華書局，1998年2月），頁3858；黃逢
元撰：《補晉書藝文志》卷1，收入二十五史刊行委員會編：《二十五史補編》
第3冊（北京：中華書局，1998年2月），頁3909。

晉志》作「五經類」，〔註21〕秦氏《補晉志》則作「五經總義類」，〔註22〕蓋皆取法於《四庫全書總目》，故與《隋志》相去甚遠。

　　此五家《補晉志》僅丁國鈞仍取法《隋志》之例，將「五經」之相關文獻附入「論語類」中，至於其他四家《補晉志》，皆將之獨立爲一類。如：黃氏《補晉志》「經解」類僅收錄魏王肅撰、晉馬昭駁、孔晁答、張融評的「《聖證論》十二卷」、楊方撰「《五經鉤沉》十卷」、戴逵撰「《五經大義》三卷」、束晳撰「《五經通論》一卷」、譙周撰「《五經然否論》五卷」、袁準撰「《五經滯義》」、徐苗撰「《五經同異評》」等七種書籍，〔註23〕即爲相異於《隋志》分類之例。

（三）「讖緯類」之有無與名稱之異同

　　歷代書目最早著錄讖緯之相關書籍者，爲阮孝緒《七錄》。該書雖已亡佚，然據其序仍可知在其〈術伎錄〉內篇五有「〈緯纖部〉三十二種，四十七帙，二百五十四卷」。〔註24〕《隋志》則將其置於〈經部〉中：

> 說者又云，孔子既敘六經，以明天人之道，知後世不能稽同其意，故別立緯及讖，以遺來世。……起王莽好符命，光武以圖讖興，遂盛行於世。漢時，又詔東平王蒼，正五經章句，皆命從讖。……煬帝即位，乃發使四出，搜天下書籍與讖緯相涉者，皆焚之，爲吏所糾者至死。自是無復其學，祕府之內，亦多散亡。今錄其見存，列于六經之下，以備異說。〔註25〕

然則讖緯類之書甚寡，故自《兩唐志》之後，即未見史志目錄有此類，《四庫全書總目》亦然，僅見少數《直齋書錄解題》、《文獻通考・經籍考》等私人

〔註21〕其卷一前言雖提及爲「羣經」類，然於內文處則作「五經類」，蓋前後文不一，今以內文爲準則。參見〔清〕文廷式撰：《補晉書藝文志》卷1，收入二十五史刊行委員會編：《二十五史補編》第3冊（北京：中華書局，1998年2月），頁3714。

〔註22〕〔清〕秦榮光撰：《補晉書藝文志》卷1，收入二十五史刊行委員會編：《二十五史補編》第3冊（北京：中華書局，1998年2月），頁3806。

〔註23〕黃逢元撰：《補晉書藝文志》卷1，收入二十五史刊行委員會編：《二十五史補編》第3冊（北京：中華書局，1998年2月），頁3909。

〔註24〕該書著錄爲「緯纖」，疑應爲「緯讖」。參見〔梁〕阮孝緒撰：《七錄・序》，收入袁詠秋、曾季光主編：《中國歷代圖書著錄文選》（北京：北京大學出版社，1997年12月），頁182。

〔註25〕〔唐〕魏徵等撰：《隋書・經籍志》卷32「讖緯類」（北京：中華書局，2006年3月），頁940～941。

書目尚得見此類。

今僅見丁氏《補晉志》依循《隋志》，尚存「讖緯類」，見其著錄之書目，有：王嘉撰「《王子年歌》一卷」、郭文撰「《金雄記》一卷」、郭瑀撰「《孝經錯緯》」等三部書籍。〔註26〕此外，茲查文氏《補晉志》卷一內容處著錄：

〈經部〉十一類：一曰易，二曰書，三曰詩，四曰禮，五曰樂，六曰春秋，七曰論語，八曰孝經，九曰羣經，十曰小學，十一曰經緯。

〔註27〕

可知文廷式自行將「讖緯」更名為「經緯」。然見其內文，則未見經緯類之書目，另查汪叔子根據文氏《補晉志》原刊本校對之版本，亦未見該類書目。蓋文廷式於編纂此史志時即有缺失，故今未得見該類文獻。由此可知，五家《補晉志》中僅丁國鈞著錄此類書目。

二、經部書目歸類的差異

五家《補晉志》除在經部類目的名稱與分合上有所差異之外，其對於經部個別書目歸類的方式，也略有些微差異。由於單一學者對於個別書目之考訂未能詳盡，故使該書目於《補晉志》中產生兩見之出入。除此之外，丁國鈞等五位學者認定個別書目之性質有所不同，故造成同一部書置入相異的類目之中，實造成該書目歸類之不當。因此，這二種歸類方式的差異，皆為本文所欲舉例探討的地方。

（一）書目重出之例

1.〔晉〕王長文撰《約禮》十篇

今見丁、吳、文、黃、秦等五家《補晉志》皆於《經部・禮類》著錄該書，然於著錄撰者、書目之名有別之外，亦有重出之嫌。丁、秦二家《補晉志》對於該書撰者皆著錄為「王文長」，〔註28〕吳、文、黃三家《補晉志》則

〔註26〕 丁國鈞撰：《補晉書藝文志》卷1，收入二十五史刊行委員會編：《二十五史補編》第3冊（北京：中華書局，1998年2月），頁3661。

〔註27〕 〔清〕文廷式撰：《補晉書藝文志》卷1，收入二十五史刊行委員會編：《二十五史補編》第3冊（北京：中華書局，1998年2月），頁3703。

〔註28〕 上述二處分見丁國鈞撰：《補晉書藝文志》卷1，收入二十五史刊行委員會編：《二十五史補編》第3冊（北京：中華書局，1998年2月），頁3657；〔清〕秦榮光撰：《補晉書藝文志》卷1，收入二十五史刊行委員會編：《二十五史補編》第3冊（北京：中華書局，1998年2月），頁3804。

著錄爲「王長文」。〔註29〕根據《晉書・王長文列傳》記載：

王長文字德叡，廣漢郪人也。……著《書》四卷，擬易，名曰《通玄經》，有文言、卦象，可用卜筮，時人比之揚雄《太玄》。……梁王肜爲丞相，引爲從事中郎。在洛出行，輒著白斾小輦以載車，當時異焉。後終於洛。〔註30〕

足見此人應爲「王長文」，故丁、秦二者有所出入。此外，該書雖未見於《經典釋文・序錄》、《隋志》、《兩唐志》，然據《華陽國志》著錄：

又撰《約禮記》，除煩舉要，凡十篇，皆行於時。〔註31〕

可知確有此書，然丁氏《補晉志》著錄「記字誤衍」，〔註32〕故推論該書應爲「《約禮》」，而非「《約禮記》」。另見秦氏《補晉志》於《史部・政書類・儀制之屬》著錄：「《約禮記》十篇，王長文撰，據《華陽國志》云『除煩舉要』」，〔註33〕則與其《經部・禮類・三禮總義之屬》著錄之「《約禮記》十論，王文長撰，據《華陽國志傳》」項目雷同，〔註34〕僅是未將撰者姓名抄錄仔細，故秦氏《補晉志》則有一書二見之出入。

2. 〔晉〕阮渾難、阮咸答《周易論》二卷

今見丁、吳、文、黃、秦等五家《補晉志》皆於《經部・易類》著錄該部書目，然五位學者著錄該書撰者有誤，故考證未能詳盡，而文、秦二家《補晉志》則因此產生重出之出入。根據《隋志》將該書著錄爲「《周易論》二卷，晉

〔註29〕上述三處分見吳士鑑撰：《補晉書經籍志》卷1，收入二十五史刊行委員會編：《二十五史補編》第3冊（北京：中華書局，1998年2月），頁3855；〔清〕文廷式撰：《補晉書藝文志》卷1，收入二十五史刊行委員會編：《二十五史補編》第3冊（北京：中華書局，1998年2月），頁3709；黃逢元撰：《補晉書藝文志》卷1，收入二十五史刊行委員會編：《二十五史補編》第3冊（北京：中華書局，1998年2月），頁3902。

〔註30〕〔唐〕房玄齡等撰：《晉書》卷82「王長文列傳」（北京：中華書局，2006年3月），頁2138～2139。

〔註31〕〔晉〕常璩撰：《華陽國志》卷11，收入劉曉東等點校：《二十五別史》（濟南：齊魯書社，2005年5月），頁188。

〔註32〕丁國鈞撰：《補晉書藝文志》卷1，收入二十五史刊行委員會編：《二十五史補編》第3冊（北京：中華書局，1998年2月），頁3657。

〔註33〕〔清〕秦榮光撰：《補晉書藝文志》卷2，收入二十五史刊行委員會編：《二十五史補編》第3冊（北京：中華書局，1998年2月），頁3823。

〔註34〕〔清〕秦榮光撰：《補晉書藝文志》卷1，收入二十五史刊行委員會編：《二十五史補編》第3冊（北京：中華書局，1998年2月），頁3804。

馮翊太守阮渾撰」，〔註35〕《舊唐志》著錄「《周易論》二卷，暨長成難，暨仲容答」，〔註36〕《新唐志》則著錄為「阮長成、阮仲容《難答論》二卷」；〔註37〕由此可知，三部史志皆指同一部書。然見五家《補晉志》皆著錄撰者為「阮渾」，秦本更另著錄「《易義》阮咸撰」、「《易義》阮渾撰」、「《周易難答論》二卷，阮長成、阮仲容撰」，〔註38〕文本亦著錄「阮咸《易義》」，〔註39〕皆有所差異。另據《經典釋文・序錄》記載：

> 阮咸，字仲容，陳留人，籍之兄子。晉散騎常侍始平太守，為《易義》。
>
> 阮渾，字長成，籍之子。晉太子中庶子馮翊太守，為《易義》。〔註40〕

然則阮咸與阮渾所著《易義》，即為二人難答之《周易論》，故撰者則應改為「阮渾難、阮咸答」。故可推測文氏《補晉志》同在《經部・易類》重出之書籍二部書，秦氏《補晉志》則四見同部書，頗有出入，應當刪之。

3.《汲冢師春》一卷

該書僅文氏《補晉志》著錄，餘丁、吳、黃、秦四家皆未見該書目。根據文氏《補晉志》《經部・易類》之處著錄：

> 《汲冢師春》一卷（《新唐書・劉之幾傳》子貺，嘗以《師春》一篇錄卜筮事，與《左氏》合。知案《春秋》經傳而為也）
>
> 杜元凱《春秋後序》云：又別有一卷，純集疏《左氏傳》卜筮事。
>
> 上下次第及其文義，皆與《左傳》同，名曰《師春》。「師春」，似是抄集者人名也。《宋志》著錄入「春秋」類。〔註41〕

文氏另又於《經部・春秋類》著錄：

〔註35〕〔唐〕魏徵撰：《隋書・經籍志》卷32「易類」（北京：中華書局，2006年3月），頁910。

〔註36〕〔後晉〕劉昫撰：《舊唐書・經籍志》卷46「易類」（北京：中華書局，2006年3月），頁1969。

〔註37〕〔宋〕歐陽修等撰：《新唐書・藝文志》卷57「易類」（北京：中華書局，2006年3月），頁1425。

〔註38〕〔清〕秦榮光撰：《補晉書藝文志》卷1，收入二十五史刊行委員會編：《二十五史補編》第3冊（北京：中華書局，1998年2月），頁3800。

〔註39〕〔清〕文廷式撰：《補晉書藝文志》卷1，收入二十五史刊行委員會編：《二十五史補編》第3冊（北京：中華書局，1998年2月），頁3703。

〔註40〕〔唐〕陸德明撰：《經典釋文・序錄》，收入孔子文化大全編輯部編輯：《孔子文化大全》（濟南：山東友誼書社，1991年10月），頁31。

〔註41〕〔清〕文廷式撰：《補晉書藝文志》卷1，收入二十五史刊行委員會編：《二十五史補編》第3冊（北京：中華書局，1998年2月），頁3705。

《汲冢書國語》三篇（言楚晉事）、《師春》一篇（書《左傳》諸卜
筮。「師春」，似是造書者姓名也。）

事詳《束皙傳》（《史通・六家篇》曰：《汲冢瑣語》記太丁時事，目
爲《夏殷春秋》。又曰：《瑣語》又有《晉春秋》，記獻公十七年事。）

〔註42〕

由是可知，此二類所著錄之書目實爲同一書，故有二見之出入。此外，該書
既載春秋相關材料，故將其置入《經部・易類》則有所不妥，故歸類略有所
失。且該書爲出土文獻，並非晉代書目。

（二）書目歸類差異之例

1. 《經部・易類》與《經部・春秋類》：《汲冢師春》

即前文提及文氏《補晉志》將《汲冢師春》一書混淆於二類之例，茲不
贅述。

2. 《經部・禮類》與《子部・儒家類》：〔晉〕虞喜《通疑》

僅秦氏《補晉志》一家歸入於《經部・禮類》，丁、文二家則將該書歸入
《子部・儒家類》，餘吳、黃二家則未見此書目。該書目未見於《經典釋文・
序錄》、《隋志》、《兩唐志》，然見秦本援引《通典》著錄之。經查唐朝杜佑著
錄虞喜《通疑》共五條皆置於「禮類」中，今略舉如下：

雖虞喜《通疑》云：「或以當終身服喪，如是曾、閔所能僅行，非凡

人之所逮也。謂宜三年求之，不得乃制服居廬，祥禫而除。」〔註43〕

可知確有此書。馬國翰《玉函山房輯佚書》則將其置於「子編儒家類」中，
〔註44〕丁、文二家亦將此書收錄於《子部・儒家類》中。〔註45〕另見《中國

〔註42〕〔清〕文廷式撰：《補晉書藝文志》卷1，收入二十五史刊行委員會編：《二十
五史補編》第3冊（北京：中華書局，1998年2月），頁3712～3713。

〔註43〕〔唐〕杜佑《通典》卷98（北京：中華書局，2003年5月），頁2626。餘四
條引用《通疑》者，參見〔唐〕杜佑《通典》卷95（北京：中華書局，2003
年5月），頁2564. 2574；〔唐〕杜佑《通典》卷98（北京：中華書局，2003
年5月），頁2621、2623。

〔註44〕〔清〕馬國翰輯：《玉函山房輯佚書・子編儒家類》（揚州：廣陵書社，2004
年11月），頁2632～2633。

〔註45〕上述二處分見丁國鈞撰：《補晉書藝文志・存疑類・子部》，收入二十五史刊
行委員會編：《二十五史補編》第3冊（北京：中華書局，1998年2月），頁
3698；〔清〕文廷式撰：《補晉書藝文志》卷4，收入二十五史刊行委員會編：
《二十五史補編》第3冊（北京：中華書局，1998年2月），頁3750。

歷代藝文總志》「經部」、「子部」亦同時著錄此書，略有出入。〔註46〕觀杜佑《通典》之內容，或較接近唐人對於該書之分類，是以今將此書歸入於《經部‧禮類》中，然則丁、文二家《補晉志》有歸類差異之誤。

3. 《經部‧禮類》與《史部‧政書類》：〔晉〕賀循《宗義》

僅秦、文二家《補晉志》收錄，餘丁、黃、吳三家皆未見此書目。此書未見於《經典釋文‧序錄》、《隋志》、《兩唐志》，然據唐朝杜佑《通典》著錄：

> 賀循《宗義》曰：「古者諸侯之別子，及起於是邦爲大夫者，皆有百代祀之，謂之太祖。太祖之代，則爲大宗，宗之本統故也。其支子旁親，非太祖之統，謂之小宗。小宗之道，五代則遷。當其爲宗，宗中奉之，加於常禮。平居則每事諮告，死亡則服之齊縗，以義加也。」〔註47〕

可知確有此書，然杜佑將其置於《經部‧禮類》之中，今從之。故秦氏《補晉志》將該書歸入《史部‧政書類‧儀制之屬》，〔註48〕有歸類不當之出入。

第二節　史部分類之比較

史書之存在，讓後人得以知曉前朝的文化背景與興衰更迭，故史料文獻對於研究古代的學術相對地變得意義非凡。中國有目錄書籍之始，史學相關文獻尚未獨立爲一部，據《漢志‧六藝類》著錄：

> 古之王者世有史官，君舉必書，所以慎言行，昭法式也。左史記言，右史記事，事爲《春秋》，言爲《尚書》，帝王靡不同之。周室既微，載籍殘缺，仲尼思存前聖之業……以魯周公之國，禮文備物，史官有法，故與左丘明觀其史記，據行事，仍人道，因興以立功，就敗以成罰，假日月以定曆數，借朝聘以正禮樂。〔註49〕

〔註46〕上述二處分見國立中央圖書館特藏組編：《中國歷代藝文總志‧經部‧禮類‧雜禮書之屬》（臺北：國立中央圖書館，1984 年 11 月），頁 183；《中國歷代藝文總志‧子部‧儒學類‧議論經世之屬》（臺北：國立中央圖書館，1984 年 11 月），頁 51。

〔註47〕〔唐〕杜佑撰：《通典》卷 73（北京：中華書局，2003 年 5 月），頁 1992。

〔註48〕〔清〕秦榮光撰：《補晉書藝文志》卷 2，收入二十五史刊行委員會編：《二十五史補編》第 3 冊（北京：中華書局，1998 年 2 月），頁 3824。

〔註49〕〔漢〕班固等撰：《漢書‧藝文志》卷 30「春秋」（北京：中華書局，2006 年

並見《世本》十五篇、《太史公》百三十篇、馮商所續《太史公》七篇、《太古以來年紀》二篇、《漢大年紀》五篇等書籍歸類此，〔註50〕僅爲《春秋》之附庸。蓋當時史書甚寡，不足以獨立，故前人大抵將其附於亦具有史學性質的《春秋》之中。至於晉朝荀勖《中經新簿》，則將史書歸之於「丙部」，內含「史記、舊事、皇覽簿、雜事」等書籍，〔註51〕開始將史料文獻獨立爲一部；其後李充《晉元帝書目》則將史書置於經書之後，謂之爲「乙部」，確立史書在目錄學之地位，然荀勖、李充之書目皆未能見史書之細部類目。雖劉宋王儉《七志》，亦依循《漢志》之例，將史書歸入〈經典志〉裡，然梁朝阮孝緒《七錄》則將史書相關書籍獨立爲〈紀傳錄〉中，見其細部類目仍可見存：「國史部」、「注曆部」、「舊事部」、「職官部」、「儀典部」、「法制部」、「僞史部」、「雜傳部」、「鬼神部」、「土地部」、「譜狀部」、「簿錄部」等十二類，〔註52〕爲《隋志・史部》確立分類之方向。五家《補晉志》大抵亦從《隋志》，將史書置於經書後。茲就《隋志》與五家《補晉志》繪製表格比較如下：

《隋志》史　部	丁　本乙部史錄	吳　本乙部史錄	文　本史　部	黃　本乙部史錄	秦　本史　部
1 正史	1 正史類	1 正史類	1 正史類	1 正史	1 正史類
2 古史	2 編年類	2 編年類	2 編年類	2 編年	2 編年類
3 雜史	3 雜史類	3 雜史類	3 雜史類	3 雜史	4 雜史類
4 霸史	4 霸史類	4 霸史類	4 霸史類	4 僞史	8 載記類
5 起居注	5 起居注類	5 起居注類	5 起居注類	5 起居注	
6 舊事	6 舊事類	6 舊事類	6 故事類	6 舊事	
7 職官	7 職官類	7 職官類	7 職官類	7 職官	11 職官類
8 儀注	8 儀制類	8 儀注類	8 儀注類	8 儀注	12 政書類（通制之屬/儀制之屬）

〔註50〕　3月），頁1715。
〔漢〕班固等撰：《漢書・藝文志》卷30「春秋」（北京：中華書局，2006年3月），頁1714。
〔註51〕　〔唐〕魏徵等撰：《隋書・經籍志》卷32（北京：中華書局，2006年3月），頁906。
〔註52〕　〔梁〕阮孝緒撰：《七錄・序》，收入袁詠秋、曾季光主編：《中國歷代圖書著錄文選》（北京：北京大學出版社，1997年12月），頁180～181。

9 刑法	9 刑法類	9 刑法類	9 刑法類	9 刑法	12 政書類（法令之屬）
10 雜傳	10 雜傳類	10 雜傳類	10 雜傳類	10 雜傳	6 傳記類
11 地理	11 地理類	11 地理類	11 地志類	11 地理	10 地理類
12 譜系	12 譜系類	12 譜系類	12 譜系類	12 譜系	
13 簿錄	13 簿錄類	13 簿錄類	13 目錄類	13 簿錄	13 目錄類/附錄：石刻類
					3 別史類
					5 詔令奏議類
					7 史鈔類
					9 時令類
					14 史評類

一、史部類目的差異

（一）「史部」名稱之異同

《隋志》繼承荀勖《中經新簿》、李充《晉元帝書目》之四部分類方式，但將李充書目之「乙部」更名爲「史部」。今見文、秦二家《補晉志》皆依循《隋志》，然見丁、吳、黃三家《補晉志》皆著錄爲「乙部史錄」。〔註53〕前文提及，此乃《舊唐志》取材《古今書錄》，合併荀勖、李充二書目與《隋志》之名稱，故得「乙部史錄」之部名，〔註54〕可知丁、吳、黃等三家《補晉志》皆據此而命史部之名。

（二）「古史類」與「編年類」名稱之異同

於《隋志》前，《七錄》謂之爲「注曆」，根據《隋志·史部·古史類》

〔註53〕 上述三處分見：丁國鈞撰：《補晉書藝文志》卷2，收入二十五史刊行委員會編：《二十五史補編》第3冊（北京：中華書局，1998年2月），頁3662；吳士鑑撰：《補晉書經籍志》卷2，收入二十五史刊行委員會編：《二十五史補編》第3冊（北京：中華書局，1998年2月），頁3860；黃逢元撰：《補晉書藝文志》卷2，收入二十五史刊行委員會編：《二十五史補編》第3冊（北京：中華書局，1998年2月），頁3911。

〔註54〕 〔後晉〕劉昫等撰：《舊唐書·經籍志》卷46（北京：中華書局，2006年3月），頁1987。

云：

> 至晉太康元年，汲郡人發魏襄王冢，得古竹簡書，字皆科斗。發冢
> 者不以爲意，往往散亂。帝命中書監荀勗、令和嶠，撰次爲十五部，
> 八十七卷。多雜碎怪妄，不可訓知，唯《周易》、《紀年》，最爲分了。……
> 《紀年》……著書皆編年相次，文意大似《春秋經》。諸所記事，多
> 與《春秋》、《左氏》扶同。學者因之，以爲《春秋》則古史記之正
> 法，有所著述，多依《春秋》之體。今依其世代，編而敘之，以見
> 作者之別，謂之古史。〔註55〕

可知其所收錄書籍爲編年類文獻。其後《兩唐志》至《四庫全書總目》之間
的書目，則皆謂之爲「編年類」，蓋五家《補晉志》此類大抵依循《兩唐志》
之名，故自與《隋志》相異。

（三）「霸史類」、「僞史類」與「載記類」名稱之異同

根據《四庫全書總目》云：

> 五馬南浮，中原雲擾，偏方割據，各設史官。其事蹟亦不容泯滅，
> 故阮孝緒作《七錄》，「僞史」立焉。《隋志》改稱「霸史」，《文獻通
> 考》則兼用二名。然年祀緜邈，文籍散佚，當時僭撰久已無存，存
> 於今者大抵後人追記而已。曰「霸」曰「僞」，皆非其實也。案：《後
> 漢書‧班固傳》稱撰平林、新市、公孫述事爲「載記」，《史通》亦
> 稱平林、下江諸人。《東觀》列爲「載記」，又《晉書》附敘十六國
> 亦云「載記」，是實立乎中朝以敘述列國之名。今採錄《吳越春秋》
> 以下述偏方僭亂遺蹟者，準《東觀漢記》、《晉書》之例，總題曰「載
> 記」，於義爲允。〔註56〕

可知丁、吳、文三家《補晉志》皆著錄爲「霸史類」，〔註57〕乃依循《隋志》

〔註55〕〔唐〕魏徵等撰：《隋書‧經籍志》卷33「古史類」（北京：中華書局，2006
年3月），頁959。

〔註56〕〔清〕紀昀等撰：《欽定四庫全書總目》卷66「載記類」（臺北：藝文印書館
股份有限公司，2004年10月），頁1382。

〔註57〕上述三處分見丁國鈞撰：《補晉書藝文志》卷2，收入二十五史刊行委員會編：
《二十五史補編》第3冊（北京：中華書局，1998年2月），頁3666；吳士
鑑撰：《補晉書經籍志》卷2，收入二十五史刊行委員會編：《二十五史補編》
第3冊（北京：中華書局，1998年2月），頁3863；〔清〕文廷式撰：《補晉
書藝文志》卷2，收入二十五史刊行委員會編：《二十五史補編》第3冊（北
京：中華書局，1998年2月），頁3721。

故有此名。黃氏《補晉志》則著錄為「偽史」，蓋其依循《七錄》而得，故其云：「茲本《阮錄》，亦援唐例」，〔註58〕是以與《隋志》有別。至於秦氏《補晉志》則著錄為「載記」，〔註59〕蓋其依循《四庫全書總目》之例。

（四）「起居注類」之有無

自《隋志》即有此類，丁、吳、文、黃等四家《補晉志》亦取法之而有該類書目。然未見秦氏《補晉志》立此類，而將起居注相關書目歸入「載記類」中，〔註60〕如：丁氏《補晉志》將李軌《泰始起居注》二十卷置入「起注居類」，〔註61〕然秦氏《補晉志》則歸之於《史部‧載記類》即為一例。〔註62〕秦本此歸類適宜與否至後文再另行詳論。

（五）「舊事類」、「儀注類」、「刑法類」與「政書類」之因革

根據《四庫全書總目》云：

> 志藝文者，有故事一類。其閒祖宗創法，奕葉慎守，是為一朝之故事。後鑒前師，與時損益者，是為前代之故事。史家著錄，大抵前代事也。《隋志》載漢武故事，濫及稗官。《唐志》載魏文貞故事，橫牽家傳。循名誤列，義例殊乖。今總核遺文，惟以國政朝章六官所職者，入於斯類，以符《周官》故府之遺。至儀注條格，舊皆別出，然均為成憲，義可同歸。惟我皇上制作日新，垂謨冊府，業已恭登新笈，未可仍襲舊名。考錢溥《祕閣書目》有政書一類，謹據以標目，見綜括古今之意焉。〔註63〕

可知《四庫全書總目》以為「政書」方能涵蓋「故事」（亦即「舊事」）、「儀注」之相關書籍，至於「刑法」文獻則歸入其「政書類」之「法令之屬」中。然五

〔註58〕黃逢元撰：《補晉書藝文志》卷2，收入二十五史刊行委員會編：《二十五史補編》第3冊（北京：中華書局，1998年2月），頁3918。

〔註59〕〔清〕秦榮光撰：《補晉書藝文志》卷2，收入二十五史刊行委員會編：《二十五史補編》第3冊（北京：中華書局，1998年2月），頁3820。

〔註60〕〔清〕秦榮光撰：《補晉書藝文志》卷2，收入二十五史刊行委員會編：《二十五史補編》第3冊（北京：中華書局，1998年2月），頁3819～3820。

〔註61〕丁國鈞撰：《補晉書藝文志》卷2，收入二十五史刊行委員會編：《二十五史補編》第3冊（北京：中華書局，1998年2月），頁3666。

〔註62〕〔清〕秦榮光撰：《補晉書藝文志》卷2，收入二十五史刊行委員會編：《二十五史補編》第3冊（北京：中華書局，1998年2月），頁3819。

〔註63〕〔清〕紀昀等撰：《欽定四庫全書總目》卷81「政書類」（臺北：藝文印書館股份有限公司，2004年10月），頁1633。

家《補晉志》書目大抵沿革《隋志》而得，《四庫全書總目》之類目猶待商榷。

1.「舊事類」與「故事類」之有無與名稱之異同

自《七錄》即有「舊事」一類，後《隋志》、《古今書錄》因循之。據《隋志》云：

> 漢時，蕭何定律令，張蒼制章程，叔孫通定儀法，條流派別，制度漸廣。晉初，甲令已下，至九百餘卷，晉武帝命車騎將軍賈充，博引羣儒，刪采其要，增律十篇。其餘不足經遠者爲法令，施行制度者爲令，品式章程者爲故事，各還其官府。搢紳之士，撰而錄之，遂成篇卷，然亦隨代遺失。今據其見存，謂之舊事篇。〔註64〕

自《舊唐志》之後，始命名爲故事類。丁、吳、黃等三家《補晉志》皆命名爲「舊事」類，〔註65〕可推知依循《七錄》、《隋志》而得。另文氏《補晉志》則命名爲「故事類」，則爲依循《舊唐志》而得。至於秦氏《補晉志》未設此類，據《四庫全書總目》可知《史部·政書類·通制之屬》可囊括「故事」之相關書籍：

> 按：纂述掌故，門目多端。其閒以一代之書而兼六職之全者，不可分屬，今總而匯之，謂之「通制」。〔註66〕

然丁、吳、文、黃等四家《補晉志》該類所收錄之書籍，大抵未見於秦氏《補晉志》之《政書類·通制之屬》中，而分見於各類，如：文氏《補晉志》《史部·故事類》收錄之《華林故事名》一卷，〔註67〕被秦本歸類於《史部·載記類》中，〔註68〕則可知秦榮光對於「舊事類」書目之歸類方式，亦未必完

〔註64〕〔唐〕魏徵等撰：《隋書·經籍志》卷33「舊事類」（北京：中華書局，2006年3月），頁967。

〔註65〕上述三處分見丁國鈞撰：《補晉書藝文志》卷2，收入二十五史刊行委員會編：《二十五史補編》第3冊（北京：中華書局，1998年2月），頁3667；吳士鑑撰：《補晉書經籍志》卷2，收入二十五史刊行委員會編：《二十五史補編》第3冊（北京：中華書局，1998年2月），頁3865；黃逢元撰：《補晉書藝文志》卷2，收入二十五史刊行委員會編：《二十五史補編》第3冊（北京：中華書局，1998年2月），頁3921。

〔註66〕〔清〕紀昀等撰：《欽定四庫全書總目》卷81「政書類」（臺北：藝文印書館股份有限公司，2004年10月），頁1650。

〔註67〕〔清〕文廷式撰：《補晉書藝文志》卷2，收入二十五史刊行委員會編：《二十五史補編》第3冊（北京：中華書局，1998年2月），頁3725。

〔註68〕〔清〕秦榮光撰：《補晉書藝文志》卷2，收入二十五史刊行委員會編：《二十五史補編》第3冊（北京：中華書局，1998年2月），頁3820。

全依循《四庫全書總目》。

　　2.「儀注類」、「儀制類」與「政書類」名稱之異同

　　自《七錄》立「儀典」一類，《隋志》之後的目錄大抵皆命名爲「儀注類」，僅陳振孫《直齋書錄解題》則著錄爲「禮注類」，〔註69〕略有所異。根據《隋志》云：

> 儀注之興，其所由來久矣。自君臣父子，六親九族，各有上下親疏之別。養生送死，弔恤賀慶，則有進止威儀之數。……《周官》，宗伯所掌吉、凶、賓、軍、嘉，以佐王安邦國，親萬民，而太史執書以協事之類是也。……而後世多故，事在通變，或一時之制，非長久之道，載筆之士，刪其大綱，編于史志。而或傷於淺近，或失於未達，不能盡其旨要。遺文餘事，亦多散亡。今聚其見存，以爲儀注篇。〔註70〕

則儀注類乃收錄禮儀等制度方面之書目。吳、文、黃等三家《補晉志》皆著錄爲「儀注」類，〔註71〕可知皆依循《隋志》之名。另丁氏《補晉志》命名爲「儀制類」，〔註72〕然此名稱未見於前人書目，恐其轉化《隋志》之名目而得。至於秦氏《補晉志》則依循《四庫全書總目》名之爲「政書類」，隸於「儀制之屬」。〔註73〕然見《四庫全書總目》並無「儀制之屬」，僅見其「典禮之屬」著錄：

> 案：六官之政，始於冢宰。茲職官已各自爲類，故不復及。六官之序，司徒先於宗伯。今以春官所掌，帝制朝章悉在焉。取以託始，

〔註69〕〔宋〕陳振孫撰：《直齋書錄解題》卷 6「禮注類」（上海：上海古籍出版社，2005 年 8 月），頁 182。

〔註70〕〔唐〕魏徵等撰：《隋書・經籍志》卷 33「儀注類」（北京：中華書局，2006 年 3 月），頁 971～972。

〔註71〕上述三處分見吳士鑑撰：《補晉書經籍志》卷 2，收入二十五史刊行委員會編：《二十五史補編》第 3 冊（北京：中華書局，1998 年 2 月），頁 3866；〔清〕文廷式撰：《補晉書藝文志》卷 2，收入二十五史刊行委員會編：《二十五史補編》第 3 冊（北京：中華書局，1998 年 2 月），頁 3726；黃逢元撰：《補晉書藝文志》卷 2，收入二十五史刊行委員會編：《二十五史補編》第 3 冊（北京：中華書局，1998 年 2 月），頁 3923。

〔註72〕丁國鈞撰：《補晉書藝文志》卷 2，收入二十五史刊行委員會編：《二十五史補編》第 3 冊（北京：中華書局，1998 年 2 月），頁 3668。

〔註73〕〔清〕秦榮光撰：《補晉書藝文志》卷 2，收入二十五史刊行委員會編：《二十五史補編》第 3 冊（北京：中華書局，1998 年 2 月），頁 3824。

尊王之義也。〔註74〕

其所收錄書籍，蓋與「儀注類」相合。可知秦榮光雖取法《四庫全書總目‧史部‧政書類》，然於三級類目之名稱則有所更動。

3.「刑法類」與「法令類」名稱之異同

《七錄》將此命名爲「法制部」，自《隋志》以後則大抵皆謂之爲「刑法」類，僅少數如陳振孫《直齋書錄解題》名之爲「法令類」。〔註75〕據《隋志》著錄：

> 刑法者，先王所以懲罪惡，齊不軌者也。……自律已下，世有改作，
> 事在《刑法志》。《漢律》久亡，故事駁議，又多零失。今錄其見存
> 可觀者，編爲刑法篇。〔註76〕

可知其多收錄法律條文之文獻。今見丁、吳、文、黃等四家《補晉志》皆著錄該類書籍爲「刑法」類，〔註77〕則明其依循《隋志》之名目。另見秦氏《補晉志》著錄與此四家相合之類目爲「政書類‧法令之屬」，〔註78〕茲查《四庫全書總目‧史部‧政書類‧法令之屬》著錄：

> 案：法令與法家，其事相近而實不同。法家者私議其理，法令者官
> 著爲令者也。刑爲盛世所不能廢，而亦盛世所不尚。茲所錄者，略
> 存梗概而已，不求備也。〔註79〕

〔註74〕〔清〕紀昀等撰：《欽定四庫全書總目》卷 82「政書類」（臺北：藝文印書館股份有限公司，2004 年 10 月），頁 1668。

〔註75〕〔宋〕陳振孫撰：《直齋書錄解題》卷 7「法令類」（上海：上海古籍出版社，2005 年 8 月），頁 223。

〔註76〕〔唐〕魏徵等撰：《隋書‧經籍志》卷 33「刑法類」（北京：中華書局，2006 年 3 月），頁 973～974。

〔註77〕上述四處分見丁國鈞撰：《補晉書藝文志》卷 2，收入二十五史刊行委員會編：《二十五史補編》第 3 冊（北京：中華書局，1998 年 2 月），頁 3669；吳士鑑撰：《補晉書經籍志》卷 2，收入二十五史刊行委員會編：《二十五史補編》第 3 冊（北京：中華書局，1998 年 2 月），頁 3866；〔清〕文廷式撰：《補晉書藝文志》卷 2，收入二十五史刊行委員會編：《二十五史補編》第 3 冊（北京：中華書局，1998 年 2 月），頁 3727；黃逢元撰：《補晉書藝文志》卷 2，收入二十五史刊行委員會編：《二十五史補編》第 3 冊（北京：中華書局，1998 年 2 月），頁 3924。

〔註78〕〔清〕秦榮光撰：《補晉書藝文志》卷 2，收入二十五史刊行委員會編：《二十五史補編》第 3 冊（北京：中華書局，1998 年 2 月），頁 3824。

〔註79〕〔清〕紀昀等撰：《欽定四庫全書總目》卷 82「政書類」（臺北：藝文印書館股份有限公司，2004 年 10 月），頁 1675～1676。

故可知秦榮光依循《四庫全書總目》，故與《隋志》不類。

（六）「雜傳類」與「傳記類」名稱之異同

自《七錄》將此著錄爲「雜傳」以來，《隋志》、《古今書錄》、《舊唐志》、《遂初堂書目》皆據此命名，僅《新唐志》著錄爲「雜傳記類」，〔註80〕略有更名；其餘《崇文總目》、《郡齋讀書志》、《直齋書錄解題》、《文獻通考‧經籍考》、《宋志》、《明志》、《四庫全書總目》等書目皆名之爲「傳記」類。根據《隋志》著錄：

> 古之史官，必廣其所記，非獨人君之舉。……後漢光武，始詔南陽，撰作風俗，故沛、三輔有者舊節士之序，魯、盧江有名德先賢之讚。郡國之書，由是而作。魏文帝又作《列異》，以序鬼物奇怪之事，嵇康作《高士傳》，亦敘聖賢之風。因其事類，相繼而作者甚衆，名目轉廣，而又雜以虛誕怪妄之說。推其本源，蓋亦史官之末事也。……今取其見存，部而類之，謂之雜傳。〔註81〕

可知其多收錄非帝王事蹟之書籍，包含聖賢、鬼怪之書籍。今見丁、吳、文、黃等四家《補晉志》著錄該類爲「雜傳」，〔註82〕蓋皆取法《隋志》。秦氏《補晉志》則取法《四庫全書總目》，故謂之爲「傳記類」。〔註83〕

（七）「地理類」與「地志類」名稱之異同

《七錄》稱此類書籍爲「土地部」，自《隋志》之後，所有書目皆名之爲「地理類」。據《隋志》著錄：

> 昔者先王之化民也，以五方土地，風氣所生，剛柔輕重，飲食衣服，

〔註80〕〔宋〕歐陽修等撰：《新唐書‧藝文志》卷58「雜傳記類」（北京：中華書局，2006年3月），頁1487。

〔註81〕〔唐〕魏徵等撰：《隋書‧經籍志》卷33「雜傳類」（北京：中華書局，2006年3月），頁981～982。

〔註82〕上述四處分見丁國鈞撰：《補晉書藝文志》卷2，收入二十五史刊行委員會編：《二十五史補編》第3冊（北京：中華書局，1998年2月），頁3673；吳士鑑撰：《補晉書經籍志》卷2，收入二十五史刊行委員會編：《二十五史補編》第3冊（北京：中華書局，1998年2月），頁3870；〔清〕文廷式撰：《補晉書藝文志》卷2，收入二十五史刊行委員會編：《二十五史補編》第3冊（北京：中華書局，1998年2月），頁3728；黃逢元撰：《補晉書藝文志》卷2，收入二十五史刊行委員會編：《二十五史補編》第3冊（北京：中華書局，1998年2月），頁3928。

〔註83〕〔清〕秦榮光撰：《補晉書藝文志》卷2，收入二十五史刊行委員會編：《二十五史補編》第3冊（北京：中華書局，1998年2月），頁3814。

各有其性，不可遷變。是故疆理天下，物其土宜，知其利害，達其志而通其欲，齊其政而修其教。……隋大業中，普詔天下諸郡，條其風俗物產地圖，上于尚書。故隋代有《諸郡物產土俗記》一百五十一卷，《區宇圖志》一百二十九卷，《諸州圖經集》一百卷。其餘記注甚眾。今任、陸二家所記之內而又別行者，各錄在其書之上，自餘次之於下，以備地理之記焉。〔註84〕

可知其記錄之文獻爲方志類書目。今見丁、吳、黃、秦等四家《補晉志》著錄爲「地理」類，〔註85〕與《隋志》、《四庫全書總目》同。另文氏《補晉志》則著錄爲「地志類」，〔註86〕然未見其他書目有此名，蓋據《隋志》而略更改其名。

（八）「譜系類」之有無

《七錄》著錄該類爲「譜狀部」，自《隋志》即更名爲此，丁、吳、文、黃等四家《補晉志》亦取法之而有此類書目。然未見秦氏《補晉志》立此類，而將「譜系類」相關書籍置入「傳記類」中，如：丁國鈞將摯虞《族姓昭穆》十卷、孫盛《魏世譜》等書歸入「譜系類」中，〔註87〕然秦榮光則將其置於《史部‧傳記類‧總錄之屬》中，〔註88〕與《四庫全書總目》將「《欽定八旗滿洲氏族通譜》八十卷」歸入《史部‧傳記類‧總錄之屬》中同，〔註89〕足見秦氏《補晉志》乃取法於《四庫全書總目》。

〔註84〕　〔唐〕魏徵等撰：《隋書‧經籍志》卷33「地理類」（北京：中華書局，2006年3月），頁987～988。

〔註85〕　上述四處分見丁國鈞撰：《補晉書藝文志》卷2，收入二十五史刊行委員會編：《二十五史補編》第3冊（北京：中華書局，1998年2月），頁3675；吳士鑑撰：《補晉書經籍志》卷2，收入二十五史刊行委員會：《二十五史補編》第3冊（北京：中華書局，1998年2月），頁3872；黃逢元撰：《補晉書藝文志》卷2，收入二十五史刊行委員會編：《二十五史補編》第3冊（北京：中華書局，1998年2月），頁3931；〔清〕秦榮光撰：《補晉書藝文志》卷2，收入二十五史刊行委員會編：《二十五史補編》第3冊（北京：中華書局，1998年2月），頁3821。

〔註86〕　〔清〕文廷式撰：《補晉書藝文志》卷3，收入二十五史刊行委員會編：《二十五史補編》第3冊（北京：中華書局，1998年2月），頁3736。

〔註87〕　丁國鈞撰：《補晉書藝文志》卷2，收入二十五史刊行委員會編：《二十五史補編》第3冊（北京：中華書局，1998年2月），頁3675。

〔註88〕　〔清〕秦榮光撰：《補晉書藝文志》卷2，收入二十五史刊行委員會編：《二十五史補編》第3冊（北京：中華書局，1998年2月），頁3818～3819。

〔註89〕　〔清〕紀昀等撰：《欽定四庫全書總目》卷82「政書類」（臺北：藝文印書館股份有限公司，2004年10月），頁1251～1252。

（九）「簿錄類」之相關問題

1. 「簿錄類」之有無與名稱之異同

《七錄》將此類著錄爲「簿錄部」，《隋志》則著錄爲「簿錄類」：

> 古者史官既司典籍，蓋有目錄，以爲綱紀，體制堙滅，不可復知。
> 孔子刪書，別爲之序，各陳作者所由。韓、毛二《詩》，亦皆相類。
> 漢時劉向《別錄》、劉歆《七略》，剖析條流，各有其部，推尋事迹，
> 疑則古之制也。自是以後，不能辨其流別，但記書名而已。博覽之
> 士，疾其渾漫，故王儉作《七志》，阮孝緒作《七錄》，並皆別行。
> 大體雖準向、歆，而遠不逮矣。其先代目錄，亦多散亡。今總其見
> 存，編爲簿錄篇。〔註90〕

足見該類皆收錄目錄類方面書籍，今見丁、吳、黃三家《補晉志》皆據《隋志》
著錄爲「簿錄」類。〔註91〕另見文、秦二家《補晉志》著錄爲「目錄類」，〔註
92〕今查《舊唐志》至《四庫全書總目》皆爲此名，可知文、秦二人據此而得。

2. 「石刻類」之附入

茲僅見秦氏《補晉志》於「附錄」中設置一百〇四種「石刻類」相關文獻，
〔註93〕丁、吳、文、黃等四家《補晉志》皆無此類，爲秦榮光編纂該補志之
顯著特色。據《四庫全書總目‧史部‧目錄類‧金石之屬》著錄：

> 案：《隋志》以秦會稽刻石及諸石經皆入小學，《宋志》則金石附目
> 錄。今以集錄古刻條列名目者，從《宋志》入目錄。其《博古圖》

〔註90〕〔唐〕魏徵等撰：《隋書‧經籍志》卷33「簿錄類」（北京：中華書局，2006
年3月），頁992。

〔註91〕上述三處分見丁國鈞撰：《補晉書藝文志》卷2，收入二十五史刊行委員會編：
《二十五史補編》第3冊（北京：中華書局，1998年2月），頁3675；吳士
鑑撰：《補晉書經籍志》卷2，收入二十五史刊行委員會編：《二十五史補編》
第3冊（北京：中華書局，1998年2月），頁3872；黃逢元撰：《補晉書藝文
志》卷2，收入二十五史刊行委員會編：《二十五史補編》第3冊（北京：中
華書局，1998年2月），頁3933。

〔註92〕上述二處分見〔清〕文廷式撰：《補晉書藝文志》卷3，收入二十五史刊行委
員會編：《二十五史補編》第3冊（北京：中華書局，1998年2月），頁3746；
〔清〕秦榮光撰：《補晉書藝文志》卷2，收入二十五史刊行委員會編：《二十
五史補編》第3冊（北京：中華書局，1998年2月），頁3824。

〔註93〕秦氏《補晉志》計算爲一百〇三種，然詳細計算有一百〇四種之多。參見〔清〕
秦榮光撰：《補晉書藝文志》卷4，收入二十五史刊行委員會編：《二十五史補
編》第3冊（北京：中華書局，1998年2月），頁3847～3849。

之類，因器具而及款識者，別入譜錄。石鼓文音釋之類，從《隋志》
別入小學，《蘭亭考》、《石經考》之類，但徵故實，非考文字，則仍
隸此門，俾從類焉。〔註94〕

可知石刻類大抵附入「目錄類」中。雖見秦氏《補晉志》取法《四庫全書總
目》收錄石刻相關文獻，然其置於集部之後，而未歸入目錄類中，可知其略
有更動。

（十）「別史類」之有無

秦氏《補晉志》設立「別史」一類，〔註95〕據《四庫全書總目》著錄：

> 漢《藝文志》無史名，《戰國策》、《史記》均附見於《春秋》。厥
> 後著作漸繁，《隋志》乃分正史、古史、霸史諸目。然《梁武帝》、
> 《元帝實錄》列諸雜史，義未安也。陳振孫《書錄解題》創立別
> 史一門，以處上不至於正史，下不至於雜史者，義例獨善，今特
> 從之。蓋編年不列於正史，故凡屬編年，皆得類附。《史記》、《漢
> 書》以下，已列為正史矣。其歧出旁分者，《東觀漢記》、《東都事
> 略》、《大金國志》、《契丹國志》之類，則先資草創。《逸周書》、《路
> 史》之類，則互取證明。《古史》、《讀後漢書》之類，則檢校異同。
> 其書皆足相輔，而其名則不可以並列，命曰「別史」，猶大宗之有
> 別子云爾。包羅既廣，六體兼存，必以類分，轉形瑣屑，故今所
> 編，錄通以年代先後為敘。〔註96〕

可知秦本取法於此，然丁、吳、文、黃等四家《補晉志》皆未見別史類，故部
分書目之歸類與秦榮光有別。如：秦氏《補晉志》將王崇所撰《蜀書》歸入「別
史類」，〔註97〕文、黃等二家《補晉志》將其歸入「正史類」中，〔註98〕有所

〔註94〕　〔清〕紀昀等撰：《欽定四庫全書總目》卷86「目錄類」（臺北：藝文印書館
　　　　　股份有限公司，2004 年 10 月），頁 1746。
〔註95〕　〔清〕秦榮光等撰：《補晉書藝文志》卷2，收入二十五史刊行委員會編：《二
　　　　　十五史補編》第 3 冊（北京：中華書局，1998 年 2 月），頁 3811。
〔註96〕　〔清〕紀昀等撰：《欽定四庫全書總目》卷 50「別史類」（臺北：藝文印書館
　　　　　股份有限公司，2004 年 10 月），頁 1069。
〔註97〕　〔清〕秦榮光撰：《補晉書藝文志》卷2，收入二十五史刊行委員會編：《二十
　　　　　五史補編》第 3 冊（北京：中華書局，1998 年 2 月），頁 3811。
〔註98〕　上述二處分見〔清〕文廷式撰：《補晉書藝文志》卷2，收入二十五史刊行委
　　　　　員會編：《二十五史補編》第 3 冊（北京：中華書局，1998 年 2 月），頁 3717；
　　　　　黃逢元撰：《補晉書藝文志》卷2，收入二十五史刊行委員會編：《二十五史補

差異。

（十一）「詔令奏議類」之有無

秦氏《補晉志》著錄「詔令奏議」一類，〔註99〕據《四庫全書總目》著錄：

> 記言、記動，二史分司。起居注，右史事也，左史所錄蔑聞焉。王言所敷，惟詔令耳。《唐志》史部初立此門，黃虞稷《千頃堂書目》則移制誥於集部，次於別集。夫渙號明堂，義無虛發，治亂得失，於是可稽。此政事之樞機，非僅文章類也，抑居詞賦，於理爲褻。《尚書》誓誥，經有明徵。今仍載史部，從古義也。《文獻通考》始以奏議自爲一門，亦居集末。考《漢志》載《奏事》十八篇，列《戰國策》、《史記》之間，附《春秋》末。則論事之文，當歸史部，其證昭然。今亦併改隸，俾易與紀傳互考焉。〔註100〕

可知秦本取法於此，然丁、吳、文、黃等四家《補晉志》皆未見詔令奏議類，故部分書目之歸類與秦榮光有別。如：秦氏《補晉志》將「《晉元帝詔》十二卷」歸入「詔令奏議類」，〔註101〕然吳氏《補晉志》則將之歸入「起居注類」，〔註102〕有所差異。

（十二）「史鈔類」之有無

《隋志》無史鈔類，自《文獻通考·經籍考》始設立「史評史鈔類」，〔註103〕《宋志》之後至《四庫全書總目》則將其獨立爲一類。根據《四庫全書總目》著錄：

> 帝魁以後書，凡三千二百四十篇，孔子刪取百篇，此史鈔之祖也。《宋志》始自立門，然《隋志》雜史類中有《史要》十卷，註「漢桂陽

編》第3冊（北京：中華書局，1998年2月），頁3912。
〔註99〕 〔清〕秦榮光撰：《補晉書藝文志》卷2，收入二十五史刊行委員會編：《二十五史補編》第3冊（北京：中華書局，1998年2月），頁3813。
〔註100〕 〔清〕紀昀等撰：《欽定四庫全書總目》卷55「詔令奏議類」（臺北：藝文印書館股份有限公司，2004年10月），頁1175。
〔註101〕 〔清〕秦榮光撰：《補晉書藝文志》卷2，收入二十五史刊行委員會編：《二十五史補編》第3冊（北京：中華書局，1998年2月），頁3813。
〔註102〕 吳士鑑撰：《補晉書經籍志》卷2，收入二十五史刊行委員會編：《二十五史補編》第3冊（北京：中華書局，1998年2月），頁3864。
〔註103〕 〔元〕馬端臨撰：《文獻通考·經籍考》卷200「史評史鈔類」（北京：中華書局，2003年12月），1677。

太守衛颯撰，約《史記》要言，以類相從。」又有《三史略》二十卷，吳太子太傳張溫撰。嗣後專鈔一史者，有葛洪《漢書鈔》三十卷，張緬《晉書鈔》三十卷。合鈔衆史者，有阮孝緒《正史削繁》九十四卷，則其來已古矣。沿及宋代，又增四例。《通鑑總類》之類，則離析而編纂之。《十七史詳節》之類，則簡汰而刊削之。《史漢精語》之類，則採摭文句而存之。《兩漢博聞》之類，則割裂詞藻而次之。迄乎明季，彌衍餘風。趨簡易，利剽竊，史學荒矣。要其含咀英華，刪除冗贅，即韓愈所稱記事提要之義，不以末流蕪濫責及本始也。博取約存，亦資循覽。若倪思《班馬異同》惟品文字，婁機《班馬字類》惟明音訓，及《三國志文類》總匯文章者，則各從本類，不列此門。〔註104〕

秦氏《補晉志》據此著錄該類，而丁、吳、文、黃等四家《補晉志》則未見此類。今見秦氏《補晉志》著錄：「《洞記》四卷，韋昭撰」、「《晉後略》五卷，荀綽撰」、「《後漢略》二十五卷，張緬撰」、葛洪撰「《史記鈔》十四卷、《漢書鈔》三十卷、《後漢書鈔》三十卷、《涉史隨筆》一卷」、王蔑撰「《史漢集》二卷」、「《三史略記》八十四卷，劉昞撰」、「《三國總略》二十卷，沮渠茂虔獻、河西人所著書」等十種書目，〔註105〕丁、吳、文、黃等四家《補晉志》雖收錄部分書目，然歸類與秦本有別。如：荀綽的《晉後略記》，此四家《補晉志》皆收入「雜史類」，〔註106〕故有差異。

（十三）「時令類」之有無

《隋志》無時令類，自《崇文總目》則立相似之「歲時類」，《直齋書錄

〔註104〕〔清〕紀昀等撰：《欽定四庫全書總目》卷65「史鈔類」（臺北：藝文印書館股份有限公司，2004年10月），頁1370。

〔註105〕〔清〕秦榮光撰：《補晉書藝文志》卷2，收入二十五史刊行委員會編：《二十五史補編》第3冊（北京：中華書局，1998年2月），頁3819。

〔註106〕上述四處分見丁國鈞撰：《補晉書藝文志》卷2，收入二十五史刊行委員會編：《二十五史補編》第3冊（北京：中華書局，1998年2月），頁3660；吳士鑑撰：《補晉書經籍志》卷2，收入二十五史刊行委員會編：《二十五史補編》第3冊（北京：中華書局，1998年2月），頁3862；〔清〕文廷式撰：《補晉書藝文志》卷2，收入二十五史刊行委員會編：《二十五史補編》第3冊（北京：中華書局，1998年2月），頁3719；黃逢元撰：《補晉書藝文志》卷2，收入二十五史刊行委員會編：《二十五史補編》第3冊（北京：中華書局，1998年2月），頁3916。

解題》、《文獻通考·經籍考》始更改其名。根據《四庫全書總目》著錄：

> 《堯典》首授時，舜初受命，亦先齊七政。後世推步測算，重爲專門，已別著錄。其本天道之宜以立人事之節者，則有時令諸書。孔子考獻徵文，以《小正》爲尚存夏道，然則先王之政，玆其大綱歟。後世承流，遞有撰述，大抵農家日用、閭閻風俗爲多，與《禮經》所載小異。然民事即王政也，淺識者岐視之耳。至於選詞章，隸故實，誇多鬬靡，寖失厥初，則踵事增華，其來有漸，不獨時令一家爲然。汰除鄙倍，採摘典要，亦未始非《豳風》、《月令》之遺矣。〔註107〕

秦氏《補晉志》據此立類，然丁、吳、文、黃等四家《補晉志》則未見該類。秦本「時令類」收錄索靖撰《月儀帖》、王羲之所撰《月儀書》二部書籍，〔註108〕亦未見於於四家《補晉志》其餘類目中。

（十四）「史評類」之有無

《隋志》無史評類，自《郡齋讀書志》始有此類目，《遂初堂書目》則名之爲「史學類」，《文獻通考·經籍考》則將其名目與「史鈔類」合併。根據《四庫全書總目》著錄：

> 《春秋》筆削，議而不辨，其後三傳異詞。《史記》自爲序贊，以著本旨，而先黃老，後六經，退處士，進姦雄，班固復異議焉。此史論所以繁也。其中考辨史體，如劉知幾、倪思諸書，非博覽精思不能成帙，故作者差稀。至於品騭舊聞，抨彈往迹，則纜緒史略，即可成文，此是彼非，互滋簧鼓，故其書動至汗牛。又文士立言，務求相勝，或至鑿空生義，僻謬不情。如胡寅《讀史管見》譏晉元帝不復牛姓者，更往往而有。故瑕類叢生，亦惟此一類爲甚。我皇上綜括古今，折衷眾論，欽定《評鑑闡要》及《全韻詩》，昭示來兹，日月著明，爝火可息。百家讕語，原可無存，以古來著錄，舊有此門，擇其篤實近理者，酌錄數家，用備體裁云爾。〔註109〕

〔註107〕〔清〕紀昀等撰：《欽定四庫全書總目》卷 67「時令類」（臺北：藝文印書館股份有限公司，2004 年 10 月），頁 1405。

〔註108〕〔清〕秦榮光撰：《補晉書藝文志》卷 2，收入二十五史刊行委員會編：《二十五史補編》第 3 冊（北京：中華書局，1998 年 2 月），頁 3821。

〔註109〕〔清〕紀昀等撰：《欽定四庫全書總目》卷 88「史評類」（臺北：藝文印書館股份有限公司，2004 年 10 月），頁 1762。

秦氏《補晉志》據此立類，然丁、吳、文、黃等四家《補晉志》則未見該類。秦本該類收錄者有：王濤撰「《三國志序評》三卷」、何琦撰「《論三國志》九卷」、徐衆撰「《三國評》三卷」等三種書籍，〔註110〕然丁、吳、文、黃等四家《補晉志》雖收錄其中書目，然歸類與秦本有別。如：丁、吳、文等三家《補晉志》將王濤《三國志序評》三卷歸入「正史類」中，〔註111〕即爲一例。

二、史部書目歸類的差異

　　五家《補晉志》除在史部類目的名稱與分合有極大的差異之外，其對於史部個別書目歸類的方式，更有不少需要商榷的地方。由於史部書目歸類之問題較經部書目繁複，故單一學者對於個別書目考證未能詳盡之情形甚多，而使較多書目產生互見之出入。除此之外，此五位學者所依循之史志類目相異，對於個別書目性質之界定亦有所別，故造成同一部書置入相異的類目之中，而造成該書目歸類之不當。此二種歸類差異的問題，皆爲此處所欲探討之方向，然限於篇幅，僅略舉數例，以明五家《補晉志》史部書目歸類之差異與出入。

（一）書目重出之例

1.〔晉〕荀綽撰《晉後略記》五卷

　　今見丁、吳、文、黃、秦等五家《補晉志》皆著錄該書。然於書目名稱有別、歸類相異之外，亦有重出之嫌。根據《晉書·荀勗列傳》記載：

> 勗久管機密，有才思，探得人主微旨，不犯顏迕爭，故得始終全其寵
> 祿。太康十年卒，詔贈司徒，賜東園祕器、朝服一具、錢五十萬、布
> 百匹。遣兼御史持節護喪，諡曰成。勗有十子，其達者輯、藩、組。
> 輯嗣，官至衛尉。卒，諡曰簡。子畯嗣。卒，諡曰烈。無適子，以弟
> 息識爲嗣。輯子綽。綽字彥舒，博學有才能，撰《晉後書》十五篇，

〔註110〕〔清〕秦榮光撰：《補晉書藝文志》卷 2，收入二十五史刊行委員會編：《二十五史補編》第 3 冊（北京：中華書局，1998 年 2 月），頁 3825。

〔註111〕上述三處分見丁國鈞撰：《補晉書藝文志》卷 2，收入二十五史刊行委員會編：《二十五史補編》第 3 冊（北京：中華書局，1998 年 2 月），頁 3663；吳士鑑撰：《補晉書經籍志》卷 2，收入二十五史刊行委員會編：《二十五史補編》第 3 冊（北京：中華書局，1998 年 2 月），頁 3860；〔清〕文廷式撰：《補晉書藝文志》卷 2，收入二十五史刊行委員會編：《二十五史補編》第 3 冊（北京：中華書局，1998 年 2 月），頁 3717。

傳於世。永嘉末，爲司空從事中郎，沒於石勒，爲勒參軍。〔註112〕
可知荀綽爲荀勖之孫，乃東晉時人，故該書爲晉朝文獻無誤。《晉書》謂該書
名爲「《晉後書》」，《隋志・史部・雜史類》著錄該書爲「《晉後略記》五卷，
晉下邳太守荀綽撰」，〔註113〕《舊唐志史部・雜史類》著錄「《晉後略記》五
卷，荀綽撰」，〔註114〕《新唐志・史部・雜史類》著錄「荀綽《晉後略》五卷」，
〔註115〕《宋志・史部・史鈔類》著錄「荀綽《晉略》九卷」。〔註116〕同一部
書名稱相異，姚振宗《隋書經籍志考證》則疑《宋志》所錄之書未必爲《晉
後略記》。〔註117〕可知《宋志》之著錄未必可據，故書名、類目應以《隋志》
爲本。茲見丁、吳、文、黃等四家《補晉志》皆將該書置入「雜史」類，並
著錄爲「《晉後略記》五卷」，蓋依循《隋志》。〔註118〕然秦氏《補晉志》則將
該書歸入兩處，其一依循《隋志》歸入《史部・編年類》中，著錄荀綽所撰
之「《晉後略記》五卷」；〔註119〕其二依循《新唐志》歸入《史部・史鈔類》
中，著錄荀綽所撰之「《晉後略》五卷」。〔註120〕然則秦本著錄此二書實爲同

〔註112〕〔唐〕房玄齡等撰：《晉書・荀勖列傳》卷 39（北京：中華書局，2006 年 3
月），頁 1157～1158。

〔註113〕〔唐〕魏徵等撰：《隋書・經籍志》卷 33「雜史類」（北京：中華書局，2006
年 3 月），頁 960。

〔註114〕〔後晉〕劉昫等撰：《舊唐書・經籍志》卷 46「雜史類」（北京：中華書局，
2006 年 3 月），頁 1995。

〔註115〕〔宋〕歐陽修等撰：《新唐書・藝文志》卷 58「雜史類」（北京：中華書局，
2006 年 3 月），頁 1464。

〔註116〕〔元〕脫脫等撰：《宋史・藝文志》卷 203「史鈔類」（北京：中華書局，2006
年 3 月），頁 5098。

〔註117〕〔清〕姚振宗撰：《隋書經籍志考證》卷 13，收入二十五史刊行委員會編：《二
十五史補編》第 4 冊（北京：中華書局，1998 年 2 月），頁 5279。

〔註118〕上述四處分見丁國鈞撰：《補晉書藝文志》卷 2，收入二十五史刊行委員會編：
《二十五史補編》第 3 冊（北京：中華書局，1998 年 2 月），頁 3664；吳士
鑑撰：《補晉書經籍志》卷 2，收入二十五史刊行委員會編：《二十五史補編》
第 3 冊（北京：中華書局，1998 年 2 月），頁 3862；〔清〕文廷式撰：《補晉
書藝文志》卷 2，收入二十五史刊行委員會編：《二十五史補編》第 3 冊（北
京：中華書局，1998 年 2 月），頁 3719；黃逢元撰：《補晉書藝文志》卷 2，
收入二十五史刊行委員會編：《二十五史補編》第 3 冊（北京：中華書局，1998
年 2 月），頁 3916。

〔註119〕〔清〕秦榮光撰：《補晉書藝文志》卷 2，收入二十五史刊行委員會編：《二
十五史補編》第 3 冊（北京：中華書局，1998 年 2 月），頁 3810。

〔註120〕〔清〕秦榮光撰：《補晉書藝文志》卷 2，收入二十五史刊行委員會編：《二
十五史補編》第 3 冊（北京：中華書局，1998 年 2 月），頁 3819。

一書，故其著錄書目有所出入，且其雖設立「雜史類」，然未循《隋志》而誤置其他二類，亦有不當，是以尚有重出與歸類差異之嚴重訛誤。

2.〔晉〕譙周撰《古史考》二十五卷

今見丁、文、黃、秦等四家《補晉志》皆著錄該書目，僅吳氏《補晉志》一家未見。該書除有歸類不當之出入，尚有重出之差異。根據《三國志‧譙周列傳》著錄：

> 譙周字允南，巴西西充國人也。父岈，字榮始，治《尚書》，兼通諸經及圖、緯。州郡辟請，皆不應，州就假師友從事。……時晉文王為魏相國，以周有全國之功，封陽城亭侯。又下書辟周，周發至漢中，因疾不進。咸熙二年夏，巴郡文立從洛陽還蜀，過見周。周語次，因書版示立曰：「典午忽兮，月酉沒兮。」……泰始三年至。以疾不起，就拜騎都尉，周乃自陳無功而封，求還爵土，皆不聽許。……凡所著述，撰定《法訓》、《五經論》、《古史考》之屬百餘篇。〔註121〕

可知譙周卒於泰始年間，故該書為晉朝文獻無誤。查《隋志‧史部‧正史類》將該書著錄為「《古史考》二十五卷，晉義陽亭侯譙周撰」，〔註122〕《兩唐志》則將該書歸入《史部‧雜史類》，〔註123〕與《隋志》相異。茲見丁、文、秦等三家《補晉志》皆將該書歸入《史部‧正史類》，〔註124〕蓋皆依循《隋志》。另見丁、黃等二家《補晉志》將《古史考》歸入「雜史」類，〔註125〕蓋皆依

〔註121〕〔晉〕陳壽撰：《三國志‧陳壽列傳》卷42（北京：中華書局，2006年3月），頁1027+1032～1033。

〔註122〕〔唐〕魏徵等撰：《隋書‧經籍志》卷33「正史類」（北京：中華書局，2006年3月），頁953。

〔註123〕上述二處分見〔後晉〕劉昫等撰：《舊唐書‧經籍志》卷46「雜史類」（北京：中華書局，2006年3月），頁1994；〔宋〕歐陽修等撰：《新唐書‧藝文志》卷58「雜史類」（北京：中華書局，2006年3月），頁1464。

〔註124〕上述三處分見丁國鈞撰：《補晉書藝文志》卷2，收入二十五史刊行委員會編：《二十五史補編》第3冊（北京：中華書局，1998年2月），頁3662；〔清〕文廷式撰：《補晉書藝文志》卷2，收入二十五史刊行委員會編：《二十五史補編》第3冊（北京：中華書局，1998年2月），頁3716；〔清〕秦榮光撰：《補晉書藝文志》卷2，收入二十五史刊行委員會編：《二十五史補編》第3冊（北京：中華書局，1998年2月），頁3809。

〔註125〕上述二處分見丁國鈞撰：《補晉書藝文志》卷2，收入二十五史刊行委員會編：《二十五史補編》第3冊（北京：中華書局，1998年2月），頁3664；黃逢元撰：《補晉書藝文志》卷2，收入二十五史刊行委員會編：《二十五史補編》第3冊（北京：中華書局，1998年2月），頁3914。

循《兩唐志》而著錄，然則丁本兩見同一書目，有所出入。根據姚振宗《隋書經籍志考證》可知《古史考》之性質：

> 是書專爲考《史記》百三十篇而作，每篇皆有所考。……章氏一再言《唐志》入雜史爲得實，未得也。〔註126〕

則譙周所撰《古史考》理應置入「正史類」，故丁本除有一書兩見之出入外，與黃氏《補晉志》皆有書目歸類差異之訛。

3.〔晉〕《王朝目錄》

今見丁、吳、文、秦等四家《補晉志》皆著錄該書，僅未見於黃本。其中歸類有別，且有重出之誤。茲查《晉書》、《隋志》、《兩唐志》皆未見此書，然見此吳、文、丁等三家《補晉志》提及該書目乃援引自「《世說・品藻篇注》」，今核對《世說新語・品藻篇》第六條注文可知：

> 《王朝目錄》曰：「（裴）綽字仲舒，楷弟也，名亞於楷。歷中書黃門侍郎。」〔註127〕

可知確有此書，然未見撰者之名。就歸類而論，見文、吳二家《補晉志》皆收錄於《史部・職官類》中，〔註128〕秦氏《補晉志》則收錄於《史部・傳記類・總錄之屬》，〔註129〕至於丁氏《補晉志》則著錄在《史部・簿錄類》，〔註130〕四家著錄皆有差異，然秦、吳等二家《補晉志》又收錄《王朝目錄》於《史部・簿錄類》與《史部・目錄類》中，〔註131〕故有一書兩見之訛誤。此外，由於《世說新語》僅著錄《王朝目錄》單一條文，較難確切界定其性

〔註126〕〔清〕姚振宗撰：《隋書經籍志考證》卷11，收入二十五史刊行委員會編：《二十五史補編》第4冊（北京：中華書局，1998年2月），頁5232。

〔註127〕〔劉宋〕劉義慶編，〔梁〕劉孝標注，余嘉錫箋疏：《世說新語箋疏・品藻第九》（臺北：華正書局有限公司，2002年8月），頁506。

〔註128〕上述二處分見〔清〕文廷式撰：《補晉書藝文志》卷2，收入二十五史刊行委員會編：《二十五史補編》第3冊（北京：中華書局，1998年2月），頁3726；吳士鑑撰：《補晉書經籍志》卷2，收入二十五史刊行委員會編：《二十五史補編》第3冊（北京：中華書局，1998年2月），頁3865。

〔註129〕〔清〕秦榮光撰：《補晉書藝文志》卷2，收入二十五史刊行委員會編：《二十五史補編》第3冊（北京：中華書局，1998年2月），頁3818。

〔註130〕丁國鈞撰：《補晉書藝文志》卷2，收入二十五史刊行委員會編：《二十五史補編》第3冊（北京：中華書局，1998年2月），頁3675。

〔註131〕上述二處分見〔清〕秦榮光撰：《補晉書藝文志》卷2，收入二十五史刊行委員會編：《二十五史補編》第3冊（北京：中華書局，1998年2月），頁3824；吳士鑑撰：《補晉書經籍志》卷2，收入二十五史刊行委員會編：《二十五史補編》第3冊（北京：中華書局，1998年2月），頁3872。

質，因此四家《補晉志》對於此書歸類無一致之見解。茲查《世說》對於裴綽之著錄僅見其姓氏與官職，而未見「書目」著錄之相關資訊，與《隋志》之界定「簿錄類」有極大差異，故將《王朝目錄》歸入「職官類」，或較符合其性質。然則吳、秦二家《補晉志》除有重出之出入，尚與丁氏《補晉志》有歸類不當之缺失。

4. 〔晉〕《王汝南別傳》一卷

今見丁、吳、文、秦等四家《補晉志》皆著錄此書，僅未見於黃本。此書未見於《隋志》與《兩唐志》，然根據《晉書》著錄：

> 王湛字處沖，司徒渾之弟也。少有識度。身長七尺八寸，龍顙大鼻，少言語。初有隱德，人莫能知，兄弟宗族皆以爲癡，其父昶獨異焉。……湛少仕歷秦王文學、太子洗馬、尚書郎、太子中庶子，出爲汝南內史。元康五年卒，年四十七。子承嗣。〔註132〕

另據《世說新語・賢媛篇》：

> 《汝南別傳》曰：「襄城郝仲將，門至孤陋，非其所偶也。君嘗見其女，便求聘焉。果高朗英邁，母儀冠族。其通識餘裕，皆此類。」
>
> 〔註133〕

可知有此書。然傳記皆有冠姓之通例，疑此書名應爲「《王汝南別傳》」。茲僅見秦氏《補晉志》著錄「《汝南別傳》」，〔註134〕餘三家《補晉志》皆冠其姓。此外，丁本已於卷二處著錄該書，又另於「補遺」重複著錄，則有一書兩見之出入。〔註135〕

（二）書目歸類差異之例

1. 《史部・正史類》、《史部・雜史類》與《史部・史評類》：〔晉〕徐

〔註132〕〔唐〕房玄齡等撰：《晉書・王湛列傳》卷 75（北京：中華書局，2006 年 3 月），頁 1959～1960。

〔註133〕〔劉宋〕劉義慶編，〔梁〕劉孝標注，余嘉錫箋疏：《世說新語箋疏・賢媛第十九》（北京：中華書局，2006 年 3 月），頁 686。

〔註134〕〔清〕秦榮光撰：《補晉書藝文志》卷 2，收入二十五史刊行委員會編：《二十五史補編》第 3 冊（北京：中華書局，1998 年 2 月），頁 3815。

〔註135〕上述二處分見丁國鈞撰：《補晉書藝文志》卷 2，收入二十五史刊行委員會編：《二十五史補編》第 3 冊（北京：中華書局，1998 年 2 月），頁 3672；丁國鈞撰：《補晉書藝文志・補遺・史部》，收入二十五史刊行委員會編：《二十五史補編》第 3 冊（北京：中華書局，1998 年 2 月），頁 3695。

眾撰《三國評》三卷

今見丁、吳、文、秦等四家《補晉志》收錄該書，僅未見於黃本。徐眾之事蹟雖未見於《晉書》，然據嚴可均《全晉文》著錄：

> 眾，咸康中爲黃門郎。建元初進侍中。〔註136〕

可知其爲晉人無誤。《隋志·史部·正史類》著錄「《三國志評》三卷」，〔註137〕《兩唐志》則皆著錄於《史部·雜史類》而題名爲「《三國評》三卷」，〔註138〕此四家《補晉志》著錄書目名皆同於《兩唐志》。蓋《三國志·魏書》中明確著錄：

> 徐眾《三國評》曰：「洪敦天下名義，救舊君之危，其恩足以感人情，
> 義足以勵薄俗。然袁亦知己親友，致位州郡，雖非君臣，且實盟主，
> 既受其命，義不應貳。……」〔註139〕

則書目名應以「《三國評》」爲定名。另見文氏《補晉志》據《隋志》收入《史部·正史類》，〔註140〕丁、吳二家《補晉志》則據《兩唐志》收入《史部·雜史類》，〔註141〕秦氏《補晉志》則收入《史部·史評類》。〔註142〕茲以爲，見《魏書》可知徐眾之書大抵皆依據《三國志》進行評論與糾正，且唐代尚無「史評類」，故《三國評》應歸入「正史類」較爲適宜，然則丁、吳、秦等三家《補晉志》有書目歸類差異之出入。

2. 《史部·起居注類》與《史部·霸史類》：〔晉〕李軌撰《晉泰始起

〔註136〕〔清〕嚴可均：《全晉文》卷131，收入《全上古三代秦漢三國六朝文》（北京：中華書局，1999年6月），頁2212。。

〔註137〕〔唐〕魏徵等撰：《隋書·經籍志》卷33「正史類」（北京：中華書局，2006年3月），頁955。

〔註138〕上述二處分見〔後晉〕劉昫等撰：《舊唐書·經籍志》卷46「雜史類」（北京：中華書局，2006年3月），頁1994；〔宋〕歐陽修等撰：《新唐書·藝文志》卷58「雜史類」（北京：中華書局，2006年3月），頁1464。

〔註139〕〔晉〕陳壽撰：《三國志·魏書》卷7（北京：中華書局，2006年3月），頁236。

〔註140〕〔清〕文廷式撰：《補晉書藝文志》卷2，收入二十五史刊行委員會編：《二十五史補編》第3冊（北京：中華書局，1998年2月），頁3717。

〔註141〕上述二處分見丁國鈞撰：《補晉書藝文志》卷2，收入二十五史刊行委員會編：《二十五史補編》第3冊（北京：中華書局，1998年2月），頁3664；吳士鑑撰：《補晉書經籍志》卷2，收入二十五史刊行委員會編：《二十五史補編》第3冊（北京：中華書局，1998年2月），頁3861。

〔註142〕〔清〕秦榮光撰：《補晉書藝文志》卷2，收入二十五史刊行委員會編：《二十五史補編》第3冊（北京：中華書局，1998年2月），頁3825。

居注》二十卷

今見丁、吳、文、黃、秦等五家《補晉志》皆著錄該書，然歸入之類目有別。據《經典釋文・序錄》：

> 李軌，字弘範，江夏人。東晉祠部郎中都亭侯。〔註143〕

可知其為晉人。該書據《隋志・史部・起居注類》著錄「《晉泰始起居注》二十卷」，〔註144〕《舊唐志・史部・起居注類》著錄「《晉太始起居注》二十卷」，〔註145〕《新唐志・史部・起居注類》則循《隋志》著錄「《晉泰始起居注》二十卷」。〔註146〕據晉朝歷史僅見「泰始」而未見「太始」，故著錄書名應以《隋》、《新唐志》為本，五家《補晉志》亦依此著錄。茲另見丁、吳、文、黃等四家《補晉志》皆循《隋志》將該書收錄於《史部・起居注類》，〔註147〕秦氏《補晉志》則將其置入《史部・載記類》。〔註148〕據《隋志・史部・起居注類》著錄：

> 起居注者，錄紀人君言行動止之事。……漢武帝有《禁中起居注》，後漢明德馬后撰《明帝起居注》，然則漢時起居，似在宮中，為女史之職。然皆零落，不可復知。今之存者，有漢獻帝及晉代已來《起居注》，皆近侍之臣所錄。……其偽國起居，唯《南燕》一卷，不可別出，附之於此。〔註149〕

〔註143〕〔唐〕陸德明撰：《經典釋文・序錄》，收入孔子文化大全編輯部編輯：《孔子文化大全》（濟南：山東友誼書社，1991年10月），頁32。

〔註144〕〔唐〕魏徵等撰：《隋書・經籍志》卷33「起居注類」（北京：中華書局，2006年3月），頁964。

〔註145〕〔後晉〕劉昫等撰：《舊唐書・經籍志》卷46「起居注類」（北京：中華書局，2006年3月），頁1997。

〔註146〕〔宋〕歐陽修等撰：《新唐書・藝文志》卷58「起居注類」（北京：中華書局，2006年3月），頁1469。

〔註147〕上述四處分見丁國鈞撰：《補晉書藝文志》卷2，收入二十五史刊行委員會編：《二十五史補編》第3冊（北京：中華書局，1998年2月），頁3666；吳士鑑撰：《補晉書經籍志》卷2，收入二十五史刊行委員會編：《二十五史補編》第3冊（北京：中華書局，1998年2月），頁3863；〔清〕文廷式撰：《補晉書藝文志》卷2，收入二十五史刊行委員會編：《二十五史補編》第3冊（北京：中華書局，1998年2月），頁3722；黃逢元撰：《補晉書藝文志》卷2，收入二十五史刊行委員會編：《二十五史補編》第3冊（北京：中華書局，1998年2月），頁3918。

〔註148〕〔清〕秦榮光撰：《補晉書藝文志》卷2，收入二十五史刊行委員會編：《二十五史補編》第3冊（北京：中華書局，1998年2月），頁3819。

〔註149〕〔唐〕魏徵等撰：《隋書・經籍志》卷33「起居注類」（北京：中華書局，2006

又見《隋志・史部・霸史類》著錄：

> 自晉永嘉之亂，皇綱失馭，九州君長，據有中原者甚眾。或推奉正
> 朔，或假名竊號，然其君臣忠義之節，經國字民之務，蓋亦勤矣。
> 而當時臣子，亦各記錄。後魏克平諸國，據有嵩、華，始命司徒崔
> 浩，博采舊聞，綴述國史。諸國記注，盡集祕閣。尒朱之亂，並皆
> 散亡。今舉其見在，謂之霸史。〔註150〕

觀秦本多將帝王「起居注類」之相關書籍皆歸入屬於地方諸國的「載記類」，
實有歸類不當之誤。

3. 《史部・傳記類》與《史部・譜系類》：〔晉〕《周氏譜》

今僅見文、秦等二家《補晉志》著錄該書，餘丁、吳、黃等三家《補晉
志》則未見。該書目未見於《隋志》、《兩唐志》，然文、秦二家《補晉志》皆
援引《世說新語》而得，根據〈賢媛篇〉注語指出：

> 按《周氏譜》：「浚取同郡李伯宗女。」此云為妾，妄耳。〔註151〕

則確有此書。然文氏《補晉志》將該書歸入《史部・譜系類》，〔註152〕秦氏《補
晉志》則歸入《史部・傳記類・總錄之屬》。〔註153〕根據《隋志・史部・譜系
類》著錄：

> 氏姓之書，其所由來遠矣。《書》稱：「別生分類。」《傳》曰：「天
> 子建德，因生以賜姓。」周家小史定繫世，辨昭穆，則亦史之職也。
> 秦兼天下，剗除舊迹，公侯子孫，失其本繫。漢初，得《世本》，敘
> 黃帝已來祖世所出。而漢又有《帝王年譜》，後漢有《鄧氏官譜》。
> 晉世，摯虞作《族姓昭穆記》十卷，齊、梁之間，其書轉廣。後魏
> 遷洛，有八氏十姓，咸出帝族。又有三十六族，則諸國之從魏者；
> 九十二姓，世為部落大人者，並為河南洛陽人。其中國士人，則第
> 其門閥，有四海大姓、郡姓、州姓、縣姓。及周太祖入關，諸姓子

年3月），頁966。

〔註150〕〔唐〕魏徵等撰：《隋書・經籍志》卷33「霸史類」（北京：中華書局，2006
年3月），頁964。

〔註151〕〔劉宋〕劉義慶編，〔梁〕劉孝標注，余嘉錫箋疏：《世說新語箋疏・賢媛篇
第九》（臺北：華正書局有限公司，2002年8月），頁689。

〔註152〕〔清〕文廷式撰：《補晉書藝文志》卷3，收入二十五史刊行委員會編：《二
十五史補編》第3冊（北京：中華書局，1998年2月），頁3745。

〔註153〕〔清〕秦榮光撰：《補晉書藝文志》卷2，收入二十五史刊行委員會編：《二
十五史補編》第3冊（北京：中華書局，1998年2月），頁3818。

孫有功者，並令爲其宗長，仍撰譜錄，紀其所承。又以關內諸州，
爲其本望。其《鄧氏官譜》及《族姓昭穆記》，晉亂已亡。自餘亦多
遺失。今錄其見存者，以爲譜系篇。〔註154〕

則秦氏《補晉志》將「周氏譜」等譜系相關書目列入「傳記類」，確實有歸類
不當之出入。

第三節　子部分類之比較

　　春秋戰國百家爭鳴以來，舉凡能自成體系且能爲一家之言者，大抵皆被
尊稱爲「子」。此種學術風潮反映在書目裡，由劉歆《七略》即可見「諸子略」，
班固《漢書‧藝文志‧諸子略》亦依循之：

　　諸子十家，其可觀者九家而已。皆起於王道既微，諸侯力政，時君
　　世主，好惡殊方，是以九家之術蠭出並作，各引一端，崇其所善，
　　以此馳說，取合諸侯。其言雖殊，辟猶水火，相滅亦相生也。仁之
　　與義，敬之與和，相反而皆相成也。……方今去聖久遠，道術缺廢，
　　無所更索，彼九家者，不猶瘉於野乎？若能修六藝之術，而觀此九
　　家之言，舍短取長，則可以通萬方之略矣。〔註155〕

其後王儉《七志》則取法之名爲「諸子志」，阮孝緒《七錄》則更名爲「子兵
錄」，將《七略》、《漢志》的「諸子略」、「兵書略」合併爲一大類。〔註156〕
至荀勖《中經新簿》則以四分法將其命名爲「乙部」，置於「丙部」史書之前，
內容包含：「史記、舊事、皇覽簿、雜事」等書籍；〔註157〕李充《晉元帝書目》
則將子書移後，命名爲「丙部」。《隋志》將《漢志》「諸子略」、「兵書略」、「術
數略」與「方技略」部分書籍集合而成今日所能見之「子部」。自此之後，史
志與書目之編纂大抵仿此，《四庫全書總目》亦然。故五家《補晉志》多依循
《隋志》之例進行編纂，僅秦本取法《四庫全書總目》而差異性較大。茲見

〔註154〕〔唐〕魏徵等撰：《隋書‧經籍志》卷33「譜系類」（北京：中華書局，2006
　　　　年3月），頁990。

〔註155〕〔漢〕班固等撰：《漢書‧藝文志》卷30「諸子略」（北京：中華書局，2006
　　　　年3月），頁1746。

〔註156〕〔梁〕阮孝緒撰：《七錄‧序》，收入袁詠秋、曾季光主編：《中國歷代圖書著
　　　　錄文選》（北京：北京大學出版社，1997年12月），頁181。

〔註157〕〔唐〕魏徵等撰：《隋書‧經籍志》卷32（北京‧中華書局，2006年3月），
　　　　頁906。

《隋書》與《晉書》編纂年限相近，故僅就《隋志》與五家《補晉志》繪製一表格，以明晰其中差異如下：

《隋志》子部	丁本丙部子錄	吳本丙部子錄	文本子部	黃本丙部子錄	秦本子部
1 儒	1 儒家類	1 儒家類	1 儒家類	1 儒家	1 儒家類
2 道	2 道家類	2 道家類	2 道家類	2 道家	13 道家類
3 法	3 法家	4 法家類	4 法家類	3 法家	3 法家類
4 名	4 名家	5 名家類	5 名家類		
5 墨	5 墨家	6 墨家類	3 墨家類	4 墨家	
6 從橫	6 縱橫家	7 縱橫家類	9 縱橫家類	5 從橫家	
7 雜	7 雜家類	8 雜家類	6 雜家類	6 雜家	9 雜家類
8 農			8 農家類	7 農家	
9 小說	8 小說類	9 小說類	17 小說家類	8 小說家	11 小說家
10 兵	9 兵家類	10 兵家類	7 兵家類	9 兵書	2 兵家類
11 天文	10 天文類	11 天文類	11 天文類	10 天文	5 天文算法類（推步之屬）
12 曆數	11 曆數類	12 曆數類	10 曆算家	11 曆數	5 天文算法類（算法之屬）
13 五行	12 五行類	13 五行類	12 五行家類	12 五行	6 術數類
14 醫方	13 醫方類	15 醫方類	13 醫家類	13 醫方	4 醫家類
		14 雜藝術類	16 雜藝家類	14 雜藝術	7 藝術類
					8 譜錄類
					10 類書類
		3 釋家類	15 釋家類		12 釋家類
			14 神仙家類		

一、子部類目的差異

茲見吳、黃、秦等三家《補晉志》將「道家」與「道教」之書籍皆歸之於「道家」類中，吳、秦等二家《補晉志》亦將「釋家」類置於此，文氏《補

晉志》則有「神仙家類」與「釋家類」等二類書籍，皆原屬《隋志》附錄之「道經部」、「佛經部」文獻，故此二類書籍之類目差異與書目歸類的差異則不在此處論述，而置於本章第五節、第六節另行分析。

（一）「子部」名稱之異同

《隋志》繼承荀勗《中經新簿》、李充《晉元帝書目》之四部分類方式，但將李充書目之「丙部」名稱更改爲「子部」。今見文、秦二家《補晉志》皆依循《隋志》，然見丁、吳、黃等三家《補晉志》皆著錄爲「丙部子錄」。〔註158〕推溯其源，可知依循《舊唐志》取材《古今書錄》，合併荀勗、李充二書目與《隋志》之名稱，故得「丙部子錄」之部名。〔註159〕

（二）「儒類」名稱之異同

《七略》、《漢志》即在「諸子略」中爲儒學書籍別立一類，蓋漢代「罷黜百家，獨尊儒術」使然。後《七錄》則置於「子兵錄」，並謂之爲「儒部」。《隋志》則歸入於「子部」之首：

> 儒者，所以助人君明教化者也。聖人之教，非家至而戶説，故有儒者宣而明之。其大抵本於仁義及五常之道，黄帝、堯、舜、禹、湯、文、武，咸由此則。《周官》，太宰以九兩繫邦國之人，其四曰儒，是也。其後陵夷衰亂，儒道廢闕。仲尼祖述前代，修正六經，三千之徒，並受其義。至于戰國，孟軻、子思、荀卿之流，宗而師之，各有著述，發明其指。所謂中庸之教，百王不易者也。俗儒爲之，不願其本，苟欲譁眾，多設問難，便辭巧説，亂其大體，致令學者難曉，故曰「博而寡要」。〔註160〕

丁、吳、文、黃據《隋志》而著錄此類，然類目皆爲「儒家」類，〔註161〕較

〔註158〕上述三處分見丁國鈞撰：《補晉書藝文志》卷3，收入二十五史刊行委員會編：《二十五史補編》第3冊（北京：中華書局，1998年2月），頁3676；吳士鑑撰：《補晉書經籍志》卷3，收入二十五史刊行委員會編：《二十五史補編》第3冊（北京：中華書局，1998年2月），頁3873；黃逢元撰：《補晉書藝文志》卷3，收入二十五史刊行委員會編：《二十五史補編》第3冊（北京：中華書局，1998年2月），頁3933。

〔註159〕〔後晉〕劉昫等撰：《舊唐書·經籍志》卷47（北京：中華書局，2006年3月），頁2023。

〔註160〕〔唐〕魏徵等撰：《隋書·經籍志》卷34「儒類」（北京：中華書局，2006年3月），頁999～1000。

〔註161〕上述四處分見丁國鈞撰：《補晉書藝文志》卷3，收入二十五史刊行委員會編：

《隋志》增一字「家」。至於秦氏《補晉志》取法《四庫全書總目》，是以類目爲「儒家類」，〔註162〕自與《隋志》有別。

（三）「道類」名稱之異同

《七略》、《漢志》於「諸子略」中爲此類書吉立目，《七錄》則置入「子兵錄」名爲「道部」。至《隋志》則歸之於「子部」：

> 道者，蓋爲萬物之奧，聖人之至賾也。《易》曰：「一陰一陽之謂道。」又曰：「仁者見之謂之仁，智者見之謂之智，百姓日用而不知。」夫陰陽者，天地之謂也。天地變化，萬物蠢生，則有經營之迹。至於道者，精微淳粹，而莫知其體，處陰與陰爲一，在陽與陽不二。仁者資道以成仁，道非仁之謂也；智者資道以爲智，道非智之謂也；百姓資道而日用，而不知其用也。聖人體道成性，清虛自守，爲而不恃，長而不宰，故能不勞聰明而人自化，不假修營而功自成。其玄德深遠，言象不測。先王懼人之惑，置于方外，六經之義，是所罕言。《周官》九兩，其三曰師，蓋近之矣。然自黃帝以下，聖哲之士，所言道者，傳之其人，世無師說。漢時，曹參始薦蓋公能言黃老，文帝宗之。自是相傳，道學衆矣。下士爲之，不推其本，苟以異俗爲高，狂狷爲尚，迂誕譎怪而失其眞。〔註163〕

則《隋志・子部・道類》所收錄書籍以先秦道家之思想文獻爲主。丁、吳、文、黃據《隋志》而著錄此類，然類目皆爲「道家」類，〔註164〕較《隋志》

《二十五史補編》第 3 冊（北京：中華書局，1998 年 2 月），頁 3677；吳士鑑撰：《補晉書經籍志》卷 3，收入二十五史刊行委員會編：《二十五史補編》第 3 冊（北京：中華書局，1998 年 2 月），頁 3874；〔清〕文廷式撰：《補晉書藝文志》卷 4，收入二十五史刊行委員會編：《二十五史補編》第 3 冊（北京：中華書局，1998 年 2 月），頁 3748；黃逢元撰：《補晉書藝文志》卷 3，收入二十五史刊行委員會編：《二十五史補編》第 3 冊（北京：中華書局，1998 年 2 月），頁 3933。

〔註162〕〔清〕秦榮光撰：《補晉書藝文志》卷 3，收入二十五史刊行委員會編：《二十五史補編》第 3 冊（北京：中華書局，1998 年 2 月），頁 3825。

〔註163〕〔唐〕魏徵等撰：《・隋書經籍志》卷 34「道類」（北京：中華書局，2006 年 3 月），頁 1003。

〔註164〕上述四處分見丁國鈞撰：《補晉書藝文志》卷 3，收入二十五史刊行委員會編：《二十五史補編》第 3 冊（北京：中華書局，1998 年 2 月），頁 3678；吳士鑑撰：《補晉書經籍志》卷 3，收入二十五史刊行委員會編：《二十五史補編》第 3 冊（北京：中華書局，1998 年 2 月），頁 3875；〔清〕文廷式撰：《補晉

衍一字「家」。至於秦氏《補晉志》取法《四庫全書總目》，是以類目爲「道家類」，〔註165〕是以與《隋志》類目略差異。

（四）「法類」名稱之異同

《七略》、《漢志》於「諸子略」中爲此類書籍立目，《七錄》則置入「子兵錄」名爲「法部」。至《隋志》則歸之於「子部」：

> 法者，人君所以禁淫慝，齊不軌，而輔於治者也。《易》著「先王明罰飭法」，《書》美「明于五刑，以弼五教」。《周官》，司寇「掌建國之三典，以佐王刑邦國，詰四方」；司刑「以五刑之法，麗萬民之罪」，是也。刻者爲之，則杜哀矜，絕仁愛，欲以威劫爲化，殘忍爲治，乃至傷恩害親。〔註166〕

丁、吳、文、黃據《隋志》而著錄此類，然類目皆爲「法家」類，〔註167〕較《隋志》衍一字「家」。至於秦氏《補晉志》取法《四庫全書總目》，是以類目爲「法家類」，〔註168〕自與《隋志》有別。

（五）「名類」之有無與名稱之異同

1.「名類」之有無

自《七略》、《漢志》即在「諸子略」中爲名家書籍另立一類，《七錄》則

書藝文志》卷 4，收入二十五史刊行委員會編：《二十五史補編》第 3 冊（北京：中華書局，1998 年 2 月），頁 3750；黃逢元撰：《補晉書藝文志》卷 3，收入二十五史刊行委員會編：《二十五史補編》第 3 冊（北京：中華書局，1998 年 2 月），頁 3937。

〔註165〕〔清〕秦榮光撰：《補晉書藝文志》卷 3，收入二十五史刊行委員會編：《二十五史補編》第 3 冊（北京：中華書局，1998 年 2 月），頁 3836。

〔註166〕〔唐〕魏徵等撰：《隋書‧經籍志》卷 34「法類」（北京：中華書局，2006 年 3 月），頁 1004。

〔註167〕上述四處分見丁國鈞撰：《補晉書藝文志》卷 3，收入二十五史刊行委員會編：《二十五史補編》第 3 冊（北京：中華書局，1998 年 2 月），頁 3678；吳士鑑撰：《補晉書經籍志》卷 3，收入二十五史刊行委員會編：《二十五史補編》第 3 冊（北京：中華書局，1998 年 2 月），頁 3882；〔清〕文廷式撰：《補晉書藝文志》卷 4，收入二十五史刊行委員會編：《二十五史補編》第 3 冊（北京：中華書局，1998 年 2 月），頁 3753；黃逢元撰：《補晉書藝文志》卷 3，收入二十五史刊行委員會編：《二十五史補編》第 3 冊（北京：中華書局，1998 年 2 月），頁 3937。

〔註168〕〔清〕秦榮光撰：《補晉書藝文志》卷 3，收入二十五史刊行委員會編：《二十五史補編》第 3 冊（北京：中華書局，1998 年 2 月），頁 3826。

將其歸之於《子兵錄‧名部》中，後《隋志》始立之於《子部‧名家》，然《四庫全書總目》則無名家類。根據《隋志》著錄：

> 名者，所以正百物，叙尊卑，列貴賤，各控名而責實，無相僭濫者也。《春秋傳》曰：「古者名位不同，節文異數。」孔子曰：「名不正則言不順，言不順則事不成。」《周官》，宗伯「以九儀之命，正邦國之位，辨其名物之類」，是也。拘者為之，則苛察繳繞，滯於析辭而失大體。〔註169〕

丁、吳、文等三家《補晉志》則據此而立「名家」一類。然黃、秦二家《補晉志》則未見此類，根據《四庫全書總目》著錄：

> 衰周之季，百氏爭鳴，立說著書，各為流品，《漢志》所列備矣。或其學不傳，後無所述，或其名不美，人不肯居。故絕續不同，不能一概。著錄後人，株守舊文，於是墨家僅《墨子》、《晏子》二書，名家僅《公孫龍子》、《尹文子》、《人物志》三書，縱橫家僅《鬼谷子》一書，亦別立標題，自為支派。此拘泥門目之過也。黃虞稷《千頃堂書目》，於寥寥不能成類者，併入雜家。雜之義廣，無所不包，班固所謂「合儒、墨，兼名、法」也。變而得宜，於例為善。〔註170〕

由此可推測，黃、秦二家《補晉志》據此或鑑於名家類相關書籍甚少，抑或對於該部書籍性質之界定有異，故不將名家別立一類。如：丁、吳二家《補晉志》將張湛《文子注》置入「名家類」，〔註171〕然黃氏《補晉志》則歸入「道家類」；〔註172〕吳氏《補晉志》將劉昞注《人物志》歸入「名家類」中，〔註173〕然秦氏《補晉志》則將該書置於「雜家類」。〔註174〕據此二例可知，

〔註169〕〔唐〕魏徵等撰：《隋書‧經籍志》卷 34「名類」（北京：中華書局，2006年 3 月），頁 1004。

〔註170〕〔清〕紀昀等撰：《欽定四庫全書總目》卷 117「雜家類」（臺北：藝文印書館股份有限公司，2004 年 10 月），頁 2339。

〔註171〕上述二處分見丁國鈞撰：《五家補晉書藝文志》卷 3，收入二十五史刊行委員會編：《二十五史補編》第 3 冊（北京：中華書局，1998 年 2 月），頁 3678；吳士鑑撰：《補晉書經籍志》卷 3，收入二十五史刊行委員會編：《二十五史補編》第 3 冊（北京：中華書局，1998 年 2 月），頁 3882。

〔註172〕黃逢元撰：《補晉書藝文志》卷 3，收入二十五史刊行委員會編：《二十五史補編》第 3 冊（北京：中華書局，1998 年 2 月），頁 3937。

〔註173〕吳士鑑撰：《補晉書經籍志》卷 3，收入二十五史刊行委員會編：《二十五史補編》第 3 冊（北京：中華書局，1998 年 2 月），頁 3882。

黃、秦二家《補晉志》取法《四庫全書總目》，自然不類於《隋志》。

2.「名類」名稱之異同

《隋志》著錄此類爲「名」，然丁、吳、文三家《補晉志》皆衍爲「名家」。

（六）「墨類」之有無與名稱之異同

1.「墨類」之有無

《七志》、《漢志》將墨家相關書籍置入「諸子略」，《七錄》則置入「子兵錄」，至《隋志》始收入《子部》，然《四庫全書總目》則無墨家類。根據《隋志》著錄：

> 墨者，強本節用之術也。上述堯、舜、夏禹之行，茅茨不翦，糲梁之食，桐棺三寸，貴儉兼愛，嚴父上德，以孝示天下，右鬼神而非命。《漢書》以爲本出清廟之守。然則《周官》宗伯「掌建邦之天神地祇人鬼」，肆師「掌立國祀及兆中廟中之禁令」，是其職也。愚者爲之，則守於節儉，不達於時變，推心兼愛，而混於親疏也。〔註175〕

丁、吳、文、黃等四家《補晉志》皆依此爲墨家立類，然未見於秦氏《補晉志》。根據《四庫全書總目》可知，墨家類相關書籍甚少，故置於雜家類中。茲查丁、吳、文、黃等四家《補晉志》於此類僅見一部魯勝所注《墨辯》，〔註176〕可知晉代墨家文獻甚少。然秦氏《補晉志》則將該書置入儒家類中，〔註177〕則其未立墨家類，與《隋志》有別；未將該書置入雜家類，亦與《四庫全書總目》之立意相左。

〔註174〕〔清〕秦榮光撰：《補晉書藝文志》卷3，收入二十五史刊行委員會編：《二十五史補編》第3冊（北京：中華書局，1998年2月），頁3832。

〔註175〕〔唐〕魏徵等撰：《隋書·經籍志》卷34「墨類」（北京：中華書局，2006年3月），頁1005。

〔註176〕上述四處分見丁國鈞撰：《補晉書藝文志》卷3，收入二十五史刊行委員會編：《二十五史補編》第3冊（北京：中華書局，1998年2月），頁3678；吳士鑑撰：《補晉書經籍志》卷3，收入二十五史刊行委員會編：《二十五史補編》第3冊（北京：中華書局，1998年2月），頁3882；〔清〕文廷式撰：《補晉書藝文志》卷4，收入二十五史刊行委員會編：《二十五史補編》第3冊（北京：中華書局，1998年2月），頁3753；黃逢元撰：《補晉書藝文志》卷3，收入二十五史刊行委員會編：《二十五史補編》第3冊（北京：中華書局，1998年2月），頁3937。

〔註177〕〔清〕秦榮光撰：《補晉書藝文志》卷3，收入二十五史刊行委員會編：《二十五史補編》第3冊（北京：中華書局，1998年2月），頁3825。

2. 「墨類」名稱之異同

《隋志》著錄此類爲「墨」，然丁、吳、文、黃等四家《補晉志》皆衍爲「墨家」。

（七）「從橫類」之有無與名稱之異同

1. 「從橫類」之有無

《七略》與《漢志》將該類文獻置入「諸子部」，《七錄》則立之於「子兵錄」，自《隋志》之後，則立一「縱橫」，歸之於「子部」，後世目錄大抵仿此。根據《隋志》著錄：

> 從橫者，所以明辯說，善辭令，以通上下之志者也。《漢書》以爲本出行人之官，受命出疆，臨事而制。故曰：「誦《詩》三百，使于四方，不能專對，雖多亦奚以爲？」《周官》，掌交「以節與幣，巡邦國之諸侯及萬姓之聚，導王之德意志慮，使辟行之，而和諸侯之好，達萬民之說；諭以九稅之利，九儀之親，九牧之維，九禁之難，九戎之威」，是也。佞人爲之，則便辭利口，傾危變詐，至於賊害忠信，覆邦亂家。〔註178〕

丁、吳、文、黃等四家《補晉志》皆依此立縱橫等文獻爲一類，然秦氏《補晉志》則未見該類。茲查丁、吳、文、黃等四家《補晉志》收錄之縱橫類書籍僅一部皇甫謐所注之《鬼谷子》，〔註179〕可知晉朝有關該類之書籍甚少。秦氏《補晉志》雖著錄此書，然分見於「法家類」與「雜家類」二處中，〔註180〕則雖取法《四庫全書總目》將書目較少的縱橫書籍歸入雜家類，然互見於法

〔註178〕〔唐〕魏徵等撰：《隋書‧經籍志》卷34「從橫類」（北京：中華書局，2006年3月），頁1005～1006。

〔註179〕上述四處分見丁國鈞撰：《補晉書藝文志》卷3，收入二十五史刊行委員會編：《二十五史補編》第3冊（北京：中華書局，1998年2月），頁3678；吳士鑑撰：《補晉書經籍志》卷3，收入二十五史刊行委員會編：《二十五史補編》第3冊（北京：中華書局，1998年2月），頁3882；〔清〕文廷式撰：《補晉書藝文志》卷4，收入二十五史刊行委員會編：《二十五史補編》第3冊（北京：中華書局，1998年2月），頁3756；黃逢元撰：《補晉書藝文志》卷3，收入二十五史刊行委員會編：《二十五史補編》第3冊（北京：中華書局，1998年2月），頁3937。

〔註180〕秦本著錄《鬼谷子注》二處分見〔清〕秦榮光撰：《補晉書藝文志》卷3，收入二十五史刊行委員會編：《二十五史補編》第3冊（北京：中華書局，1998年2月），頁3826、3831。

家類，則有缺謬。

2.「從橫類」名稱之異同

《隋志》著錄此類爲「從橫」，然丁、吳、文、黃等四家《補晉志》皆衍一「家」字。且丁、吳、文三家皆以「縱橫」取代「從橫」，僅黃氏《補晉志》仍循《隋志》，無所更動。

（八）「雜類」名稱之異同

《七略》、《漢志》將此類書籍置入「諸子略」，《七錄》則歸入「子兵錄」，自《隋志》始見於「子部」中：

> 雜者，兼儒、墨之道，通眾家之意，以見王者之化，無所不冠者也。
> 古者，司史歷記前言往行，禍福存亡之道。然則雜者，蓋出史官之
> 職也。放者爲之，不求其本，材少而多學，言非而博，是以雜錯漫
> 羨，而無所指歸。〔註181〕

丁、吳、文、黃據《隋志》而著錄此類，然類目皆爲「雜家」類，〔註182〕較《隋志》衍一字「家」。至於秦氏《補晉志》取法《四庫全書總目》，是以類目爲「法家類」，〔註183〕自與《隋志》有別。

（九）「農類」之有無與名稱之異同

1.「農類」之有無

《七略》、《漢志》將農家相關書籍置入「諸子略」，《七錄》則置入「子兵錄」，至《隋志》始歸入「子部」。根據《隋志》著錄：

> 農者，所以播五穀，藝桑麻，以供衣食者也。《書》敍八政，其一曰
> 食，二曰貨。孔子曰：「所重民食。」《周官》，冢宰「以九職任萬民」，

〔註181〕〔唐〕魏徵等撰：《隋書・經籍志》卷 34「雜類」（北京：中華書局，2006
　　　　年 3 月），頁 1010。

〔註182〕上述四處分見丁國鈞撰：《補晉書藝文志》卷 3，收入二十五史刊行委員會編：
　　　　《二十五史補編》第 3 冊（北京：中華書局，1998 年 2 月），頁 3679；吳士
　　　　鑑撰：《補晉書經籍志》卷 3，收入二十五史刊行委員會編：《二十五史補編》
　　　　第 3 冊（北京：中華書局，1998 年 2 月），頁 3883；〔清〕文廷式撰：《補晉
　　　　書藝文志》卷 4，收入二十五史刊行委員會編：《二十五史補編》第 3 冊（北
　　　　京：中華書局，1998 年 2 月），頁 3754；黃逢元撰：《補晉書藝文志》卷 3，
　　　　收入二十五史刊行委員會編：《二十五史補編》第 3 冊（北京：中華書局，1998
　　　　年 2 月），頁 3938。

〔註183〕〔清〕秦榮光撰：《補晉書藝文志》卷 3，收入二十五史刊行委員會編：《二
　　　　十五史補編》第 3 冊（北京：中華書局，1998 年 2 月），頁 3826。

其一曰「三農生九穀」；地官司稼「掌巡邦野之稼，而辨穜稑之種，
周知其名與其所宜地，以爲法而懸于邑閭」，是也。鄙者爲之，則棄
君臣之義，徇耕稼之利，而亂上下之序。〔註184〕

僅見文、黃二家《補晉志》據此將農家相關書籍立爲一類，餘丁、吳、秦等
三家則未見此類目。文、黃二家著錄之農家類書目少數爲其他《補晉志》收
錄在相異之類目，如：文氏《補晉志》《子部・農家類》著錄「何曾《食疏》」，
〔註185〕然秦氏《補晉志》則收入《子部・譜錄類》，〔註186〕可知其對於同一
部書之歸類方式有別。

2. 「農家類」名稱之異同

《隋志》著錄此類爲「農」，然文、黃等二家《補晉志》皆增字爲「農家」。

（十）「小說類」名稱之異同

《七略》、《漢志》將此類書籍置入「諸子略」，《七錄》則置入「子兵錄」
謂之爲「小說部」，直至《隋志》始立「子部」收入其中：

小說者，街說巷語之説也。《傳》載輿人之誦，《詩》美詢于芻蕘。
古者聖人在上，史爲書，瞽爲詩，工誦箴諫，大夫規誨，士傳言而
庶人謗。孟春，徇木鐸以求歌謠，巡省觀人詩，以知風俗。過則正
之，失則改之，道聽塗説，靡不畢紀。《周官》，誦訓「掌道方志以
詔觀事，道方慝以詔辟忌，以知地俗」；而訓方氏「掌道四方之政事，
與其上下之志，誦四方之傳道而觀衣物」，是也。孔子曰：「雖小道，
必有可觀者焉，致遠恐泥。」〔註187〕

丁、吳、文、黃據《隋志》而著錄此類，然僅吳本類目爲「小說」類，餘三
家則較《隋志》衍一字「家」。〔註188〕至於秦氏《補晉志》取法《四庫全書總

〔註184〕〔唐〕魏徵等撰：《隋書・經籍志》卷 34「農類」（北京：中華書局，2006
年 3 月），頁 1010～1011。

〔註185〕〔清〕文廷式撰：《補晉書藝文志》卷 4，收入二十五史刊行委員會編：《二
十五史補編》第 3 冊（北京：中華書局，1998 年 2 月），頁 3756。

〔註186〕〔清〕秦榮光撰：《補晉書藝文志》卷 3，收入二十五史刊行委員會編：《二
十五史補編》第 3 冊（北京：中華書局，1998 年 2 月），頁 3830。

〔註187〕〔唐〕魏徵等撰：《隋書・經籍志》卷 34「小說類」（北京：中華書局，2006
年 3 月），頁 1012。

〔註188〕上述四處分見吳士鑑撰：《補晉書經籍志》卷 3，收入二十五史刊行委員會編：
《二十五史補編》第 3 冊（北京：中華書局，1998 年 2 月），頁 3883；丁國
鈞撰：《補晉書藝文志》卷 3，收入二十五史刊行委員會編：《二十五史補編》

目》，是以類目爲「小說家」，〔註189〕自與《隋志》有所差異。

（十一）「兵類」與「兵書類」名稱之異同

　　《七略》、《漢志》將兵家類相關書籍獨立爲「兵書略」，內含「兵權謀」、「兵形勢」、「陰陽」、「兵技巧」等四小類，《七錄》則置之於「子兵錄」，直至《隋志》始歸入「子部」。根據《隋志》著錄：

> 兵者，所以禁暴靜亂者也。《易》曰：「古者弦木爲弧，剡木爲矢，弧矢之利，以威天下。」孔子曰：「不教人戰，是謂棄之。」《周官》，大司馬「掌九法九伐，以正邦國」，是也。然皆動之以仁，行之以義，故能誅暴靜亂，以濟百姓。下至三季，恣情逞欲，爭伐尋常，不撫其人，設變詐而滅仁義，至乃百姓離叛，以致於亂。〔註190〕

丁、吳、文、黃、秦五家《補晉志》亦有此類，然於名目上則有所差異。丁、吳、文、秦等四家《補晉志》皆著錄爲「兵家」類，〔註191〕較《隋志》衍一字，與《七錄》、《郡齋讀書志》、《四庫全書總目》同。黃氏《補晉志》則將該文獻類目著錄爲「兵書」，〔註192〕同於《七略》、《漢志》、《兩唐志》等書。

（十二）「天文類」、「曆數類」、「曆算家類」與「天文算法類」之因革

第 3 冊（北京：中華書局，1998 年 2 月），頁 3679；〔清〕文廷式撰：《補晉書藝文志》卷 4，收入二十五史刊行委員會編：《二十五史補編》第 3 冊（北京：中華書局，1998 年 2 月），頁 3771；黃逢元撰：《補晉書藝文志》卷 3，收入二十五史刊行委員會編：《二十五史補編》第 3 冊（北京：中華書局，1998 年 2 月），頁 3939。

〔註189〕〔清〕秦榮光撰：《補晉書藝文志》卷 3，收入二十五史刊行委員會編：《二十五史補編》第 3 冊（北京：中華書局，1998 年 2 月），頁 3832。

〔註190〕〔唐〕魏徵等撰：《隋書‧經籍志》卷 34「兵類」（北京：中華書局，2006 年 3 月），頁 1017～1018。

〔註191〕上述四處分見丁國鈞撰：《補晉書藝文志》卷 3，收入二十五史刊行委員會編：《二十五史補編》第 3 冊（北京：中華書局，1998 年 2 月），頁 3679；吳士鑑撰：《補晉書經籍志》卷 3，收入二十五史刊行委員會編：《二十五史補編》第 3 冊（北京：中華書局，1998 年 2 月），頁 3883；〔清〕文廷式撰：《補晉書藝文志》卷 4，收入二十五史刊行委員會編：《二十五史補編》第 3 冊（北京：中華書局，1998 年 2 月），頁 3755；〔清〕秦榮光撰：《補晉書藝文志》卷 3，收入二十五史刊行委員會編：《二十五史補編》第 3 冊（北京：中華書局，1998 年 2 月），頁 3826。

〔註192〕黃逢元撰：《補晉書藝文志》卷 3，收入二十五史刊行委員會編：《二十五史補編》第 3 冊（北京：中華書局，1998 年 2 月），頁 3940。

1. 「天文類」與「天文算法類・推步之屬」名稱之異同

《七略》、《漢志》將天文相關文獻歸入「術數略」，《七錄》則置入「技術錄」，直至《隋志》始歸入「子部」中。根據《隋志》著錄：

> 天文者，所以察星辰之變，而參於政者也。《易》曰：「天垂象，見吉凶。」《書》稱：「天視自我人視，天聽自我人聽。」故曰：「王政不修，謫見于天，日爲之蝕。后德不修，謫見于天，月爲之蝕。」其餘孛彗飛流，見伏陵犯，各有其應。《周官》，馮相「掌十有二歲、十有二月、十有二辰、十日、二十有八星之位，辨其敘事，以會天位」，是也。小人爲之，則指凶爲吉，謂惡爲善，是以數術錯亂而難明。〔註193〕

丁、吳、文、黃、秦等五家《補晉志》皆有此類，然於名目上，秦氏《補晉志》則異於其他四家。根據《四庫全書總目》著錄，有「天文算法類」：

> 三代上之制作，類非後世所及。惟天文算法則愈闡愈精。……聖祖仁皇帝《御製數理精蘊》諸書，妙契天元，精研化本，於中西兩法權衡歸一，垂範億年。海宇承流，遞相推衍。一時如梅文鼎等，測量撰述，亦具有成書。故言天者，至於本朝更無疑義。今仰遵聖訓，考校諸家，存古法以溯其源，秉新制以究其變。……舊史各自爲類，今亦別入之術數家。惟算術、天文相爲表裏，《明史・藝文志》以算術入小學類，是古之算術，非今之算術也。今核其實，與天文類從焉。〔註194〕

秦本據此而設有「天文算法類」而另有「推步之屬」，〔註195〕蓋據《四庫全書總目》所言「諸家算術爲天文而作者入此門」，〔註196〕是以其類屬名稱與《隋志》差異性甚大。

2. 「曆數類」、「曆算家類」與「天文算法類・算法之屬」名稱之異同

〔註193〕〔唐〕魏徵等撰：《隋書・經籍志》卷34（北京：中華書局，2006年3月），頁1021～1022。

〔註194〕〔清〕紀昀等撰：《欽定四庫全書總目》卷106「天文算法類」（臺北：藝文印書館股份有限公司，2004年10月），頁2079。

〔註195〕〔清〕秦榮光撰：《補晉書藝文志》卷3，收入二十五史刊行委員會編：《二十五史補編》第3冊（北京：中華書局，1998年2月），頁3827。

〔註196〕〔清〕紀昀等撰：《欽定四庫全書總目》卷106「天文算法類」（臺北：藝文印書館股份有限公司，2004年10月），頁2104。

　　《七略》、《漢志》將此類文獻歸之於《數術略・曆譜》，《七錄》則歸之於《技術錄・曆算部》，自《隋志》始歸入「子部」，並謂之爲「曆數」。根據《隋志》著錄：

　　　　曆數者，所以揆天道，察昏明，以定時日，以處百事，以辨三統，
　　　　以知陁會，吉隆終始，窮理盡性，而至於命者也。《易》曰：「先生
　　　　以治曆明時。」《書》敘：「朞，三百有六旬有六日，以閏月定四時，
　　　　成歲。」《春秋傳》曰：「先生之正時也，履端於始，舉正於中，歸
　　　　餘於終。」又曰：「閏以正時，時以序事，事以厚生，生民之道。」
　　　　其在《周官》，則亦太史之職。小人爲之，則壞大爲小，削遠爲近，
　　　　是以道術破碎而難知。〔註197〕

丁、吳、黃等三家《補晉志》據此著錄「曆數」類，〔註198〕文氏《補晉志》則依循《七錄》、《舊唐志》，然衍一字著錄爲「曆算家」，〔註199〕至於秦本則循《四庫全書總目》而與其他諸家有極大差異。根據《四庫全書總目・史部・天文算法類・算書之屬》著錄：

　　　　案：數爲六藝之一，百度之所取裁也。天下至精之藝，如律呂、推
　　　　步，皆由是以窮要眇，而測量之術，尤可取資，故天文無不根算書。
　　　　算書雖不言天文者，其法亦通於天文。二者恆相出入，蓋流別而源
　　　　同。今不入小學而次於天文之後，其事大，從所重也。不與天文合
　　　　爲一，其用廣，又不限於一也。〔註200〕

可知天文中屬算法之類的書籍皆歸類於此，秦本是以有《史部・天文算法類・算法之屬》，〔註201〕故與餘四家《補晉志》有所差異。

〔註197〕〔唐〕魏徵等撰：《隋書・經籍志》卷 34「曆數類」（北京：中華書局，2006
　　　　年 3 月），頁 1025〜1026。
〔註198〕上述三處分見丁國鈞撰：《補晉書藝文志》卷 3，收入二十五史刊行委員會編：
　　　　《二十五史補編》第 3 冊（北京：中華書局，1998 年 2 月），頁 3680；吳士
　　　　鑑撰：《補晉書經籍志》卷 3，收入二十五史刊行委員會編：《二十五史補編》
　　　　第 3 冊（北京：中華書局，1998 年 2 月），頁 3884；黃逢元撰：《補晉書藝文
　　　　志》卷 3，收入二十五史刊行委員會編：《二十五史補編》第 3 冊（北京：中
　　　　華書局，1998 年 2 月），頁 3941。
〔註199〕〔清〕文廷式撰：《補晉書藝文志》卷 4，收入二十五史刊行委員會編：《二
　　　　十五史補編》第 3 冊（北京：中華書局，1998 年 2 月），頁 3756。
〔註200〕〔清〕紀昀等撰：《欽定四庫全書總目》卷 107「天文算法類」（臺北：藝文
　　　　印書館股份有限公司，2004 年 10 月），頁 2121。
〔註201〕〔清〕秦榮光等撰：《補晉書藝文志》卷 3，收入二十五史刊行委員會編：《二

（十三）「五行類」、「五行家類」與「術數類」名稱之異同

《七略》、《漢志》將此類書籍歸之於「數術略」，謂之爲「五行」。《七錄》則歸之於「技術錄」，謂之爲「五行部」。直至《隋志》始立於「子部」：

> 五行者，金、木、水、火、土，五常之形氣者也。在天爲五星，在人爲五藏，在目爲五色，在耳爲五音，在口爲五味，在鼻爲五臭。在上則出氣施變，在下則養人不倦。故《傳》曰：「天生五材，廢一不可。」是以聖人推其終始，以通神明之變，爲卜筮以考其吉凶，占百事以觀於來物，觀形法以辨其貴賤。《周官》則分在保章、馮相、卜師、筮人、占夢、眂祲，而太始之職，實司總之。小數者纔得其十牘，便以細事相亂，以惑於世。〔註202〕

丁、吳、黃等三家《補晉志》著錄「五行」類，〔註203〕僅文氏《補晉志》衍一字爲「五行家」，〔註204〕故此四家皆取法《隋志》而得，僅名稱略有差異。另見秦氏《補晉志》著錄爲「術數類」，〔註205〕蓋據《四庫全書總目》而得：

> 術數之興，多在秦漢以後。要其旨，不出乎陰陽五行，生剋制化。實皆《易》之支派，傳以雜說耳。物生有象，象生有數，乘除推闡，務究造化之源者，是爲數學。星土雲物，見於經典，流傳妖妄，寖失其眞。然不可謂古無其說，是爲占候。自是以外，末流猥雜，不可殫名。史志總概以「五行」。今參驗古書，旁稽近法，析而別之者三：曰相宅相墓、曰占卜、曰命書相書。併而合之者一，曰陰陽五行。雜技術之有成書者，亦別爲一類附焉。中惟數學一家，爲《易》外別傳，不切事而猶近理。其餘則皆百僞一眞，遞相煽動。必謂古

十五史補編》第 3 冊（北京：中華書局，1998 年 2 月），頁 3828。

〔註202〕〔唐〕魏徵等撰：《隋書・經籍志》卷 34「五行類」（北京：中華書局，2006年 3 月），頁 1041～1042。

〔註203〕上述三處分見丁國鈞撰：《補晉書藝文志》卷 3，收入二十五史刊行委員會編：《二十五史補編》第 3 冊（北京：中華書局，1998 年 2 月），頁 3680；吳士鑑撰：《補晉書經籍志》卷 3，收入二十五史刊行委員會編：《二十五史補編》第 3 冊（北京：中華書局，1998 年 2 月），頁 3884；黃逢元撰：《補晉書藝文志》卷 3，收入二十五史刊行委員會編：《二十五史補編》第 3 冊（北京：中華書局，1998 年 2 月），頁 3940。

〔註204〕〔清〕文廷式撰：《補晉書藝文志》卷 4，收入二十五史刊行委員會編：《二十五史補編》第 3 冊（北京：中華書局，1998 年 2 月），頁 3757。

〔註205〕〔清〕秦榮光撰：《補晉書藝文志》卷 3，收入二十五史刊行委員會編：《二十五史補編》第 3 冊（北京：中華書局，1998 年 2 月），頁 3828。

無是説，亦無是理，固儒者之迂談；必謂今之術士能得其傳，亦世俗之惑志，徒以冀福畏禍。今古同情，趨避之念一萌，方技者流各乘其隙以中之。故悠謬之談，彌變彌夥耳。然眾志所趨，雖聖人有所弗能禁。其可通者存其理，其不可通者姑存其説可也。〔註206〕

然則紀昀等人將「術數類」細分爲「數學之屬」、「占候之屬」、「相宅相墓之屬」、「占卜之屬」、「命書相書之屬」、「陰陽五行之屬」、「雜藝術之屬」等七個三級類目。故秦榮光取法《四庫全書總目》，以爲「術數類」足以涵括古史志「天文類」，是以類目與其餘四家《補晉志》有所差異。

（十四）「醫方類」與「醫家類」名稱之異同

《七略》、《漢志》將此類相關書籍置入「方技略」，並細分爲「醫經」與「經方」二小類。阮孝緒《七錄》則置入「技術錄」，並依循劉、班二家細分爲「醫經部」、「經方部」。直至《隋志》，始將此二小類目合併爲「醫方類」：

醫方者，所以除疾疢，保性命之術者也。天有陰陽風雨晦明之氣，人有喜怒哀樂好惡之情。節而行之，則和平調理，專壹其情，則溺而生疢。是以聖人原血脉之本，因鍼石之用，假藥物之滋，調中養氣，通滯解結，而反之於素。其善者，則原脉以知政，推疾以及國。《周官》，醫師之職「掌聚諸藥物，凡有疾者治之」，是其事也。鄙者爲之，則反本傷性。故曰：「有疾不治，恆得中醫。」〔註207〕

丁、吳、黃等三家《補晉志》據此將該類謂之爲「醫方」類，〔註208〕餘文、秦二家則異於此，而皆著錄爲「醫家類」。〔註209〕茲查《文獻通考・經籍考》

〔註206〕〔清〕紀昀等撰：《欽定四庫全書總目》卷 108「術數類」（臺北：藝文印書館股份有限公司，2004 年 10 月），頁 2131。

〔註207〕〔唐〕魏徵等撰：《隋書・經籍志》卷 34「醫方類」（北京：中華書局，2006 年 3 月），頁 1050。

〔註208〕上述三處分見丁國鈞撰：《補晉書藝文志》卷 3，收入二十五史刊行委員會編：《二十五史補編》第 3 冊（北京：中華書局，1998 年 2 月），頁 3681；吳士鑑撰：《補晉書經籍志》卷 3，收入二十五史刊行委員會編：《二十五史補編》第 3 冊（北京：中華書局，1998 年 2 月），頁 3885；黃逢元撰：《補晉書藝文志》卷 3，收入二十五史刊行委員會編：《二十五史補編》第 3 冊（北京：中華書局，1998 年 2 月），頁 3944。

〔註209〕上述二處分見〔清〕文廷式撰：《補晉書藝文志》卷 4，收入二十五史刊行委員會編：《二十五史補編》第 3 冊（北京：中華書局，1998 年 2 月），頁 3759；〔清〕秦榮光撰：《補晉書藝文志》卷 3，收入二十五史刊行委員會編：《二十五史補編》第 3 冊（北京：中華書局，1998 年 2 月），頁 3826。

始改「醫書類」爲「醫家類」，而《四庫全書總目》取法之：

> 儒之門戶分於宋，醫之門戶分於金、元。觀元好問《傷寒會要序》，
> 知河閒之學與易水之學爭。觀戴良作《朱震亨傳》，知丹溪之學與宣
> 和局方之學爭也。然儒有定理，而醫無定法。病情萬變，難守一宗。
> 故今所敍錄，兼眾說焉。明制定醫院十三科，頗爲繁碎。而諸家所著，
> 往往以一書兼數科，分隸爲難，今通以時代爲次。《漢志》醫經、經
> 方二家後，有房中、神仙二家，後人誤讀爲一，故服餌導引，歧塗頗
> 雜，今悉刪除。《周禮》有《獸醫》，《隋志》載《治馬經》等九家，
> 雜列醫書閒。今從其例，附錄此門，而退置於末，簡貴人賤物之義也。
>
> 《太素脈法》，不關治療，今別收入術數家，茲不著錄。〔註210〕

則其內容皆同於《隋志》，僅名目稍加更改，則文、秦二家《補晉志》該類目
依循《四庫全書總目》。

（十五）「雜藝術類」、「雜蓺家類」與「藝術類」

1. 「雜藝術類」、「雜蓺家類」與「藝術類」之有無

《七略》、《漢志》、《七錄》、《隋志》、《舊唐志》無藝術相關類目，丁氏
《補晉志》體例依循《隋志》，故未見該類。至宋朝《舊唐志》問世，始將相
關書目歸入「子部」，並立有「雜藝術類」，〔註211〕其後史志大抵仿此。今觀
吳、黃二家《補晉志》皆著錄「雜藝術」類，蓋依循《舊唐志》之例。文氏
《補晉志》則著錄「雜蓺家類」，亦收錄藝術類相關文獻，然未見歷代史志書
目有此名目。另見秦氏《補晉志》著錄爲「藝術類」，蓋自《明志》即有此名，
至《四庫全書總目》亦取法之：

> 古言六書，後明八法，於是字學、書品爲二事；左圖右史，畫亦古
> 義，丹青金碧，漸別爲賞鑑一途；衣裳製而纂組巧，飲食造而陸海
> 陳，踵事增華，勢有馴致。然均與文史相出入，要爲藝事之首也。
> 琴本雅音，舊列樂部，後世俗工撥捩，率造新聲，非復《清廟》、《生
> 民》之奏，是特一技耳。摹印本六體之一，自漢白元朱，務矜鐫刻，
> 與小學遠矣。射義、投壺載於《戴記》。諸家所述，亦事異禮經，均

〔註210〕〔清〕紀昀等撰：《欽定四庫全書總目》卷 103「醫家類」（臺北：藝文印書
　　　　館股份有限公司，2004 年 10 月），頁 1998。
〔註211〕〔後晉〕劉昫等撰：《舊唐書・藝文志》卷 47「雜藝術類」（北京：中華書局，
　　　　2006 年 3 月），頁 2045。

退列藝術，於義差允。至於譜博奕、論歌舞，名品紛繁，事皆瑣屑，

亦併爲一類，統曰「雜技」焉。〔註212〕

且細分爲「書畫之屬」、「琴譜之屬」、「篆刻之屬」、「雜技之屬」等四個三級
類目。秦本於序中明言皆依循《四庫全書總目》之例，則「藝術類」亦然。
雖丁氏《補晉志》未見該類類目，然見其將雜藝術類相關書目歸入其他類目
中，如：吳、文、黃、秦等四家《補晉志》皆著錄虞潭所撰之「《投壺變》一
卷」於藝術類目中，〔註213〕然丁本則著錄於《子部・兵家類》，〔註214〕可知
其歸類方式有極大之差異性。

2.「雜藝術類」、「雜蓺家類」與「藝術類」名稱之異同

吳、黃二家《補晉志》皆著錄「雜藝術」類，則與《舊唐志》全同。文
氏《補晉志》則將「術」字去之另衍一字「家」，並將「藝」字以古「蓺」字
取代，則爲「雜蓺家類」。秦氏《補晉志》則完全依循《四庫全書總目》，故
名目與其他三家《補晉志》有顯著相異之處。

（十六）「譜錄類」之有無

《七略》、《漢志》、《七錄》、《隋志》、《兩唐志》等未見該類目，直至《遂
初堂書目》方立此類。其後官方書目僅《四庫全書總目》承襲之：

劉向《七略》門目孔多，後併爲四部，大綱定矣。中間子目遞有增
減，亦不甚相遠。然古人學問各守專門，其著述具有源流，易於配
隸。六朝以後，作者漸出新裁，體例多由創造，古來舊目遂不能該，
附贅懸疣，往往牽強。《隋志・譜系》本陳族姓，而末載《竹譜》、《錢
圖》，《唐志・農家》本言種植，而雜列《錢譜》、《相鶴經》、《相馬

〔註212〕〔清〕紀昀等撰：《欽定四庫全書總目》卷 112「藝術類」（臺北：藝文印書
館股份有限公司，2004 年 10 月），頁 2219。

〔註213〕上述四處分見吳士鑑撰：《補晉書藝文志》卷 3，收入二十五史刊行委員會編：
《二十五史補編》第 3 冊（北京：中華書局，1998 年 2 月），頁 3885；〔清〕
文廷式撰：《補晉書藝文志》卷 5，收入二十五史刊行委員會編：《二十五史
補編》第 3 冊（北京：中華書局，1998 年 2 月），頁 3770；黃逢元撰：《補晉
書藝文志》卷 3，收入二十五史刊行委員會編：《二十五史補編》第 3 冊（北
京：中華書局，1998 年 2 月），頁 3944；〔清〕秦榮光撰：《補晉書藝文志》
卷 3，收入二十五史刊行委員會編：《二十五史補編》第 3 冊（北京：中華書
局，1998 年 2 月），頁 3830。

〔註214〕丁國鈞撰：《補晉書藝文志》卷 3，收入二十五史刊行委員會編：《二十五史
補編》第 3 冊（北京：中華書局，1998 年 2 月），頁 3679。

經》、《鸞擊錄》、《相貝經》,《文獻通考》亦以《香譜》入「農家」。
是皆明知其不安,而限於無類可歸,又復窮而不變,故支離顛舛遂
至於斯。惟尤袤《遂初堂書目》,創立「譜錄」一門,於是別類殊名,
咸歸統攝。此亦變而能通矣。今用其例,以收諸雜書之地可繫屬者。
門目既繁,檢尋亦病於瑣碎,故諸物以類相從,不更以時代次焉。
〔註215〕

且細分為「器用之屬」、「食譜之屬」、「草木之屬」、「鳥獸蟲魚之屬」等四個三
級類目。茲查丁、吳、文、黃等四家《補晉志》未見該類,然秦氏《補晉志》
立一「譜錄類」,蓋取法四庫館臣之見而使晉朝該類相關書目有所依歸。然見秦
本該類僅著錄五部書目,其中亦見於其他《補晉志》的另外類目中,如:秦本
將張華所撰「《師曠禽經注》一卷」」歸入「譜錄類」,〔註216〕然吳、文兩家《補
晉志》皆置入小說類中,〔註217〕又另見文廷式於「五行家類」重複著錄該書,
黃氏《補晉志》亦將此書置入「五行」類中。由此可見,各家雖無譜錄類,然
仍收錄於其他類目之中,諸家該類文獻性質之界定差異性極大。

(十七)「類書類」之有無

《七略》、《漢志》、《七錄》、《隋志》、《舊唐志》無此類,自《新唐志》
問世始為此類書籍另立一目。丁、吳、文、黃等四家《補晉志》未見此類,
秦氏《補晉志》則有之。根據《四庫全書總目》著錄:

類事之書,兼收四部,而非經、非史、非子、非集,四部之內,乃
無類可歸。《皇覽》始於魏文,晉荀勗《中經部》分隸何門,今無所
考。《隋志》載入子部,當有所受之。歷代相承,莫之或易。明胡應
麟作《筆叢》,始議改入集部。然無所取義,徒事紛更,則不如仍舊
貫矣。此體一興,而操觚者易於檢尋,註書者利於剽竊,轉輾裨販,
實學頗荒。然古籍散亡,十不存一,遺文舊事,往往託以得存。《藝

〔註215〕〔清〕紀昀等撰:《欽定四庫全書總目》卷 115「譜錄類」(臺北:藝文印書
　　　　館股份有限公司,2004 年 10 月),頁 2285。
〔註216〕〔清〕秦榮光撰:《補晉書藝文志》卷 3,收入二十五史刊行委員會編:《二
　　　　十五史補編》第 3 冊(北京:中華書局,1998 年 2 月),頁 3830。
〔註217〕上述二處分見吳士鑑撰:《補晉書經籍志》卷 3,收入二十五史刊行委員會編:
　　　　《二十五史補編》第 3 冊(北京:中華書局,1998 年 2 月),頁 3883;〔清〕
　　　　文廷式撰:《補晉書藝文志》卷 5,收入二十五史刊行委員會編:《二十五史
　　　　補編》第 3 冊(北京:中華書局,1998 年 2 月),頁 3771。

文類聚》、《初學記》、《太平御覽》諸編，殘璣斷璧，至捃拾不窮，
要不可謂之無補也。其專考一事，如《同姓名錄》之類者，別無可
附，舊皆入之類書，亦今仍其例。〔註218〕

秦本據此而著錄該類。然見秦氏《補晉志》只著錄兩部書目於類書類，其中
僅見陸機所撰之「《會要》一卷」，〔註219〕另被著錄於黃氏《補晉志》之《史
部‧雜家》，〔註220〕則歸類方式有所差異。

二、子部書目歸類的差異

　　由五家《補晉志》的子部類目差異可知其名稱與分合之概況，其對於子
部個別書目歸類的方式，更有不少需要商榷的地方。由於子部書目歸類之問
題雖不似史部書目繁複，然亦有單一學者對於個別書目考證未能詳盡之情
形，而使較多書目產生互見之出入。此外，五位學者所依循之史志類目相異，
對於個別書目性質之界定亦有所別，故造成同一部書置入相異的類目之中，
而使該書目歸類之不當。此二種歸類差異的問題，皆為此處所欲探討之方
向，然限於篇幅，僅略舉數例，以明五家《補晉志》子部書目歸類之差異與
出入。

（一）書目重出之例

1.〔晉〕張華撰《博物志》十卷

　　今見丁、吳、文、黃、秦等五家《補晉志》皆著錄該書，然該書除有歸
類不當之問題外，亦有重出之出入。根據《晉書‧張華列傳》著錄：

　　張華字茂先，范陽方城人也。父平，魏漁陽郡守。華少孤貧，自牧
　　羊，同郡盧欽見而器之。鄉人劉放亦奇其才，以女妻焉。華學業優
　　博，辭藻溫麗，朗瞻多通，圖緯方伎之書莫不詳覽。少自修謹，造
　　次必以禮度。勇於赴義，篤於周急。器識弘曠，時人罕能測之。……
　　華著《博物志》十篇，及文章並行于世。〔註221〕

〔註218〕〔清〕紀昀等撰：《欽定四庫全書總目》卷 135「類書類」（臺北：藝文印書
　　　　館股份有限公司，2004 年 10 月），頁 2641。
〔註219〕〔清〕秦榮光撰：《補晉書藝文志》卷 3，收入二十五史刊行委員會編：《二
　　　　十五史補編》第 3 冊（北京：中華書局，1998 年 2 月），頁 3832。
〔註220〕黃逢元撰：《補晉書藝文志》卷 3，收入二十五史刊行委員會編：《二十五史
　　　　補編》第 3 冊（北京：中華書局，1998 年 2 月），頁 3938。
〔註221〕〔唐〕房玄齡等撰：《晉書》卷 36「張華列傳」（北京：中華書局，2006 年 3

張華雖生於魏，然亡於西晉年間，故其著作可歸入晉朝文獻。另據《隋志·子部·雜類》著錄該書為「《博物志》十卷，張華撰」，〔註 222〕《兩唐志》則收錄至「小說家」，〔註 223〕則唐宋間史志對該部書目之分類方式本有差異。《補晉志》就入雜家類而言，見丁、吳、黃等三家皆著錄張華所撰之「《博物志》十卷」；〔註 224〕就入小說家類而言，則見丁、文、秦等三家著錄該部書目於其中。〔註 225〕由是可知，丁氏《補晉志》於著錄張華該部著作有重出之差異，未能將《博物志》歸入較為明確的類目。至於《隋志》將《博物志》歸入雜家類，雖其內容為紀錄「各地奇風異俗」之事，應可入小說類，然《隋志》之分類，似正反映當代對該書性質界定的觀點。

2.〔晉〕張華注《師曠禽經》一卷

《晉書》、《隋志》、《兩唐志》未見此書，直至《宋志·子部·小說類》始著錄「《師曠禽經》一卷，張華注」。〔註 226〕茲見《補晉志》中有吳、文、黃、秦等四家《補晉志》著錄此書，僅丁本未見。其中分類有所差異之外，亦有重出之出入。吳、文二家《補晉志》依循《宋志》之分類，將該部書目收入小說類中。〔註 227〕另見文、黃二家《補晉志》又收錄在五行類中，〔註 228〕

月），頁 1068+1077。

〔註 222〕〔唐〕魏徵等撰：《隋書·經籍志》卷 34「雜類」（北京：中華書局，2006年 3 月），頁 1006。

〔註 223〕上述二處分見〔後晉〕劉昫等撰：《舊唐書·經籍志》卷 47「小說家類」（北京：中華書局，2006 年 3 月），頁 2036；〔宋〕歐陽修等撰：《新唐書·藝文志》卷 59「小說家類」（北京：中華書局，2006 年 3 月），頁 1543。

〔註 224〕上述三處分見丁國鈞撰：《補晉書藝文志》卷 3，收入二十五史刊行委員會編：《二十五史補編》第 3 冊（北京：中華書局，1998 年 2 月），頁 3678；吳士鑑撰：《補晉書經籍志》卷 3，收入二十五史刊行委員會編：《二十五史補編》第 3 冊（北京：中華書局，1998 年 2 月），頁 3883；黃逢元撰：《補晉書藝文志》卷 3，收入二十五史刊行委員會編：《二十五史補編》第 3 冊（北京：中華書局，1998 年 2 月），頁 3937。

〔註 225〕上述三處分見丁國鈞撰：《補晉書藝文志》卷 3，收入二十五史刊行委員會編：《二十五史補編》第 3 冊（北京：中華書局，1998 年 2 月），頁 3679；〔清〕文廷式撰：《補晉書藝文志》卷 5，收入二十五史刊行委員會編：《二十五史補編》第 3 冊（北京：中華書局，1998 年 2 月），頁 3771；〔清〕秦榮光撰：《補晉書藝文志》卷 3，收入二十五史刊行委員會編：《二十五史補編》第 3 冊（北京：中華書局，1998 年 2 月），頁 3832。

〔註 226〕〔元〕脫脫等撰：《宋書·藝文志》卷 206「小說類」（北京：中華書局，2006年 3 月），頁 5231。

〔註 227〕上述二處分見吳士鑑撰：《補晉書經籍志》卷 3，收入二十五史刊行委員會編：

據黃本內文可知其依據《隋志・子部・五行類》著錄：

> 《相馬經》一卷（梁有《伯樂相馬經》、《關中銅馬法》、《周穆王八馬圖》、《齊侯大夫甯戚相牛經》、《王良相牛經》、《高登隆相牛經》、《淮南八公相鵠經》、《浮丘公相鶴書》、《相鴨經》、《相雞經》、《相鵝經》、《相貝經》、《祖旦權衡記》、《稱物重率術》各二卷，《劉潛泉圖記》三卷，亡。）〔註229〕

黃本又見陳振孫《直齋書錄解題》將該書收錄「形法類」，〔註230〕故以爲與「禽經」相關之書籍皆應入五行類中。至於秦氏《補晉志》則將《師曠禽經》歸入「譜錄類」，〔註231〕據秦本內文可知其據《直齋書錄解題》與《百川學海》而得此書目，然前者收入於「形法類」，後者歸入「癸集」，則秦榮光僅由前人著作得此書目，而其類目則有別。茲查《四庫全書總目・子部・譜錄類》：

> 〔禽經一卷〕（內府藏本）舊本題師曠撰，晉張華註。漢、隋、唐諸《志》及宋《崇文總目》皆不著錄，其引用自陸佃《埤雅》始，其稱「師曠」亦自佃始，其稱「張華註」則見於左圭《百川學海》所刻。考書中「鷓鴣」一條，稱「晉安曰懷南，江右逐隱」，春秋時安有是地名？其僞不待辨。〔註232〕

可知秦本據此將該書歸入譜錄類。此外，自四庫館臣之著錄足見該書爲後人僞造，則其分類自然容易混淆。然就以接近《隋志》分類之觀點而論，或以

《二十五史補編》第 3 冊（北京：中華書局，1998 年 2 月），頁 3883；〔清〕文廷式撰：《補晉書藝文志》卷 5，收入二十五史刊行委員會編：《二十五史補編》第 3 冊（北京：中華書局，1998 年 2 月），頁 3771。

〔註228〕上述二處分見〔清〕文廷式撰：《補晉書藝文志》卷 4，收入二十五史刊行委員會編：《二十五史補編》第 3 冊（北京：中華書局，1998 年 2 月），頁 3759；黃逢元撰：《補晉書藝文志》卷 3，收入二十五史刊行委員會編：《二十五史補編》第 3 冊（北京：中華書局，1998 年 2 月），頁 3943。

〔註229〕〔唐〕魏徵等撰：《隋書・經籍志》卷 34「五行類」（北京：中華書局，2006 年 3 月），頁 1039。

〔註230〕〔宋〕陳振孫撰：《直齋書錄解題》卷 12「形法類」（上海：上海古籍出版社，2005 年 8 月），頁 381。

〔註231〕〔清〕秦榮光撰：《補晉書藝文志》卷 3，收入二十五史刊行委員會編：《二十五史補編》第 3 冊（北京：中華書局，1998 年 2 月），頁 3830。

〔註232〕〔清〕紀昀等撰：《欽定四庫全書總目》卷 115「譜錄類」（臺北：藝文印書館股份有限公司，2004 年 10 月），頁 2313。

文、黃二家《補晉志》歸入五行類較爲妥切。至於文廷式同時著錄該書於「小說家類」與「五行家類」，則有重出之出入。

3.〔晉〕李頤注《莊子》三十卷

丁、吳、文、黃、秦等五家《補晉志》皆收錄，該書除有書目不一之情形外，亦有重出之誤。《晉書》未見李頤之傳，然據《經典釋文》著錄：

> 李頤《集解》三十卷三十篇（字景眞，潁川襄城人，晉丞相參軍，
> 自號玄道子。一作三十五篇，爲《音》一卷。）〔註233〕

則此書確實爲晉代文獻。《隋志》則著錄「梁有《莊子》三十卷，晉丞相參軍李頤注」，〔註234〕《舊唐志》著錄「《莊子集解》二十卷，李頤集解」，〔註235〕《新唐志》著錄「李頤《集解》二十卷」，〔註236〕而未見於《宋志》、《清志》，則該書或原爲「三十卷」，然於後晉、宋朝之間僅存「二十卷」，至元朝已亡佚，故未見於史志中。茲僅見黃氏《補晉志》取法《隋志》著錄爲「《莊子》三十卷，李頤景眞注」，〔註237〕較爲可據，故從之。然見丁本著錄爲「《莊子注》三十卷，李頤」，〔註238〕吳本著錄「李頤《莊子注》三十卷」、「又《音》一卷」，〔註239〕文本著錄「李頤《莊子注》三十卷，《音》一卷」，〔註240〕秦本則著錄「《莊子集解》三十卷，李頤撰」，〔註241〕則對於書目名稱未若黃逢元取法《隋志》恰當。且歷代史志未見李頤之《莊子音》，疑附入其三十卷注

〔註233〕〔唐〕陸德明撰：《經典釋文（一）》，收入孔子文化大全編輯部編輯：《孔子文化大全》（濟南：山東友誼書社，1991 年 10 月），頁 75。

〔註234〕〔唐〕魏徵等撰：《隋書・經籍志》卷 34「道類」（北京：中華書局，2006年 3 月），頁 1001。

〔註235〕〔後晉〕劉昫等撰：《舊唐書・經籍志》卷 47「道家類」（北京：中華書局，2006 年 3 月），頁 2028。

〔註236〕〔宋〕歐陽修等撰：《新唐書・藝文志》卷 59「道家類」（北京：中華書局，2006 年 3 月），頁 1516。

〔註237〕黃逢元撰：《補晉書藝文志》卷 3，收入二十五史刊行委員會編：《二十五史補編》第 3 冊（北京：中華書局，1998 年 2 月），頁 3936。

〔註238〕丁國鈞撰：《補晉書藝文志》卷 3，收入二十五史刊行委員會編：《二十五史補編》第 3 冊（北京：中華書局，1998 年 2 月），頁 3677。

〔註239〕吳士鑑撰：《補晉書經籍志》卷 3，收入二十五史刊行委員會編：《二十五史補編》第 3 冊（北京：中華書局，1998 年 2 月），頁 3874。

〔註240〕〔清〕文廷式撰：《補晉書藝文志》卷 4，收入二十五史刊行委員會編：《二十五史補編》第 3 冊（北京：中華書局，1998 年 2 月），頁 3752。

〔註241〕〔清〕秦榮光撰：《補晉書藝文志》卷 3，收入二十五史刊行委員會編：《二十五史補編》第 3 冊（北京：中華書局，1998 年 2 月），頁 3837。

本中，則吳、文等二家《補晉志》另著錄「《音》一卷」，或有重出之訛。

（二）書目歸類差異之例

1.《子部・兵類》與《子部・雜藝類》：〔晉〕虞潭《投壺變》一卷

今見丁、吳、文、黃、秦等五家《補晉志》皆著錄此書，然歸類方式有異。根據《晉書・虞潭列傳》著錄：

> 虞潭字思奧，會稽餘姚人，吳騎都尉翻之孫也。父忠，仕至宜都太守。吳之亡也，堅壁不降，遂死之。……咸康中，進衛將軍。潭貌雖和弱，而內堅明，有膽決，雖屢統軍旅，而尟有傾敗。以母憂去職。服闋，以侍中、衛將軍徵。既至，更拜右光祿大夫、開府儀同三司，給親兵三百人，侍中如故。年七十九，卒於位。〔註242〕

則其所著自爲晉朝文獻，然臧琳、嚴可均等學者則以爲該書非虞潭所撰。僅見《隋志・子部・兵類》著錄「《投壺變》一卷，晉左光祿大夫虞潭撰」。〔註243〕茲查丁國鈞依循《隋志》收入在「兵家類」，〔註244〕餘吳、文、黃、秦等四家《補晉志》則分別著錄在「雜藝術類」、「雜藝家類」、「雜藝術」、「藝術類」等性質相同之類目中。〔註245〕則此四家雖據《隋志》收錄此書，然歸類卻與之相左，而循《兩唐志》對「投壺」相關書籍之歸類，則略有出入。根據《舊唐書・音樂志》著錄：

> 驍壺，疑是投壺樂也。投壺者謂壺中躍矢爲驍壺，今謂之驍壺者是也。〔註246〕

〔註242〕〔唐〕房玄齡等撰：《晉書》卷76「虞潭列傳」（北京：中華書局，2006年3月），頁2012～2013。

〔註243〕〔唐〕魏徵等撰：《隋書・經籍志》卷34「兵類」（北京：中華書局，2006年3月），頁1017。

〔註244〕丁國鈞撰：《補晉書藝文志》卷3，收入二十五史刊行委員會編：《二十五史補編》第3冊（北京：中華書局，1998年2月），頁3679。

〔註245〕上述四處分見吳士鑑撰：《補晉書經籍志》卷3，收入二十五史刊行委員會編：《二十五史補編》第3冊（北京：中華書局，1998年2月），頁3885；〔清〕文廷式撰：《補晉書藝文志》卷5，收入二十五史刊行委員會編：《二十五史補編》第3冊（北京・中華書局，1998年2月），頁3770；黃逢元撰：《補晉書藝文志》卷3，收入二十五史刊行委員會編：《二十五史補編》第3冊（北京：中華書局，1998年2月），頁3944～3945；〔清〕秦榮光撰：《補晉書藝文志》卷3，收入二十五史刊行委員會編：《二十五史補編》第3冊（北京：中華書局，1998年2月），頁3830。

〔註246〕〔後晉〕劉昫等撰：《舊唐書・音樂志》卷29「清樂」（北京：中華書局，2006

推測唐代以前將「投壺」作爲訓練子弟射箭之用，故原爲兵法類之技術；其後廢之，故成爲民間盛行的遊藝技巧，故脫離軍事而爲藝術類目。然則《投壺經》原應置入「兵類」，而不應以時代之變遷將其歸之於「雜藝類」。

2. 《子部‧雜類》與《子部‧類書類》：〔晉〕陸機《會要》一卷

今見黃、秦兩家《補晉志》收錄該書，然未見於丁、吳、文等三家。根據《晉書‧陸機列傳》著錄：

> 陸機字士衡，吳郡人也。祖遜，吳丞相。父抗，吳大司馬。機身長七尺，其聲如鐘。少有異才，文章冠世，伏膺儒術，非禮不動。……遇害於軍中，時年四十三。二子蔚、夏亦同被害。機既死非其罪，士卒痛之，莫不流涕。是日昏霧晝合，大風折木，平地尺雪，議者以爲陸氏之冤。〔註247〕

可知其爲晉人無誤，然於《晉書》、《隋志》、《兩唐志》皆未見陸機曾撰有該書，直至《宋志‧子部‧類事類》始著錄「陸機《會要》一卷」，〔註248〕則此書未見於唐宋，反而見於後世，則該書之眞僞與否，本應存疑。此外，《宋志》原置此書於「類事類」，等同於《新唐志》將會要相關書籍所歸入之「類書類」。查黃氏《補晉志》將該書收錄在「雜家」類中，〔註249〕秦氏《補晉志》則依循《宋志》收錄在「類書類」，〔註250〕則黃氏《補晉志》歸類有所不當之處。

3. 《子部‧農類》與《子部‧譜錄類》：〔晉〕何曾《食疏》

今見文、秦二家《補晉志》著錄此書，然未見丁、吳、黃等三家。根據《晉書‧何曾列傳》著錄：

> 何曾字穎考，陳國陽夏人也。父夔，魏太僕、陽武亭侯。曾少襲爵，好學博聞，與同郡袁侃齊名。魏明帝初爲平原侯，曾爲文學。及即

年3月），頁1066。

〔註247〕〔唐〕房玄齡等撰：《晉書》卷54「陸機列傳」（北京：中華書局，2006年3月），頁1467.1480。

〔註248〕〔元〕脫脫等撰：《宋史‧藝文志》卷207「類事類」（北京：中華書局，2006年3月），頁5293。

〔註249〕黃逢元撰：《補晉書藝文志》卷3，收入二十五史刊行委員會編：《二十五史補編》第3冊（北京：中華書局，1998年2月），頁3938。

〔註250〕秦榮光撰：《補晉書藝文志》卷3，收入二十五史刊行委員會編：《二十五史補編》第3冊（北京：中華書局，1998年2月），頁3832。

位，累遷散騎侍郎、汲郡典農中郎將、給事黃門侍郎。……咸寧四年薨，時年八十。帝於朝堂素服舉哀，賜東園祕器，朝服一具，衣一襲，錢三十萬，布百匹。將葬，下禮官議謚。博士秦秀謚爲「繆醜」，帝不從，策謚曰孝。太康末，子劭自表改謚爲元。〔註251〕

則其爲晉人無誤，然該書未見於《晉書》、《隋志》、《兩唐志》，僅見《南齊書‧虞悰列傳》著錄：

悰善爲滋味，和齊皆有方法。豫章王嶷盛饌享賓，謂悰曰：「今日肴羞，寧有所遺不？」悰曰：「恨無黃頷臛，何曾《食疏》所載也。」〔註252〕

可知何曾撰有此書。查文氏《補晉志》將該書收錄在「農家類」，〔註253〕秦本則著錄在「譜錄類」，〔註254〕則歸類有別。據《隋志‧子部‧農類》可知，大抵多收錄「食」、「貨」等五穀桑麻之書，則該書理應歸入「農類」。然秦氏《補晉志》據《四庫全書總目‧子部‧譜錄類》中有「食譜之屬」而將「食疏」置入「譜錄類」，則與《隋志》之立意相左，故有歸類不當之出入。

第四節　集部分類之比較

　　《詩經》爲中國首部詩歌總集，是文學的代表，然具備經典教化之功能，故歸之於「經部」。《史記》、《漢書》文學技巧爲後代奉爲圭臬，然具備紀錄史實之效用，則歸之於「史部」。至於諸子百家思想性質足以啓發人心，且成一家之言，而歸之於「子部」。因此，如單一作家或多位作家的文學創作，未具「經」、「史」、「子」之性質者，則歸之於「集部」，且歷來皆居四部之末。觀其源流，自《七略》、《漢志》即立「詩賦略」將文學相關作品置入其中：

傳曰：「不歌而誦謂之賦，登高能賦可以爲大夫。」言感物造耑，

〔註251〕〔唐〕房玄齡等撰：《晉書》卷 33「何曾列傳」（北京：中華書局，2006 年 3 月），頁 994～997。

〔註252〕〔梁〕蕭子顯撰：《南齊書》卷 37「虞悰列傳」（北京：中華書局，2006 年 3 月），頁 655。

〔註253〕〔清〕文廷式撰：《補晉書藝文志》卷 4，收入二十五史刊行委員會編：《二十五史補編》第 3 冊（北京：中華書局，1998 年 2 月），頁 3756。

〔註254〕〔清〕秦榮光撰：《補晉書藝文志》卷 3，收入二十五史刊行委員會編：《二十五史補編》第 3 冊（北京：中華書局，1998 年 2 月），頁 3830。

材知深美，可與圖事，故可以爲列大夫也。古者諸侯卿大夫交接鄰國，以微言相感，當揖讓之時，必稱《詩》以諭其志，蓋以別賢不肖而觀盛衰焉。故孔子曰「不學《詩》，無以言」也。春秋之後，周道寖壞，聘問歌詠不行於列國，學《詩》之士逸在布衣，而賢人失志之賦作矣。大儒孫卿及楚臣屈原離讒憂國，皆作賦以風，咸有惻隱古詩之義。其後宋玉、唐勒，漢興枚乘、司馬相如，下及揚子雲，競爲侈麗閎衍之詞，沒其風諭之義。是以揚子悔之，曰：「詩人之賦麗以則，辭人之賦麗以淫。如孔氏之門人用賦也，則賈誼登堂，相如入室矣，如其不用何！」自孝武立樂府而采歌謠，於是有代趙之謳，秦楚之風，皆感於哀樂，緣事而發，亦可以觀風俗，知薄厚云。〔序〕詩賦爲五種。〔註255〕

其中包括屈原等賦、陸賈等賦、孫卿等賦、雜賦、歌詩等五種類目。《中經》則立「丁部」，收錄「詩賦、圖讚、汲冢書」之相關著作。李充《晉元帝書目》亦取法荀勖，將「丁部」收錄詩賦之相關文獻。後《七志》置入「文翰志」，《七錄》則立「文集錄」細分爲「楚辭部」、「別集部」、「總集部」、「雜文部」等四種，漸聚《隋志·集部》所收書目之雛形。至《隋志》立「集部」，此後史志與書目之編纂大抵仿此，《四庫全書總目》亦然，故五家《補晉志》多依循《隋志》之例進行編纂。茲見《隋書》與《晉書》編纂年限相近，故僅就《隋志》與五家《補晉志》繪製一表格，以明晰其中差異如下：

《隋志》集部	丁本 丁部集錄	吳本 丁部集錄	文本 集部	黃本 丁部集錄	秦本 集部
1 楚辭	1 楚辭類	1 楚辭類	1 楚辭類	1 楚辭	1 楚辭類
2 別集	2 別集類	2 別集類	2 別集類	2 別集	2 別集類
3 總集	3 總集類	3 總集類	3 總集類	3 總集	3 總集類

一、集部類目的差異

五家《補晉志》對於集部類目差異甚小，其名稱皆同。其間差異僅見於「書目歸類」部分有所出入，故後文再另行舉例論述。

〔註255〕〔漢〕班固等撰：《漢書·藝文志》卷30「詩賦略」（北京：中華書局，2006年3月），頁1755～1756。

（一）「集部」名稱之異同

今見文、秦二家《補晉志》皆依循《隋志》，然見丁、吳、黃等三家《補晉志》皆著錄爲「丁部集錄」。〔註256〕推溯其源，可知依循《舊唐志》取材《古今書錄》，合併荀勗、李充二書目與《隋志》之名稱，故得「丁部集錄」之部名。〔註257〕

二、集部書目歸類的差異

由五家《補晉志》的集部比較表格可知其名稱皆同，然其對於集部個別書目歸類的方式，有部分需要討論的地方。由於集部書目歸類之問題不似經、史、子等三部書目繁複，然仍有書目重出或歸類差異之情形，但限於篇幅，僅略舉數例，以明五家《補晉志》集部書目歸類之差異與出入。

（一）書目重出之例

1.〔晉〕摯虞《文章流別志論》二卷

吳、文、黃、秦等四家《補晉志》收錄該書，僅丁本一家未見。該書除有著錄書名不一之情形外，尚有重出之出入。根據《晉書・摯虞列傳》著錄：

> 摯虞字仲洽，京兆長安人也。父模，魏太僕卿。虞少事皇甫謐，才學通博，著述不倦。郡檄主簿。……後歷祕書監、衛尉卿，從惠帝幸長安。及東軍來迎，百官奔散，遂流離鄠杜之間，轉入南山中，糧絕飢甚，拾橡實而食之。後得還洛，歷光祿勳、太常卿。時懷帝親郊。自元康以來，不親郊祀，禮儀弛廢。虞考正舊典，法物粲然。及洛京荒亂，盜竊縱橫，人飢相食，虞素清貧，遂以餒卒。虞撰《文章志》四卷，注解《三輔決錄》，又撰古文章，類聚區分爲三十卷，名曰《流別集》，各爲之論，辭理愜當，爲世所重。〔註258〕

〔註256〕上述三處分見丁國鈞撰：《補晉書藝文志》卷4，收入二十五史刊行委員會編：《二十五史補編》第3冊（北京：中華書局，1998年2月），頁3682；吳士鑑撰：《補晉書經籍志》卷4，收入二十五史刊行委員會編：《二十五史補編》第3冊（北京：中華書局，1998年2月），頁3886；黃逢元撰：《補晉書藝文志》卷4，收入二十五史刊行委員會編：《二十五史補編》第3冊（北京：中華書局，1998年2月），頁3945。

〔註257〕〔後晉〕劉昫等撰：《舊唐書・經籍志》卷47（北京：中華書局，2006年3月），頁2023。

〔註258〕〔唐〕房玄齡等撰：《晉書》卷51「摯虞列傳」（北京：中華書局，2006年3

《晉書》未見此書，然見《隋志》著錄「《文章流別集》四十一卷，梁六十卷，《志》二卷，《論》二卷，摯虞撰」、「《文章流別志論》二卷，摯虞撰」，〔註259〕《兩唐志》則著錄「《文章志》四卷」。〔註260〕今存其書僅爲張鵬一校補之「《文章流別志論》一卷」，則可知該書原已合併「志」、「論」爲一部書目。茲見黃、秦二家《補晉志》皆作「《文章流別志論》二卷」，〔註261〕較爲可據；然吳、文二家《補晉志》著錄「《志》二卷」、「《論》二卷」兩部書，〔註262〕而未見「《文章流別志論》」，則除書名未能精確之外，尚有重出之缺失。

（二）書目歸類差異之例

1. 《集部‧總集類》、《史部‧起居注類》與《史部‧詔令奏議類》：〔晉〕《晉咸康詔》四卷

今見丁、吳、文、黃、秦等五家《補晉志》皆收錄該書，然歸類卻有三種相異之類目。茲查《隋志‧集部‧總集類》著錄「《晉咸康詔》四卷」，〔註263〕則丁、文二家《補晉志》將「《晉咸康詔》四卷」收錄於《集部‧總集類》乃據此而來。〔註264〕吳、黃二家《補晉志》則與《隋志》相左，置入《史部‧起居注類》。〔註265〕秦氏《補晉志》則異於其他四家，取法《四庫全書總目》將該

月），頁 1419+1426～1427。

〔註259〕〔唐〕魏徵等撰：《隋書‧經籍志》卷 35「總集類」（北京：中華書局，2006年 3 月），頁 1081～1082。

〔註260〕上述二處分見〔後晉〕劉昫等撰：《舊唐書‧經籍志》卷 46「目錄類」（北京：中華書局，2006 年 3 月），頁 2011；〔宋〕歐陽修等撰：《新唐書‧藝文志》卷 58「目錄類」（北京：中華書局，2006 年 3 月），頁 1498。

〔註261〕上述二處分見黃逢元撰：《補晉書藝文志》卷 4，收入二十五史刊行委員會編：《二十五史補編》第 3 冊（北京：中華書局，1998 年 2 月），頁 3961；〔清〕秦榮光撰：《補晉書藝文志》卷 4，收入二十五史刊行委員會編：《二十五史補編》第 3 冊（北京：中華書局，1998 年 2 月），頁 3846。

〔註262〕上述二處分見吳士鑑撰：《補晉書經籍志》卷 4，收入二十五史刊行委員會編：《二十五史補編》第 3 冊（北京：中華書局，1998 年 2 月），頁 3893；〔清〕文廷式撰：《補晉書藝文志》卷 6，收入二十五史刊行委員會編：《二十五史補編》第 3 冊（北京：中華書局，1998 年 2 月），頁 3791。

〔註263〕〔唐〕魏徵等撰：《隋書‧經籍志》卷 35「總集類」（北京：中華書局，2006年 3 月），頁 1087。

〔註264〕上述二處分見丁國鈞撰：《補晉書藝文志》卷 4，收入二十五史刊行委員會編：《二十五史補編》第 3 冊（北京：中華書局，1998 年 2 月），頁 3691；〔清〕文廷式撰：《補晉書藝文志》卷 6，收入二十五史刊行委員會編：《二十五史補編》第 3 冊（北京：中華書局，1998 年 2 月），頁 3794。

〔註265〕上述二處分見吳士鑑撰：《補晉書經籍志》卷 2，收入二十五史刊行委員會編：

書置入《史部‧譜錄類》。〔註266〕根據《隋志‧集部‧總集》著錄：

> 總集者，以建安之後，辭賦轉繁，衆家之集，日以滋廣，晉代摯
> 虞，苦覽者之勞倦，於是採擿孔翠，芟剪繁蕪，自詩賦下，各爲
> 條貫，合而編之，謂爲《流別》。是後文集總鈔，作者繼軌，屬辭
> 之士，以爲覃奧，而取則焉。今次其前後，幷解釋評論，總於此
> 篇。〔註267〕

則理應收錄文集之類的作品，然收錄具備史料方面的「《晉咸康詔》」，則不明
所以。然各補志據《隋志》而得此書，當以《隋志》之類目爲依歸，方能忠
於當代目錄之分類，則吳、黃、秦等三家《補晉志》之歸類略有不當之處。

第五節　道經部分類之比較

《漢志》以先秦諸子中的「老莊」等思想類書籍爲「道家」：

> 道家者流，蓋出於史官，歷記成敗存亡禍福古今之道，然後知秉要
> 執本，清虛以自守，卑弱以自持，此君人南面之術也。合於堯之克
> 攘，《易》之嗛嗛，一謙而四益，此其所長也。及放者爲之，則欲絕
> 去禮學，兼棄仁義，曰獨任清虛可以爲治。〔註268〕

並將神仙道術之相關書籍歸入「方技略」中：

> 神僊者，所以保性命之眞，而游求於其外者也。聊以盪意平心，同
> 死生之域，而無怵惕於胸中。然而或者專以爲務，則誕欺怪迂之文
> 彌以益多，非聖王之所以教也。孔子曰：「索隱行怪，後世有述焉，
> 吾不爲之矣。」〔註269〕

至《隋志》之間，仍將「道家」與「道經」分開論述，然後世史志則逐漸將

《二十五史補編》第3冊（北京：中華書局，1998年2月），頁3864；黃逢
元撰：《補晉書藝文志》卷2，收入二十五史刊行委員會編：《二十五史補編》
第3冊（北京：中華書局，1998年2月），頁3919。
〔註266〕〔清〕秦榮光撰：《補晉書藝文志》卷2，收入二十五史刊行委員會編：《二
十五史補編》第3冊（北京：中華書局，1998年2月），頁3813。
〔註267〕〔唐〕魏徵等撰：《隋書‧經籍志》卷35「總集類」（北京：中華書局，2006
年3月），頁1089～1090。
〔註268〕〔漢〕班固等撰：《漢書‧藝文志》卷30「道家」（北京：中華書局，2006
年3月），頁1732。
〔註269〕〔漢〕班固等撰：《漢書‧藝文志》卷30「神僊」（北京：中華書局，2006
年3月），頁1780。

此二種書籍混淆而歸爲同一類，故五家《補晉志》於編纂「道經」之書籍時，不免體例不一。茲見《隋書》與《晉書》編纂年限相近，故僅就《隋志》與五家《補晉志》繪製一表格，以明晰道經部之差異如下：

《隋志》附錄	丁本附錄	吳本丙部子錄	文本子部	黃本丙部子錄	秦本子部
道經部	2 道家	2 道家類	14 神仙家類	2 道家	13 道家類

一、道經部類目的差異

（一）「道經部」名稱之異同

《七略》、《漢志》無「道經」一名，僅將神仙思想之文獻歸入「方技略」。《七志》始在附錄設有專爲道術設置的「道經」，《隋志》或受其影響。《七錄》則將相關書籍置入「仙道錄」，並分爲四小類「經戒部」、「服餌部」、「房中部」、「符圖部」，爲最早將神仙思想作細部劃分的目錄，且影響《隋志》深遠。根據《隋志》著錄：

> 道經者，云有元始天尊，生於太元之先，稟自然之氣，沖虛凝遠，莫知其極。所以說天地淪壞，劫數終盡，略與佛經同。以爲天尊之體，常存不滅。每至天地初開，或在玉京之上，或在窮桑之野，授以祕道，謂之開劫度人。……大業中，道士以術進者甚衆。其所以講經，由以《老子》爲本，次講《莊子》及《靈寶》、《昇玄》之屬。其餘衆經，或言傳之神人，篇卷非一。自云天尊姓樂名靜信，例皆淺俗，故世甚疑之。其術業優者，行諸符禁，往往神驗。而金丹玉液長生之事，歷代糜費，不可勝紀，竟無效焉。今考其經目之數，附之於此。〔註270〕

則其明確指出「道經」與老莊思想實有極大差別。另見《隋志》著錄之類別有：

> 經戒三百一部，九百八卷。餌服四十六部，一百六十七卷。房中十三部，三十八卷。符錄十七部，一百三卷。
>
> 右三百七十七部，一千二百一十六卷。〔註271〕

〔註270〕〔唐〕魏徵等撰：《隋書・經籍志》卷35「道經」（北京：中華書局，2006年3月），頁1091＋1094。

〔註271〕〔唐〕魏徵等撰：《隋書・經籍志》卷35「道經」（北京：中華書局，2006年3月），頁1091。

則不明其確切書名爲何，僅能見其對於道經書籍的分類總數。因此五家《補晉志》在進行晉朝道術神仙之相關文獻時，大抵僅能就《道藏目錄》等資料進行檢索而收錄。

　　由於五家《補晉志》對於道經文獻的性質界定有異，故對於類目名稱亦有所不同。就「將道經置入附錄」而言，僅丁氏《補晉志》依《隋志》之例，然其將「道經」移至「佛經」之前，〔註 272〕則與《隋志》相反；且丁本道經類目名稱爲「道家」，則與其《子部‧道家類》之名目雷同，而與《隋志》有別。餘四家《補晉志》皆異於丁本，就「將道經附入老莊」而言，吳、黃、秦等三家《補晉志》與《隋志》相異，將先秦老莊文獻與神仙道術類之書籍置入同一類，故其類目名稱皆爲「道家」類；〔註 273〕就「將道經獨立於子部」而言，僅文氏《補晉志》在《子部‧道家類》之外，另置「神仙」一類，雖名稱異於《隋志》之「道經」，然其中皆爲道術等相關類目，如：《王眞人陰丹訣》一卷、李遵《太玄眞人東鄉司命茅君內傳》一卷、《八素陰陽歌》一卷等等。〔註 274〕

二、道經部書目歸類的差異

　　由五家《補晉志》的道經部比較表格可知其名稱與歸類差異之處，然其對於道經部個別書目歸類的方式，有部分仍須要進行商榷。如欲觀察其收錄書目之確切分別者，需查閱本論文「附錄五：五家《補晉書藝文志》『道經部』著錄書目比較表」方可較爲明晰。道經書目歸類問題不似經、史、子等三部書目繁複，然仍有書目重出或歸類差異之情形，但限於篇幅，僅略舉數例，以明五家《補晉志》道經部書目歸類之差異與出入。

〔註 272〕丁國鈞撰：《補晉書藝文志》卷 4，收入二十五史刊行委員會編：《二十五史補編》第 3 冊（北京：中華書局，1998 年 2 月），頁 3694。

〔註 273〕上述三處分見吳士鑑撰：《補晉書經籍志》卷 3，收入二十五史刊行委員會編：《二十五史補編》第 3 冊（北京：中華書局，1998 年 2 月），頁 3874～3875；黃逢元撰：《補晉書藝文志》卷 3，收入二十五史刊行委員會編：《二十五史補編》第 3 冊（北京：中華書局，1998 年 2 月），頁 3935～3937；〔清〕秦榮光撰：《補晉書藝文志》卷 3，收入二十五史刊行委員會編：《二十五史補編》第 3 冊（北京：中華書局，1998 年 2 月），頁 3836～3838。

〔註 274〕〔清〕文廷式撰：《補晉書藝文志》卷 4，收入二十五史刊行委員會編：《二十五史補編》第 3 冊（北京：中華書局，1998 年 2 月），頁 3761～3763。

（一）書目重出之例

1. 〔晉〕《彭祖經》

僅見文氏《補晉志》有此書，餘丁、吳、黃、秦等四家《補晉志》皆未見。文廷式根據《抱朴子・遐覽篇》著錄《彭祖經》一書，〔註275〕然於後文「神仙家補」之處，〔註276〕亦重複著錄該書，則有重出之出入。除此之外，文氏《補晉志》《子部・神仙家類》中尚著錄：《赤松子經》、《河圖記命符》、《黃白方》二十五卷、《金銀液經》、《黃白中經》五卷等數部書籍，皆與《彭祖經》有相似重出之訛。

（二）書目歸類差異之例

1. 附錄《道經部》、《子部・道家類》與《子部・神仙家類》：〔晉〕《抱朴子別旨》

丁、吳、文、黃、秦等五家《補晉志》皆著錄此書，然其對於道經之界定有別，故置入之類目亦有差異，且對撰者之著錄亦不同。根據《晉書・葛洪列傳》著錄：

> 葛洪字稚川，丹楊句容人也。祖系，吳大鴻臚。父悌，吳平後入晉，爲邵陵太守。……於餘杭山見何幼道、郭文舉，目擊而已，各無所言。時或尋書問義，不遠數千里崎嶇冒涉，期於必得，遂究覽典籍，尤好神仙導養之法。從祖玄，吳時學道得仙，號曰葛仙公，以其煉丹祕術授弟子鄭隱。洪就隱學，悉得其法焉。後師事南海太守上黨鮑玄。玄亦內學，逆占將來，見洪深重之，以女妻洪。洪傳玄業，兼綜練醫術，凡所著撰，皆精覈是非，而才章富贍。〔註277〕

可知葛洪素來喜好神仙道術之學，與先秦老莊思想有別，然未見其著錄該《抱朴子別旨》。該書僅丁、吳、秦等三家《補晉志》著錄爲葛洪所撰，文、黃二家則未見撰者姓名。查《晉書》、《隋志》、《兩唐志》皆無該書，直至《宋志・子部・道家類》始著錄「《抱朴子別旨》二卷，不知作者」。〔註278〕然此書之

〔註275〕〔清〕文廷式撰：《補晉書藝文志》卷 4，收入二十五史刊行委員會編：《二十五史補編》第 3 冊（北京：中華書局，1998 年 2 月），頁 3762。

〔註276〕〔清〕文廷式撰：《補晉書藝文志》卷 5，收入二十五史刊行委員會編：《二十五史補編》第 3 冊（北京：中華書局，1998 年 2 月），頁 3773。

〔註277〕〔唐〕房玄齡等撰：《晉書》卷 72「葛洪列傳」（北京：中華書局，2006 年 3 月），頁 1911。

〔註278〕〔元〕脫脫等撰：《宋史・藝文志》卷 205「道家類」（北京：中華書局，2006

眞僞仍須存疑，且是否爲後人僞託「抱朴子」所撰，尙須商榷，則此書不應爲葛洪所撰，故丁、吳、秦等三家《補晉志》之著錄有所出入。就分類而言，丁氏《補晉志》依循《隋志》將《抱朴子別旨》置於附錄「道經部」，〔註279〕以示與先秦道家之別。然吳、黃、秦等三家《補晉志》將該書與先秦道家文獻置入同一類目中，則大失《隋志》之立意。此外，雖文氏《補晉志》將《抱朴子別旨》與其他道術相關書籍歸入「神仙家類」，〔註280〕然未能將其獨立在附錄中，亦不若丁氏《補晉志》嚴謹。

第六節　佛經部分類之比較

佛經自東漢由印度傳至中國，在南北朝始興盛，故佛教經典未見於《七略》與《漢志》。至劉宋王儉《七志》則附錄「佛經」，爲中國目錄學重視釋家典籍之始。其後梁朝阮孝緒《七錄》，更爲其設立「佛法錄」，且將其細分爲「戒錄部」、「禪定部」、「智慧部」、「疑似部」、「論記部」等五小類，〔註281〕影響《隋志》深遠。茲見《隋書》與《晉書》編纂年限相近，故僅就《隋志》與五家《補晉志》繪製一表格，以明晰佛經部之差異如下：

《隋志》附　錄	丁　本附　錄	吳　本丙部子錄	文　本子　部	黃　本丙部子錄	秦　本子　部
佛經部	1 釋家	3 釋家類	15 釋家類		12 釋家類

一、佛經部類目的差異

（一）「佛經部」之有無與名稱之異同

1.「佛經部」之有無

今僅見黃逢元未著錄佛經之相關文獻，餘丁、吳、文、秦等四家《補晉志》皆爲釋家典籍立一類目。

年 3 月），頁 5180。

〔註279〕丁國鈞撰：《補晉書藝文志》卷 4，收入二十五史刊行委員會編：《二十五史補編》第 3 冊（北京：中華書局，1998 年 2 月），頁 3694。

〔註280〕〔清〕文廷式撰：《補晉書藝文志》卷 4，收入二十五史刊行委員會編：《二十五史補編》第 3 冊（北京：中華書局，1998 年 2 月），頁 3761。

〔註281〕〔梁〕阮孝緒撰：《七錄・序》，收入袁詠秋、曾季光主編：《中國歷代圖書著錄文選》（北京：北京大學出版社，1997 年 12 月），頁 182～183。

2. 「佛經部」名稱之異同

《隋志》受《七志》、《七錄》影響，特將「佛經」歸入附錄單獨爲一部，根據其著錄：

> 佛經者，西域天竺之迦維衛國淨飯王太子釋迦牟尼所說。……其後張騫使西域，蓋聞有浮屠之教。哀帝時，博士弟子秦景使伊存口授浮屠經，中土聞之，未之信也。後漢明帝……遣郎中蔡愔及秦景使天竺求之，得佛經《四十二章》及釋迦立像。Ⅰ與沙門攝摩騰、竺法蘭東還。……晉元熙中，新豐沙門智猛，策杖西行，到華氏城，得《泥洹經》及《僧祇律》，東至高昌，譯《泥洹》爲二十卷。後有天竺沙門曇摩羅讖復齎胡本，來至河西。沮渠蒙遜遣使至高昌取猛本，欲相參驗，未還而蒙遜破滅。姚萇弘始十年，猛本始至長安，譯爲三十卷。曇摩羅讖又譯《金光明》等經。時胡僧至長安者數十輩，惟鳩摩羅什才德最優。其所譯則《維摩》、《法華》、《成實論》等諸經，及曇無懺所譯《金光明》，曇摩羅懺所譯《泥洹》等經，並爲大乘之學。而什又譯《十誦律》，天竺沙門佛陀耶舍譯《長阿含經》及《四方律》，兜佉勒沙門曇摩難提譯《增一阿含經》，曇摩耶舍譯《阿毗曇論》，並爲小乘之學。其餘經論，不可勝記。自是佛法流通，極於四海矣〔註282〕

可知南北朝佛教大爲興盛，亦有許多高僧翻譯大量的經典，此爲《隋志》收錄佛教文獻的原因。今見《隋志》著錄的佛經有：「大乘經六百一十七部，二千七十六卷」、「小乘經四百八十七部，八百五十二卷」、「雜經三百八十部，七百一十六卷」、「雜疑經一百七十二部，三百三十六卷」、「大乘律五十二部，九十一卷」、「小乘律八十部，四百七十二卷」、「雜律二十七部，四十六卷」、「大乘論三十五部，一百四十一卷」、「小乘論四十一部，五百六十七卷」、「雜論五十一部，四百三十七卷」、「記二十部，四百六十四卷」，〔註283〕然皆未見書目名稱。故四家《補晉志》進行編纂晉朝佛教文獻的目錄時，僅能就《高僧傳》、《法苑珠林》、《衆經目錄》等相關書籍進行檢索，方能對晉朝佛經有

〔註282〕〔唐〕魏徵等撰：《隋書‧經籍志》卷 35「佛經」（北京：中華書局，2006年 3 月），頁 1095～1098。

〔註283〕〔唐〕魏徵等撰：《隋書‧經籍志》卷 35「佛經」（北京：中華書局，2006年 3 月），頁 1094～1095。

較爲全盤性的認識。就類目名稱而言，四家《補晉志》對於佛經之界定有別，故歸類亦有相異之處。丁氏《補晉志》依循《隋志》，將佛經相關書籍歸入附錄的「釋家」中，然其置於道經之前，且名稱異於《隋志》。〔註 284〕至於吳、文、秦等三家《補晉志》則將佛經歸入「子部」，且類目皆爲「釋家」，〔註 285〕則亦與《隋志》類目著錄之「佛經」有別。

二、佛經部書目歸類的差異

　　由五家《補晉志》的佛經部比較表格可知其名稱與歸類差異之處，然其對於道經部個別書目歸類的方式，有部分仍須要進行商榷。佛經書目歸類問題不似經、史、子等三部書目繁複，然仍有書目重出或歸類差異之情形，但限於篇幅，僅略舉數例，以明五家《補晉志》佛經部書目歸類之差異與出入。

（一）書目重出之例

1.〔晉〕釋道安《了本生死經注解》一卷

　　今見丁、吳、文、秦等四家《補晉志》著錄此書，然黃本則未見。《高僧傳》記載：「釋道安，姓衛氏，常山扶柳人也」，〔註 286〕其出生於西元 312 年，卒於西元 385 年，享年七十四歲，極爲長壽。茲查丁氏《補晉志》著錄「《了本生死注解》一卷」、「《了本生死經注解》一卷」，〔註 287〕雖分別見於《大唐衆經目錄》與《隋衆經目錄》中，然實爲同一部書，則其有重出之出入。且丁氏《補晉志》著錄「《了本生死注解》」與文氏《補晉志》著錄「《了本生死注》」之書名皆爲簡稱，〔註 288〕略有出入。另見丁本著錄《陰持入注解》二卷

〔註 284〕丁國鈞撰：《補晉書藝文志》卷 4，收入二十五史刊行委員會編：《二十五史補編》第 3 冊（北京：中華書局，1998 年 2 月），頁 3694。

〔註 285〕上述三處分見吳士鑑撰：《補晉書藝文志》卷 3，收入二十五史刊行委員會編：《二十五史補編》第 3 冊（北京：中華書局，1998 年 2 月），頁 3882；〔清〕文廷式撰：《補晉書藝文志》卷 5，收入二十五史刊行委員會編：《二十五史補編》第 3 冊（北京：中華書局，1998 年 2 月），頁 3763；〔清〕秦榮光撰：《補晉書藝文志》卷 3，收入二十五史刊行委員會編：《二十五史補編》第 3 冊（北京：中華書局，1998 年 2 月），頁 3832。

〔註 286〕〔梁〕慧皎撰：《高僧傳》卷 5（北京：中華書局，2004 年 4 月），頁 177。

〔註 287〕丁國鈞撰：《補晉書藝文志》卷 4，收入二十五史刊行委員會編：《二十五史補編》第 3 冊（北京：中華書局，1998 年 2 月），頁 3693。

〔註 288〕〔清〕文廷式撰：《補晉書藝文志》卷 5，收入二十五史刊行委員會編：《二十五史補編》第 3 冊（北京：中華書局，1998 年 2 月），頁 3774。

與《陰持入經注解》二卷、《大道地解》一卷與《大道地經注解》等等，皆爲一書兩見之例。

（二）書目歸類差異之例

1. 《佛經部》與《史部・目錄類》：〔晉〕竺法護《衆經目》一卷

今見丁、吳、文、黃、秦等五家《補晉志》著錄此書目，除書名相異之外，其歸類亦有所別。根據姚名達《中國目錄學史》的「中國歷代佛教目錄所知表」指出，竺法護於西晉惠帝末期成《衆經目》一卷，其性質乃在「專錄自譯經論」。〔註289〕查文、黃二家《補晉志》著錄書名分別爲「《衆經錄目》一卷」、「《衆經目錄》一卷」，〔註290〕異於其他三家之著錄爲「《衆經目》」，則其書名或略有衍字。此外，《衆經目》乃收錄竺法護「實譯經專錄」，純爲目錄性質之書籍，然見吳、秦二家《補晉志》皆將該書歸入《子部・釋家類》中，〔註291〕則有歸類不當之出入。

〔註289〕姚名達撰：《中國目錄學史》（臺北：臺灣商務印書館股份有限公司，1988年2月），頁231～232。

〔註290〕上述二處分見〔清〕文廷式撰：《補晉書藝文志》卷3，收入二十五史刊行委員會編：《二十五史補編》第3冊（北京：中華書局，1998年2月），頁3747～3748；黃逢元撰：《補晉書藝文志》卷2，收入二十五史刊行委員會編：《二十五史補編》第3冊（北京：中華書局，1998年2月），頁3932。

〔註291〕上述二處分見吳士鑑撰：《補晉書經籍志》卷3，收入二十五史刊行委員會編：《二十五史補編》第3冊（北京：中華書局，1998年2月），頁3879；〔清〕秦榮光撰：《補晉書藝文志》卷3，收入二十五史刊行委員會編：《二十五史補編》第3冊（北京：中華書局，1998年2月），頁3833。